发现教育

因发现学生而教育， 为学生发现而育教。

I

秉持发现教育　成就每位师生

让每位学生成为最好的自己，

让每位老师成为最优的伯乐，

让理工附中成为最大的舞台。

II

教育，

不仅是一路人在康庄大道上向着曙光奋力拼进，

更是每一个人面对未知时独辟蹊径的不懈探索！

他人的一抹思想亮光可能就会让我们豁然顿悟。

相信，你一定会从本书中发现……

III

· 教育家成长丛书 ·

任志瑜
与发现教育

RENZHIYU YU FAXIAN JIAOYU

中国教育报刊社·人民教育家研究院 组编

任志瑜 著

北京师范大学出版集团
BEIJING NORMAL UNIVERSITY PUBLISHING GROUP
北京师范大学出版社

图书在版编目（CIP）数据

任志瑜与发现教育 / 任志瑜著；中国教育报刊社人民教育家
研究院组编. —北京：北京师范大学出版社，2021.1（2022.9 重印）
（教育家成长丛书）
ISBN 978-7-303-26418-6

Ⅰ.①任… Ⅱ.①任… ②中… Ⅲ.①教育－研究－中国
Ⅳ.①G52

中国版本图书馆 CIP 数据核字（2020）第 203381 号

图 书 意 见 反 馈　　gaozhifk@bnupg.com　010-58805079
营 销 中 心 电 话　　010-58802135　010-58802786
北师大出版社教师教育分社微信公众号　　京师教师教育

出版发行：北京师范大学出版社　www.bnup.com
　　　　　北京市西城区新街口外大街 12-3 号
　　　　　邮政编码：100088
印　　刷：唐山玺诚印务有限公司
经　　销：全国新华书店
开　　本：787 mm×1092 mm　1/16
印　　张：21.25
字　　数：342 千字
版　　次：2021 年 1 月第 1 版
印　　次：2022 年 9 月第 2 次印刷
定　　价：78.00 元

策划编辑：伊师孟　　　　责任编辑：马力敏
美术编辑：焦　丽　　　　装帧设计：焦　丽
责任校对：康　悦　　　　责任印制：陈　涛

教育家成长丛书

编委会名单

总　序

教育是国家发展的基石，教师是基石的奠基者。古人云："国将兴，必贵师而重傅。"兴国必先强教，强教必先重师。党中央、国务院高度重视教师队伍建设。2013年教师节，习近平总书记在给全国广大教师的慰问信中指出："百年大计，教育为本。教师是立教之本、兴教之源，承担着让每个孩子健康成长、办好人民满意教育的重任。"2014年，在第30个教师节前夕，习总书记到北京师范大学视察并发表重要讲话，指出："一个人遇到好老师是人生的幸运，一个学校拥有好老师是学校的光荣，一个民族源源不断涌现出一批又一批好老师则是民族的希望。"《国家中长期教育改革和发展规划纲要（2010—2020年）》也明确提出，"有好的教师，才有好的教育"，要"努力造就一支师德高尚、业务精湛、结构合理、充满活力的高素质专业化教师队伍"。"倡导教育家办学"，要创造有利条件，鼓励教师和校长在实践中大胆探索，创新教育思想、教育模式和教育方法，形成教学特色和办学风格，造就一批教育家。"两个一百年"奋斗目标的实现、中华民族伟大复兴中国梦的实现，归根结底要靠人才、靠教育，而支撑起教育光荣梦想的，是千百万的教师。

时代呼唤好老师。有一流的教师，才有一流的教育；有一流的教育，才有一流的国家。出名师、育英才、成伟业，是时代赋予我们教育战线的神圣使命。"所谓大学者，非谓有大楼之谓也，有大师之谓也。"好学校、好教育的最重要标准，就是要有好老师。一所学校、一个地区，乃至一个国家，如果教师有理想、有爱心、有学识、有高超的教育艺术，那么即使硬件设施有些简陋，家长、学生也会心向往之。教师是中国梦的奠基者。教师的重要使命，就是为每个孩子播种梦想、点燃梦想，并帮助他们实现梦想。每一间平凡的教室，每一节朴实的课，都不仅是知识的传递，而且是人类文明精神的接续、人生梦想的起航。正是有亿万个孩子梦想的放飞、绽放，中国梦才更加光彩夺目。如果说中国梦最坚实的土壤是学校，那么教师就是最伟大的"筑梦师"，他们用默默无闻、孜孜不倦的智慧劳动，让每一颗年轻的心灵都与中国梦激情相拥。

倡导教育家办学，造就一批好老师，首先要尊重、珍惜我们的本土智慧、本土创造。教育家不是凭空产生的，而是扎根于自己的民族文化土壤，同时吸收人类文明成果，从而创造出独特而生动的教育实践、教育智慧和教育文明。五千年源远流长的中华文明，不但形成了有我们民族特色的教育理论体系，而且涌现出了千千万万优秀的教育家，有被推崇为"大成至圣先师""万世师表"的孔子，有"匹夫而为百世师，一言而为天下法"的韩愈，有"捧着一颗心来，不带半根草去"的人民教育家陶行知，等等。改革开放 40 年来，随着教育改革的不断深入，教育战线涌现出了一大批杰出教师。他们痴情于教育事业，坚守理想信念和教育良知，在三尺讲台上默默耕耘、刻苦钻研，同时以敢为天下先的精神大胆创新，不断进取、不断超越，形成了各具特色的教育思想和教学风格。正是他们的成功探索和实践，创造了具有中国风格的教育经验，丰富了具有中国特色的教育理论宝库。原由教育部师范教育司组织编写，现由中国教育报刊社人民教育家研究院组织编写的"教育家成长丛书"，就是要向这些宝贵的本土创造性的教育经验致敬。

当前，教育领域综合改革正在深入推进，考试招生制度改革的大幕已经拉开，立德树人、培育和践行社会主义核心价值观成为大中小学教育的头等任务。可以预见，中国教育将发生深刻的变革，将从"中国制造"向"中国创造"转变。"没有革命的理论，就没有革命的运动。"没有适合中国土壤、具有中国智慧的教育理论，就不可能为未来的中国教育改革提供有效的指导。我们的教育要向"中国创造"飞跃，必然要首先创造属于我们自己的教育理论，而不是"言必称希腊"或者老是贩卖欧美的教育理论。170多年前，美国思想家、诗人爱默生发表了著名演说《美国学者》，号召美国知识界："我们依赖旁人的日子，我们师从他国的长期学徒期时代即将结束。在我们周围，有成百上千万的青年正在走向生活，他们不能老是依赖外国学识的残余来获得营养。"由此，美国迈入精神立国阶段。

如今，我们也面临与爱默生同样的情形。随着我国GDP已从世界第二向第一迈进，我们要自觉养成强烈的"中国意识"，独立的中国文化品格，并由此去环视世界，去改造本土实践，去创造属于我们自己的精神养料——这在教育界显得尤为紧迫。"教育家成长丛书"，旨在把我们本土教育实践中蕴含的中国智慧提炼出来，从而形成具有时代意义的中国特色的教育话语体系，再以此去观照、引领、改造中国的教育实践，为伟大的教育改革提供经验、理论支持，也为未来的教育家提供丰富、可资借鉴的精神养料。

让我们为中国教育的伟大未来一起努力吧！

2018年3月9日

前　言

　　见证着中国基础教育半个世纪的春华秋实，代表着中国基础教育教学成果的最高成就——"首届基础教育国家级教学成果奖"，闪耀着李吉林、窦桂梅、吴正宪、张思明、洪宗礼、唐江澎、邱学华、于永正、孙双金、薄俊生、龚春燕等一大批优秀教师的名字。而上述这些教师杰出代表恰恰都是《人民教育》"名师人生"栏目中最受读者喜爱的名师，都是"教育家成长丛书"的作者。

　　"教育家成长丛书"（以下简称"丛书"），是在第 20 个教师节前夕，为了研究、总结、宣传和推广我国众多优秀中小学教师的先进教育思想和鲜活宝贵的教育教学经验，培养造就一大批德才兼备的优秀教师和杰出的教育家，促进教师队伍整体素质的提高，根据教育部党组安排，由师范教育司组织编写的一套凝聚着一大批教育家成长智慧的大型教育丛书。

　　"丛书"自 2006 年问世以来，不但得到国务院和教育部领导同志的高度重视，而且先后印刷多次尚不能满足广大读者的需求。这其中的奥秘何在？

　　当你翻开"丛书"，每一部著作都讲述着一位教育家成长的故事。这些著作主要从"成长历程""思想概述""课堂实录"和"社会反响"等方面全景式反映其教育思想、教育智慧、专业精神和专业人格的形成过程与教学实践过程。这是教育家成长的基本素质所在。

　　当你沿着教育家成长的足迹走近他们的时候，你会融入这些带有"草根色彩"、扎根中华教育实践大地、充满田野芳香的真实感人的教育故事中。

当你从"丛书"中，从这些当年和自己一样的普通教师，成长为今天受人尊敬的教育家的成长过程中受到启迪，当你触摸着自己的心，把学生的成长和祖国的未来紧紧连在一起的时候，你会真切地感受到教育家离我们并不遥远。

当你用整个身心蘸着自己的生活积累去品味"丛书"中的每一部著作的"成长历程"时，在一位位名师不断学习、不断超越自我、不断超越学科教学的求索足迹中，你会读懂"教育是事业，其意义在于奉献"的丰富内涵。

当你研读"丛书"中的每一部著作的"思想概述"，和每一位名师展开心灵对话的时候，都会深深地感受到，一名教师对教育独立的理解与执着的追求有多么重要。从一名普通的教师成长为受人尊敬的教育家的过程中，你会读懂"教育是科学，其价值在于求真"的深刻含义。透过"丛书"，你会看到一代代教师用爱与智慧塑造民族未来的教育理想。

随着我们从"知识核心时代"走向"核心素养时代"，教师教育教学活动的视野已拓展到人的生存与发展的方方面面。教师要结合自己的教学实践去感悟"教育理念是指导教育行为的思想观念和精神追求"，应该把爱化为自己的教育行为，让爱充盈课堂，触摸到一个个灵动的生命，让爱产生智慧，让爱与智慧在学生心中留下岁月抹不去的美好回忆，让教育者和受教育者都感受到教育的幸福。这是"丛书"给我们的启示，也是每位教师应有的胸怀和视野。

时代呼唤教育家。为了进一步把我们本土教育实践中蕴含的中国智慧提炼出来，从而形成具有时代意义的中国特色的教育话语体系，以此去观照、引领、创新中国的教育实践并在更大范围加以推广，"丛书"将由中国教育报刊社人民教育家研究院继续组织编写，希望能够在更广大教师的心田中播种教育家成长的智慧，从而出更多的名师，育更多的英才，成就中华民族复兴的伟业。这是时代赋予广大教育工作者的神圣使命。如果广大教师能在每位教育家成长、探索教育智慧的过程中受到启迪，形成自己的教育智慧，则实现了我们编辑这套"丛书"的初衷。

"教育家成长丛书"
编委会
2018 年 3 月

目 录
CONTENTS
任志瑜与发现教育

["发现教育" 的社会影响]

我的"发现"之旅

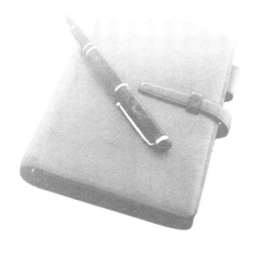

一、从"突破口"寻找中感知"发现"的力量

一路走来，回望自己能够在一次次"归零"后又一次次"更好"，最根本的原因还是自己在新情境下寻找新突破的过程中遇到了伯乐，被及时发现、用心挖掘，才获得了更好的发展。感慨自己人生少走弯路的"根本之根"还是自己对机遇的把握。特别是伯乐的"发现意识"而生发出的"发现"的力量。

（一）农村学校历练中的被"发现"

我的家乡四川南充是罗瑞卿大将的故乡。我也是恢复高考后的第二届大学生，大学毕业后被我读高中时的吴兆林校长"硬要"（通过教育部门直派）回了母校——四川省南部县大桥中学。学校当时还很少有真正大学科班出身的老师，刚到学校我就被分配担任两个高中班的数学教学。初为人师，自己初生牛犊不怕虎的那股子劲儿竟然很受学生、老师们的认可。第一学期刚结束，时任数学教研组组长的彭应时老师（我高中时的数学老师）就直接"带我"登上了高三复习班的讲台。当时还有些懵懂的我那个紧张与胆怯呀，因为自己生性胆小，加上又是高三的课堂，再加上彭老师还会时不时从教室后面直接冒几句，让讲台上的我有时候显得特别尴尬。但可能是因为我与同学们年龄差距不大，所以我的遭遇得到了同学们特别的"同情"。再加上同龄人有更加接近的心理与思维，如面对难题时我的心情与思路总能与学生更加接近和对路。在课堂的对话交流中，同学们袒露了自己真实的开心和喜悦，逐渐地接纳了我，似乎还有点儿喜欢我。我当时住的宿舍就在男生宿舍对面，他们清楚地知道我是怎样挑灯夜战刻苦努力的。不仅如此，早上起床洗漱时他们偶尔还能听到我高歌一曲，早操时又总能看到我跑跳的身影，校园、食堂也总能见到我朝气蓬勃、精神抖擞的状态。课堂上他们感到我讲解得越来越流畅了，越来越有课本和复习资料上所没有的另辟蹊径了，板书也越来越漂亮了，越来越能够及时拿到我特别细腻的作业批改和试卷评价了。甚至有时刚刚下课，他们就被等在门口的我叫在一边对着卷子说上几句。就在这样的课上课下交往中，同学们发现我这个新老师带给了他们"新的味道"，进而也喜欢上了我这个新老师，他们不但听课认真，做作业认真，

课后还总来找我问这问那……嘿嘿，我带的班当年高考还获得了不错的成绩。

接着，我又被推到了下一届高考复习班的讲台上，而且担任班主任。辛劳一年下来，最后高考成绩比上一届有了大幅度提升，就这样我连续担任了三届高考复习班的班主任与数学老师，成绩是一届比一届好。1987年，我还在国家级期刊《数学教学研究》上发表了《由一道竞赛题的数量特征到作业配套》的文章，这篇文章被中国人民大学报刊复印资料全文转载。这在当时农村学校里还是不多见的，因此，在校园里我似乎不断地被陌生的老师和学生"发现"与关注。工作第三个年头我光荣地加入了中国共产党，第四年我又被推到了学校教导处副主任的岗位上。教导处主任刘家厚（我高中时的语文老师）更是手把手地教我，两年后刘主任被调任县委宣传部部长，我也被"赶鸭子上架"担任了学校教学副校长。那时的大桥中学在南部县城甚至南充地区的名声都是响当当的，所以南部县城甚至南充市里的一些家长都愿意将孩子送过来。后来，我还当选为县人大代表，随着吴校长的调动，我又被推到了校长和党总支书记的岗位上，那年我才28岁，也成了南充地区最年轻的高完中①校长。

（二）省城教育圈中的成长被"发现"

由于自己很年轻，加上又是自己的高中母校，再加上当时在职的许多老师都还是我读高中时的老师，所以在得到老师们关心的同时，我也遇到了诸多很棘手的问题。就在自己"努力也困难"的时候，领导给了我报考"脱产进修学校管理"的机会，考试结果也算没有辜负领导的期望——我以南充地区最高分被四川教育学院（现更名为成都师范学院）教育管理专业录取。脱产学习期间，在一些深入中小学实践活动中，成都外国语学校办公室主任骆凤宪老师"发现"了我这个教育系党支部书记深厚的专业功底与优秀的组织才能，他向自己所在的成都外国语学校吴良仁校长推荐了我。当时的考察采取的方式是高三课堂现场看能力，特别邀请了成都市教科所（现成都市教育科学研究院）数学教研员、成都外国语学校全体干部和全体高中数学教师现场考察，可谓济济一堂，课后现场答辩。结果我以"引进人才"的身

---

① 编辑注：高完中指既有初中学段，又有高中学段的学校，是一种学校制度。

份获得了一家三口调入省城的机会。但同时我之前的领导职务也一切归零了，我以普通老师的身份担任成都外国语学校高二（1）班班主任并任教数学。功夫不负有心人，1996 年高考，我当班主任和任教的班（我在成都外国语学校的第一届学生）获得了全面丰收，班里学习委员黄永亮同学还获得了当年四川省的高考状元。

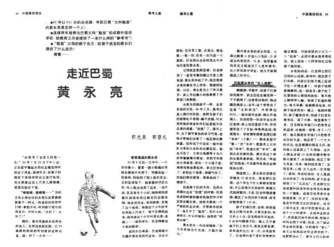

《中国高校招生》期刊对黄永亮的报道

　　后来我再被吴良仁校长"发现"——聘任为校长助理，这样我再次教学、行政双肩挑。在接下来的教学与管理中，我努力发掘学生的非智力因素。例如，让刘亦婷同学除了在我的数学课堂上练就灵活的思维外，还特别指导她参加丰富多彩的课外活动，亲自为其出国书写推荐信，老师与家长齐心协力成就了"哈佛女孩刘亦婷"。

"哈佛女孩刘亦婷"

　　我在成都外国语学校从普通老师再次走上了教学副校长的岗位，但我一直没有脱离高中数学课堂，1997年获得了成都市高中数学课堂教学大赛一等奖、全国教学创新设计特等奖。在成都市教科所数学组集中全市高中教师规范有序的教学研讨活动中，数学教研组组长林益生老师总把我推到主讲席上，并让我担任成都市高考指导委员。林老师组织全市的特级教师和学科带头人等名师周末轮流到成都四中（成都石室中学，简称"成都四中"），成都七中，成都九中（成都树德中学，简称"成都九中"）等重点学校给全市的优秀高三学生上高考辅导课，林老师的这个行动确实为成都市优秀学生更加优秀注入了很强的动力，我也在这个行动中近距离学习到了优秀教师的优秀品质。也因为他们的发现和帮助，我成了成都市学科带头人、四川省专家后备人才、四川省优秀教师、四川省特级教师。

（三）北京十一学校的奋斗被"发现"

　　在20世纪90年代的办学体制改革中，李金初校长对北京十一学校进行了"学校国有，校长承办"的"国有民办"体制改革探索，形成了全国很有影响的北京十一学校"五自主"办学模式——自筹经费、自主用人、自主招生、自主工资分配、自主教育教学改革。李金初校长从全国各地引进人才，他在成都开会时从他的好友（成都七中戴高龄校长）那里"发现"了我——名校（成都外国语学校）的主管教学的副校长、基础学科（高中数学）背景、特级教师、男性、不到40岁，还在农村高完中担任过校长、书记，是人大代表等。李金初校长亲自到我家里，当然也是为了亲自实地考察。因为北京市引进人才的政策是一旦选中了就要解决全家人的北京户籍，所以李校长也特别慎重。经过十一学校课堂现场考察、课后答辩等环节后，李校长特别答应我"尽量不对成都方面有较大影响"的春节假期（正月初七）让我与爱人再到北京十一学校面试，经过专家团队的现场答辩考核后，又分别与时任十一学校党委书记曲艳霞副校长（当时她还兼任教学副校长）和李金初校长单独面谈，整整进行了两天。我们回到成都后不久就接到了引进人才进京的通知。当然，我在成都外国语学校也很认真地干到了期末，一切工作完成，于2002年8月6日举家搬迁来到北京十一学校。

刚开始，生活等诸多方面的困难让我们感到力不从心：我的工资不够租房，自认为女儿天然就应该进入北京十一学校实验班的想法完全就是痴人说梦，爱人的工作调动答复说要等待机会……我们在北京既无亲戚，也没有朋友，眼前的现实与自我心理期望让我们犹如从夏天一下到了冬天，如此窘境下，一家人只有一个念头：没有退路！只能齐心协力往前走！努力，拼搏，再努力！

我再一次归零——从成都外国语学校的教学副校长到北京十一学校的一位普通老师。这可能也是对一位引进人才的考验吧。学校安排我担任两个实验班的数学教学。事也凑巧，我女儿在十一学校的高一分班统考中获得了年级第二名，顺利地进入了学校的高中实验班，我也自然成了女儿的数学老师。尽管我以满腔的热情和全新的姿态投入到为十一学校的努力中，但还是发生了一些囧事。例如，我这个四川人讲普通话的问题，尤其是数学中的一些特殊发音，如 $\sin \alpha$，$\log_a \pi$，有时候自己都没有感觉到就引发了同学们的哄堂大笑。说实话，在当时尴尬的氛围中我心里是很难受的，因为女儿就在班上，有点儿被人当场嘲笑的感觉，而且还有在课后被同学们当着女儿的面议论与指点的情况，虽然这种情况很少出现，但自己心里还是特别难受。所以我自己发誓要好好练习普通话，努力提升自己的教学艺术……同时，我自己确实也是带着感恩的心态尽自己最大努力做到最好，这两个班是李金初校长亲自主持的高中"四环节教学"改革实验班，不仅如此，学校、老师、学生、家长、社会都对其有很高的期望。实验探索中，我除了努力向理论学习、向身边老师学习外，也放低姿态躬身求教，哪怕学生指出的一点点不是都立刻改进。最后，我终于以自己对数学教育的独特见解与精湛教艺赢得了同学们的接纳与信服。我还带领十一学校高中三个年级的部分学生参加了由人民教育出版社数学组牵头的"数学手持技术改革实验"，带领部分老师参与了王尚志教授主编的北师大版高中数学教材的编写……特别是 2003 年"非典"时期，学校不能集中上课，我虽然是一名高一老师，但也加入到了给高三学生答疑辅导的行列中，辅导讲解赢得了同学们的喜欢。那段时间我爱人也独立地支撑起了学校对"疑似非典患者"的全天候医疗服务，女儿在家里只能自己管好自己。也真是好人有好报啊……我们全家人一切安好！

2003 年"非典"结束后，李金初校长启动了十一学校校级干部的选聘工作，他采用了香港回归时推选行政长官的办法——成立了由 83 人组成的学校推选委员会进行层层筛选，在这个过程中我有幸被发现，被选聘为北京十一学校教学副校长。

被任命为"北京市十一学校教学副校长"的聘书

在全国性英语课堂教学大赛中，李金初校长发现我这个来自成都外国语学校的教学副校长得好好利用，于是硬是让我这个数学科班出身的人担任英语参赛教师范明婕的指导教师。通过英语学科团队的共同努力，在天津举行的全国比赛中，范老师获得了全国一等奖的优异成绩。2004 年的海淀高三期末统考是在腊月二十八才出成绩的，十一学校高三的数学学科成了最拖后腿的学科，平均分比中国人民大学附属中学（以下简称"人大附中"）低了 24.5 分，可以说李金初校长是在焦急万分中度过那个春节的。他正月初三就召集教学部门所有干部开会，一个上午下来，他发现身为数学特级教师的我可以在学校的关键时刻发挥作用，就这样我这个教学副校长又接任了高三两个班的数学教学。结果，2005 年高考十一学校的数学平均分成绩与人大附中仅差两分。北京十一学校当年的高考平均分位列海淀区第二名，为北京十一学校后来的一路优秀发展奠定了坚实的社会基础。家长也特别支持与拥戴十一学校的分层教学、"二四课程"、实验班"四环节教学"。十一学校在教育改革的路上也真正实现了自主办学。

2006 年我获得了海淀区"中学创新教学管理"优秀奖。

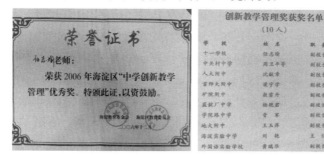

海淀区"中学创新教学管理"优秀奖证书及名单

2007 年年底，十一学校迎来了李希贵校长，他到任首推学校内部"扁平化管理"改革。善于发现的希贵校长，选择从我这个教学副校长先行先试。由我兼任高一年级全面管理主责人，教育、教学、人事、教科研等全面独立自主。在希贵校长的带领下，通过半年的团队试点，基本厘清了扁平化管理的五大优势。

第一，年级是学校教育教学的基层管理组织，承担着落实学校教育教学管理等工作任务的职责。年级建设的好坏优劣，影响着学校教育教学管理任务落实的效率和质量。

第二，在学校的层级管理中，存在自上而下的信息衰减、动力衰减、能量衰减、效果衰减等现象，这是层级管理结构下必然会出现的问题。

第三，年级工作的重要性与年级主任岗位责权的有限性之间存在客观的矛盾。这个矛盾的存在，严重影响着学校优良文化的形成，影响着学校重要部署的贯彻落实。

第四，学校校级领导、中层干部具有长期教育教学岗位、管理岗位丰富的实践经验，尤其在长期管理岗位的工作经历中形成了其他岗位所不具备的政策观念、宏观的组织协调能力和长远的工作规划能力，这些有利因素和年级重要岗位的结合，对解决以上矛盾是具有积极作用的。

第五，中层干部全面参与年级的教育、教学、管理，参与年级的家庭教育、安全管理、长远规划等工作，这对处室主任也是一个很好的锻炼机会。

十一学校的扁平化管理结构，推出了"初中、国际、高一、高二、高三、教务（原来的教学与德育合并）"六大组织架构。

扁平化管理中，学校行政管理实行"岗位管理"为主体、"项目管理"和"责任区管理"为两翼的管理模式。年级更名为"级部"，年级主任更名为"级部部长"。级部实行蹲点领导下的部长负责制。任课教师参与日常事务管理，由教师以项目组的方式管理早晚自习、诊断与评价、日常行为规范等。

学校扁平化管理也逐步在实践探索中清晰：扁平化，就是让供需有效连接扁平，即去中层化。把所有的中层部门变成职能部门，不再是管理部门。所有的副校长不再分管任何一个领域，而是兼任年级主任。特别是在财务方面，校长的权力是领导着各个年级、各个部门、各个组织来编制预算，批准预算，然后监督预算。预算编制完成后，当年 12 月传到网上，第二年怎么执行预算，由各个部门、各个年级、各个岗位的老师自己签字，自己报销，无须校长批准。在学术领域也是这样，一个学科有学科主任，有年级教研组长，有课程首席教师。大家越来越感到：扁平化的一个要害就是预算的分解，让每个年级知道我们下一年在课程建设上到底要做什么，让每个学科都清楚我们下一年到底要花多少钱，把学校的预算变成每一个部门、每一个岗位的预算。对老师们来说，扁平化最直接的要害就是教职工的聘任，由各个年级、各个部门双向选择。学校只有校长、级部和教师三个层级。

扁平化还体现在学校的治理机构，十一学校的治理主体由六个组织构成——党组织、教代会、校务会、学术委员会、学代会和家长委员会。通过两年的努力，十一学校的扁平化管理基本稳步运行，在学校以六大块状管理为主的结构中，李希贵校长"发现"我更适合在全校层面上开展工作，于是又让我担任学校党总支副书记（他是校长兼书记）兼工会主席。这样整个学校的党工团方面的工作基本就压在了我的肩上。记得有一次海淀区委在十一学校召开党建工作现场会，区委三个常委出席，李希贵书记因在国外，整个工作前前后后基本上全是由我主责。特别是 2011 年建党90 周年时，北京市教育界只有两所学校被评为"全国先进基层党组织"——清华大学和十一学校。当我把刊有公示的报纸送到希贵校长面前时，他既感到惊诧又十分高兴地说："志瑜干得很优秀啊。"这也是十一学校作为有着浓厚红色基因学校（中央军委子弟学校）在历史上的第一次。他说既要以此作为十一学校发展的一个里程碑，更要以此激励全校师生加倍努力。于是，他将这块牌子镶嵌在了学校正对西大门的科技楼正面墙上，让每天到校的师生都能看见。他还让我在全校师生中征集一个名字，重新为该楼命名，后来我班学生李雨晗的"容光楼"（源自《孟子·尽心上》"日月有明，容光必照焉"）高票胜出。这个地方成了十一校园的标志性建筑，更是师生入党宣誓的一个纪念地。

希贵校长认为我在十一学校的多个岗位上干得不错，极力向海淀教育委员会推荐我担任正职。这样，2012 年 7 月 12 日我就从十一学校校级副职任上到北京市高中示范校北京交通大学附属中学（以下简称"交大附中"）担任党委书记。

（四）交大附中的跨界被"发现"

交大附中当时已有南北两个校区。北校区为本部，主要部门的工作人员都在此办公，南校区为交大附中毕业年级专区——每届九年级、高三都集中到南校区。我的职务虽然是交大附中党委书记，但大家也都知道教学业务是我的强项。2000 年我被评上特级教师，还是全国使用的高中数学教材与教参（北师大版）的编委与编写者，而且我无论担任什么职务，在哪个岗位，从来都没有脱离过教学，都没有离开过讲台。就在去交大附中就任党委书记的当年也是在十一学校我刚送完高三。交大附中戴文胜校长希望我在主责学校党建工作的同时发挥教学业务优势，把更多精力放在南校区主抓毕业年级工作上。这样我就跨界从学校党委的主要领导冲到了学校教学管理最前线，除了与南校区的主责副校长和年级主任及九年级、高三老师们一道探索最佳策略争取达到最好的效果外，还直接登上了讲台——因前一位高三老师急需做手术，我就直接接了她的课，每天上课、批改作业、课后辅导、节假日补课，完全与老师们战斗在一起。这样既了解了交大附中毕业年级最真实的情况，也可以与老师及主管干部们一起研讨。功夫不负苦心人。2013 年交大附中的高考与中考不仅取得了历史上的最优成绩，而且在同类学校中也遥遥领先，带来了非常好的社会影响。这极大地鼓舞了交大附中师生的士气，也被领导和老师们发现了我的跨界优势。后来我继续侧重毕业年级工作，而且在交大附中任党委书记的三年里，每年我都在《数学通报》上发表一篇对当年高考试题（立足北京试卷、综合全国卷）深度剖析的文章；我还带着老师们成功申报了北京市级科研课题"基于阅读理解的对话课堂研究"。

当然，我也必须要履行好自己的主体责任。在我任交大附中党委书记的三年中，学校的党建工作也不断获得好评：就任第一年学校党委被评为海淀教育系统先进党组织，第二年被评为海淀区先进党组织，第三年被评为北京市教育系统先进基层党组织。我个人也多次被评为优秀党员和优秀党务工作者，而且还是北京市教育系统"党建科学化研究室"成员（全北京市教育系统仅七位）。

（五）理工附中的突破被"发现"

2015年6月29日我受命接任北京理工大学附属中学（以下简称"理工附中"）第十届校长、党委副书记。这个"回归"也是海淀教育界领导对我的再一次"发现"吧。理工附中是1950年以适应新中国人才急需而诞生的"工农速成中学"，开学典礼当天时任教育部部长马叙伦出席并讲话。理工附中在20世纪80年代是海淀区重点学校，初中教学质量特别优秀，2004年成功申报北京市高中示范校。

理工附中是杨澜的母校，也是有"摇滚乐之父"之称的崔健的母校，也是中国医学科学院院长、新冠病毒肆虐期间建设方舱医院重要贡献者王辰院士的母校……学校先后被评为北京市学生金鹏科技团、北京市学生金帆艺术团、北京市排球金奥队，并获得联合国教科文组织项目实验学校、全国海洋意识教育基地学校、北京市翱翔计划"物理与地球"领域基地校、北京市学校文化建设示范校、海淀区"冰雪项目"试点校、"一带一路"青少年和平友好发展国际联盟会员学校、教育科研工作先进学校等荣誉称号。

特别是在优质教育均衡公平的教育改革中，理工附中勇挑重担，先后合并车道沟小学为理工附中小学部，合并原六一中学（1950年建校，原为公安部子弟校）为理工附中南校区，接收原北京市信息管理学校紫竹校区为理工附中东校区。理工附中本部由原来的"车道沟东路1号"一个地方突破为一个校名四个校址。而且结构从以前的完全中学发展到从小学到高中的十二年一贯学校，四个校区功能定位明确——小学部，东、南校区均为初中部（本部的优质高中生源基地学校），车道沟东路1号为高中部。为了辐射优质教育资源，又发展成为以理工附中为龙头学校的教育集团学校：理工附中分校（民办性质，独立法人），理工附中通州校区（完全中学，独立法人），理工大学附属小学（人财物隶属于理工大学，聘我为校长）。

理工附中教育集团年会及校园文化景观

　　理工附中教育集团结构综合——既有隶属于海淀区教委的学校，又有隶属于通州区教委的学校，还有隶属大学的学校；既有公办性质的学校，又有民办性质的学校。理工附中管理科学——对于并入本校的学校，明确"三个四"：第一，四个尊重（尊重原学校悠久的历史、尊重原学校的优秀文化、尊重原学校所有人的创造、尊重教育教学科学规律）；第二，四个统一（统一整体管理、统一工资标准、统一规范制度、统一教育教学质量标准）；第三，四个创新（多校区管理创新、教育教学研究创新、科学艺术体育特长创新、校区特色文化创新）。在本部十二年一贯制教育中，坚持"一贯制教育，一体化发展"原则；在本部多层次多校区管理中，实行"纵向统筹协调、横向自主创新"。本部管理组织结合学校管理走向学校治理的精神，根据教育部编写的学校管理指导丛书"中小学校管理评价"，理工附中构建了"一室两部五中心"的学校治理结构：党政办公室，小学部、国际部，学生发展中心、课程与教学中心、教师发展中心、特色发展中心、资源保障中心。

　　"纵向统筹协调"是指本部一室两部五中心与各校区纵向统筹协调。纵向统筹协调的"统"，主要是指教育主张、办学理念及学校管理制度（如工资标准、工作量标准）等。"统"还体现在以下几点。第一，同形：校徽标志，校牌底色与字体，校园整体主色调（灰与黄，谐音辉煌）。第二，同构：一体化管理，一贯制教育。第三，同质：理工附中品质。

　　纵向统筹协调的"统"有如党对军队绝对领导的思维方式，不能政出多门，各行其是，另搞一套。纵向统筹协调的"统"具体到理工附中对外一个名称、一个经费账号、一个招生代码、一个人事端口。人头经费标准、职称数额、工作量标准、课时津贴标准、班主任龄计算等，这些都必须是统一的。纵向统筹协调的"统"更体现在教育质量标准的统一（理工附中品牌），特别是在德育方面，学生行为规范、教学质量不能走样，不能打折扣。

纵向统筹协调的"筹"更主要落实到文化众筹与融合。犹如56个民族56朵花，所以理工附中队伍建设落点到"大花园"理念：你是一棵大树可以在这里参天，你是一株玫瑰可以在这里怒放，你是一棵小草也可以在这里青翠。理工附中是大家的"家园"：共建，共享，共融。成员之间：你中有我、我中有你。各校区及各中心资源综合利用。

纵向统筹协调的"协调"主要落实在校区之间、部门之间、成员之间、人与事之间的调整、协商、调谐。

"横向自主创新"主要是对东、南校区及一室两部五中心给予舞台、给予机会，自己主责范围内的事自己做主。特别是在课堂探索上百花齐放、百家争鸣，各校区齐头并进，百舸争流。横向自主创新的这个"自"也特别强调自我负责，在学校大原则下适合校区及各中心特点的有效实操规则的属地管理，自己的担子自己挑，自己的责任自己扛，树立"我就是最后一堵墙"的思想。

"纵向统筹协调、横向自主创新"还表现在：业务上本部指导（引领、管理），也就是在"干什么"上下功夫；行政上属地负责（执行、落实）是在"怎么干"上做文章，创新地干，干出不一样的精彩。也就是说，方向、目标、任务、评价由本部统一管理；各校区、一室两部五中心的各项工作做到规范有序、安全保证、任务落实；各校区与一室两部五中心责任自担；在具体任务落实的过程与方式上因地制宜地自主创新。

关于集团化办学，我认为对于校址分散、各自具有独立性和自主性的多所学校来说，集团校长的功能作用更多体现在教育主张、共同愿景等方向把握、宏观指导等方面。我也在自下而上的基础上明确了理工附中教育集团的发展愿景：理工附中教育让人信赖，理工附中老师令人尊敬，理工附中学生使人赞赏。

我在理工附中校长岗位上的几年来，一路艰辛，一路坎坷，一路奋斗，一路成长。连续五年被评为海淀区"民主治校的好校长"；当选海淀区第16届人大代表；获得海淀区优质教育均衡发展突出贡献奖；被评为海淀区教育系统优秀共产党员；获北京师范大学、光明日报社、中国教育学会主办的"中国好教师"工作"四有好老师"公益行动奖；获北京青少年科技"协作创新奖"；获"全国科教先进校长"称号等。2018年"教育管理"专业正高级职称申报中荣获海淀区中学校长唯一推荐人选，也在北京市的激烈竞争中成功获评。2019年在北京市首次校长职级评定中，从全市3700多位书记校长中脱颖而出，成功获评北京市首届中小学特级校长。

二、从他们的成长故事中感悟"发现"的意义

我在近四十年的教育生涯中越来越深切地感到：校长不仅需要埋头拉车，更需要抬头看路，更需要在深刻理解教育本质的基础上遵循与把握教育的规律，特别是人的成长规律。世间万事同理，总有一些普遍的哲理可以对辛勤的教育工作者带来一些思维与行动上的启导。

（一）撑杆跳高女皇伊辛巴耶娃天赋被"发现"的启示

被誉为"撑竿跳高女皇"的俄罗斯姑娘伊辛巴耶娃28次打破世界纪录（其中室内13次、室外15次），赢得两次奥运会和三次世锦赛冠军。但她同时又被人们称为俄罗斯版"灰姑娘"，因为她是被撑竿跳高教练特罗费莫夫在体操队里发现的。

1982年6月3日，伊辛巴耶娃出生在俄罗斯西南部伏尔加格勒的一个小村庄，她的父母都是默默无闻的工人。由于父母工资微薄，伊辛巴耶娃孩提时代过的是勉强可以满足温饱的生活，伊辛巴耶娃之所以走上体育之路，与她的母亲娜塔莉亚的经历有关。娜塔丽亚毕业于大学体育系业余篮球运动专业，她希望通过体育改变自己孩子的命运。伊辛巴耶娃4岁时，母亲就为她和比她小一岁的妹妹举行了一场家庭运动会，第二年，伊辛巴耶娃便被送到了体操学校。此外，伊辛巴耶娃所处的环境也很有利，她的故乡伏尔加格勒是俄罗斯西南部的名城，第二次世界大战期间著名的斯大林格勒（现为伏尔加格勒）保卫战就发生在这里。这是一座英雄的城市。因为那段历史，伏尔加格勒的人都相信，从这里走出去的人是不可战胜的。伏尔加格勒又是俄罗斯体育的圣地，在整个伏尔加格勒类似的体校就有70多家。伊辛巴耶娃的童年时代在伏尔加格勒第五少年体校度过，少年时代则在伏尔加格勒中心区的奥林匹克后备学校度过。

娜塔莉亚原本希望两个女儿都成为奥运会体操冠军，于是，伊辛巴耶娃和妹妹伊涅萨一开始都是学的体操。

随着时间的流逝，这个酷爱运动的女孩从一个纤细瘦弱的小姑娘长成亭亭玉立的少女，15 岁时就已长到 1.7 米。有一天，撑竿跳高教练特罗费莫夫到好友体操教练家做客，就在观看体操队员们的训练时，独具慧眼的特罗费莫夫以专业的视角"发现"了赋有撑竿跳高天赋的队员伊辛巴耶娃。临别时他向好友表达了自己的"发现"：这个孩子在撑竿跳高方面可能比在你这儿有更大的发展。一周之后，体操教练带着伊辛巴耶娃回访，在出发及去的路上体操教练什么也没跟伊辛巴耶娃说，到达目的地后体操教练就让伊辛巴耶娃尝试一下新玩意儿"撑杆跳高"。饭后要返回时，特罗费莫夫拉着他的好友体操教练的手说："兄弟，一会儿你的弟子伊辛巴耶娃觉得好玩儿，你就得把她留下！如果她觉得不好玩儿，你们就一起回去。"当他们在训练场见到伊辛巴耶娃时，特罗费莫夫首先就对迎面跑来的伊辛巴耶娃微笑问道："好玩儿吗？"对撑竿跳高还饶有感觉的伊辛巴耶娃兴奋地回答："好玩儿！"特罗费莫夫紧跟着说："那……是继续玩会儿呢？还是跟你老师回去呢？"伊辛巴耶娃望着带自己来这儿的体操教练老师默不作声。此刻，特罗费莫夫马上说："那就再玩儿吧。"伊辛巴耶娃点头，特罗费莫夫上前一步手掌轻轻推着伊辛巴耶娃的后脑："想玩儿就去玩儿吧。"同时转身拉着体操教练的手说："走吧。"就这样特罗费莫夫把伊辛巴耶娃"留下了"。这一留就让已苦练体操十载的伊辛巴耶娃彻底改换了门庭。特罗费莫夫和伊辛巴耶娃本人最初也不曾想到，这一发现与发掘，成就了一位后来震惊世界田坛的撑竿跳高女皇。

正如韩愈所云"世有伯乐，然后有千里马。千里马常有，而伯乐不常有"。对于从 15 岁才开始接触撑竿跳高运动的伊辛巴耶娃来说，其恩师特罗费莫夫的识才眼力和育才能力可以说是成就伊辛巴耶娃撑竿跳高女皇的决定性因素。没有那次偶然的专业眼光的独特发现，特别是对其专业培训发掘，伊辛巴耶娃是难以登上如此高峰的！其实，每一个孩子都是这个世界上独一无二的，都有他（她）自己闪耀星空的天赋，关键在于我们善于发现、唤醒和点燃！

中国有句古训，三岁看大，七岁看老。这个"看"字实际就是"发现"的功力。关键在于你是否发现张三一定与李四的未来发展方向有不同的地方，从而为其搭桥铺路。所以，我提出"善于发现"应该是当老师的看家本领！

（二）舟舟音乐指挥天赋被"发现"的启示

1978 年 4 月 1 日，舟舟出生在中国武汉，父亲胡厚培是武汉交响乐团低音提琴手，给儿子取名胡一舟，是希望这个小生命像一条小船，平平安安地访问人世的港湾。然而一个月后，胡厚培被告知儿子是医学上认为不可逆转的中重先天愚型患者，这种先天愚型患者，即使到了中年其智力水平也只相当于四五岁孩子的智商。这种疾病在我国的发生概率为五百万分之一。这一消息犹如晴天霹雳，但自己的儿子总是世界上唯一的天使啊。

从两三岁起，父亲就带着他泡在排练厅里。父母让其自然生长，对他不加任何的要求与约束，所以舟舟在排练厅里随意玩耍再自然不过了，性情温和的舟舟也从不捣乱。舟舟还经常有意无意地爱做手势，好像生活中也不能缺少了他的指挥。例如，打开他的宝贝箱子的时候，他的手腕向上轻盈地一抬，然后就突然指向旁边的一样东西，可能是光盘，也可能是写满了 2＋2＝4 的作业本。他那一"点"的手势，让人先是本能地躲开，接下来就要客气地把点到的东西递过去。

1997 年，湖北电视台纪录片编导张以庆在一次偶然的机会中发现了武汉交响乐团大厅外的舟舟，并对他无师自通的指挥才能产生了好奇和关注。随后进行了长达 10 个月的跟踪采访与拍摄，从而诞生了一部长达 60 分钟的电视纪录片《舟舟的世界》。舟舟特殊的心智结构，使得他在镜头前毫无胆怯和做作，更加强了这部片子里无法设计出的纪实风格。编导们放低了视角，用镜头与舟舟做平等的交流。"所有的生命都是值得尊重的"淡然的手法蕴藏着深厚的人道主义关怀，使得这部纪录片获得了当年国内纪录片最高学术奖中的唯一大奖和最佳导演奖以及接踵而来的一大串奖项。如今，这部纪录片已传播到欧洲、美洲。

也可能就是这个拍片的过程，纪录片传播的过程，极大地激发了舟舟的指挥天赋，随着一天天长大，他对音乐指挥的热情也在一天天增加，表演欲望也在一天天增强，一个"指挥梦"也在一天天产生。舟舟走上了中国艺术的大舞台，也走进了世界著名艺术的殿堂，如美国卡内基音乐厅、美国国家剧院都留下了舟舟的名字。大概在舟舟的血液里流动的是旋律，他的每一次心跳都有音符在跃动。这就是舟舟，不幸而又幸运的舟舟。

舟舟可能是父亲音乐基因遗传的天赋，再加上后天环境的影响而让他的潜质被激活了，特别是湖北电视台纪录片编导张以庆对他的发现和一次次的开发，让他这方面的天赋不断得到挖掘，不断被放大，而使他走向人生的巅峰。其实，人一出生，就像自带各种功能的计算机一样，因不同使用者的喜好而使不同功能得到不同程度的开发。与生俱来的各种外显或内在智力潜能基因中，总是不断地受到先天与后天的影响，得到开发或者阻抑。舟舟就是他的所长正好被父亲与张以庆编导的对路开发。

特别是学生的第一任老师（父母）与教育工作者，我们一定要遵循教育规律：孩子天生彼此千差万别；孩子天然拥有好奇心，而且特别具有自己的爱好；创造力是人之天性——人的生命具有与生俱来的创造力。因此，教育的崇高在于开发潜能！

（三）美国奶奶 80 岁才"发现"自己绘画潜能的启示

安娜-玛丽-摩西奶奶 80 岁后爆发了惊人的绘画能力，创作了 1600 余幅作品，在全世界举办了数十场画展。她的每一幅作品都渗透着轻松乐观的精神，展示出世界的美好和善良，将摩西奶奶质朴无华的人生智慧和富有传奇色彩的人生经历娓娓道来，给迷茫、不安甚至绝望的现代年轻人最真诚的心灵启示。其感动的力量从美国蔓延到加拿大、英国、法国、瑞士、丹麦、意大利、中国、日本、新加坡等全球数十个国家和地区，给无数年轻人以心灵的光芒。

摩西奶奶出生于 1860 年，生活在美国纽约州格林尼治村的一个贫困农夫家庭，她 1961 年病逝，享年 101 岁。她几乎从未离开过农场，是一个从未见过大世面的贫穷农夫的女儿、农场工人的妻子，养育了 10 个孩子，像任何一个普通的主妇一样操持家务。她一生中意刺绣，直到 76 岁时因关节炎才不得不放弃刺绣。她自己曾说，80 岁后，未能预知的因缘际会，让她发现了自己的绘画潜能，将她的绘画事业推向了巅峰，随之带来的效应，使她成了几乎所有美国人都耳熟能详的大器晚成的画家。她在晚年时成为美国著名和最多产的原创派画家之一，被人们亲切地称为"摩西奶奶"。

摩西奶奶一生都未曾接受过正规的艺术训练。正是农场里的天然美景唤醒了她绘画的天赋并使她晚年爆发出了惊人的创作力。她说："我的老伴已离去多年，自己的孩子也依次被我送走，我的同龄人也一个个离开了我。我觉得自己好像越活越年轻了，越来越喜欢与年轻的曾孙辈们一起玩儿，他们累了、倦了，便喜欢围坐在我身旁，不嫌曾祖母絮叨，听我说些老掉牙的人生感悟。"摩西奶奶名言"人生永远没有太晚的开始"。

摩西奶奶突破了年龄和教育的限制，通过自己的发现和感悟，用画笔创造出了一种别样的丰富人生。她风趣地说："不是我选择了绘画，而是绘画选择了我。"这其实道出了一个真理"每个人在世界上都是独一无二的，关键在于发现"。每个人的特别潜质与生俱来，不会因为时间而消亡。关键在于我们自己、父母及老师要有细致入微的觉察敏感。正如摩西奶奶名言：你最愿意做的那件事，就是你真正的天赋所在，发现发掘。当然越早越好，因为某一方面潜能的很好开发就可以成就一生。但是，绝不能跑偏甚至揠苗助长。正如普希金所说："假如生活欺骗了你，不要悲伤，不要叹息，愉快的日子正等待着你……"因为你的特别潜能总会让你在机会点上特别敏感而让你展现出与众不同。因此，敢于"尝试"无疑是发现机会点的良策。

当然，谁都想在瞬息之间迸发出自己最璀璨绚丽的光华，但"能做的最好方式应该是尽力接纳生活赋予我们的一切，让每一个当下完美无缺或少留遗憾"。自然面对一切，不懈努力更好！清代的蒲松龄出身于没落的地主家庭，一生热衷于科举，却始终未能如愿。他71岁时才被破例补为贡生，费尽毕生精力完成的《聊斋志异》，被誉为我国古代文言短篇小说成就最高的作品集，流传古今，风靡中外。或许我们难以预料，怎样的生活才算是完美的？其实，生活就如同一个剧本，看你怎样导演，或是一部战斗片，或是一部悬念剧，或是一部浪漫片，抑或一部悲喜剧。

功崇惟志，业广惟勤。西域取经的玄奘，一路踏沙漠、翻雪山、淌江河、遇盗贼，热风如火，寒风如刀，忍饥挨饿，口干唇焦，急中生智，虎口脱险。他发誓：宁可西进而死，决不东退而生，不到印度，誓不回头。我们可以想象：阔别长安18年，取回真经657部，仅凭一腔冲动、勇气能行吗？答案肯定应该是"毅之所在，圣之所至"。

（四）"发现"梅西特殊天赋而成就足坛巨星的启示

梅西本是阿根廷人，从小特别喜欢足球，但他10岁时的身高却只有1.25米，比同龄人的平均水平还矮10厘米。后来他被诊断为"发育荷尔蒙缺乏"，而且每月注射生长激素花费高达900美元。由于家里的经济条件难以承受小梅西的治疗费用，他父亲（也是他当时的教练）只好举家搬迁投靠西班牙巴萨俱乐部。2000年9月，13岁身高只有140厘米的梅西被带到巴塞罗那试训。在试训期间梅西的表现征服了巴萨青年队教练，他发现梅西在足球方面确实很有天赋，迫不及待地想与梅西签订一份到 2012 年才会到期的合同，甚至忘记了国际足联的规定"未满 20 岁的球员不得和俱乐部签订 5 年以上的工作合同"。时任巴萨技术主管的卡洛斯·雷克萨奇着急到随手扯下一张餐巾纸，在上面写下保证书"我，雷克萨奇，以我作为巴萨俱乐部技术总监的权限保证，即便目前存有部分分歧，但巴萨俱乐部将与利昂内尔-梅西达成一份条件允许情况下的最长协议"。《太阳报》报道雷克萨奇激动到"第一眼看到梅西就认为他是外星人"。就是这份"餐巾纸保证书"挽救了梅西！也成就了梅西！

妈妈出于对梅西病情的考虑还是不愿让儿子踢球，当时，雷克萨奇又对梅西妈妈保证：我把梅西安排在右路，这样一旦他哭了，或者感觉不舒服，我就能就近发现。谁曾想到，梅西的球风和球场上的位置就此得到了永远的定格，一生都没有改变！

巴萨俱乐部确实在帮助梅西成长方面做出了巨大的努力，毫不犹豫地给他在俱乐部注册并安排他去医疗部接受治疗。2008 年 21 岁的梅西就长到了 170 厘米。梅西在巴萨俱乐部的十三年里拿下了近乎全部荣誉，四次获得了欧冠赛冠军、七次西班牙甲级联赛冠军。在 2012 年一年中，梅西打进了 91 颗球，成为全世界单年进球最多的纪录保持者。梅西成了五次荣获"金球奖"的历史第一人。

名帅穆里尼奥这样评价梅西"世界上只有两支球队：有梅西的球队和没有梅西的球队"。国际曼联、国际米兰等世界豪门都纷纷对梅西诚恳相邀，重金示好。当时，梅西成了全世界转会费最贵（1.7 亿欧元）的足坛明星。但梅西毫不动摇，并坚定地表达：没有巴萨对我的发现、信任和培养，就没有我梅西的今天，我感谢巴萨！梅西一次又一次公开表达自己坚定的态度："当别人对我漠视的时候，只有巴萨相信我，而且送我到更大的俱乐部踢球，所以，我的根在巴萨，只要俱乐部还需要我，我会一直留在这里！"。

对于这样德艺双馨的球星，欧足联主席称：梅西是巨星中的巨星！

巴萨主席称：梅西是西班牙巴塞罗那俱乐部 111 年历史上最出色的球员！

梅西足球潜能的发现者首先是他的父亲，尽管儿子小时得病，但并没有阻止他开发儿子潜能的脚步，坚定到举家搬迁异国他乡去寻找能够帮助他们的机构——西班牙巴萨俱乐部。更让我们肃然起敬的巴萨技术主管雷克萨奇，他发现梅西足球潜能时的如获至宝的心情到了忘乎所以的地步——不顾国际足联规定而用"餐巾纸保证"，继而又答应梅西妈妈照顾儿子病情的要求。当然，雷克萨奇如此的坚定也是源自他对梅西的考察：我早上五点钟就抵达球场，认真仔细地观察……足球本是团队运动，但这个孩子能够单骑闯关，他拿到球后能够很快智慧地过掉对手，而且还把球打进，凭我的直觉，他有足球方面的特殊天赋。雷克萨奇在发现梅西潜能时的义无反顾，特别是后续发掘梅西潜能的坚韧与执着，让梅西内心感动而使外界无法撼动。正如中国孟子感叹"得天下英才而教育之，三乐也"。伯乐对一个人"才"的潜能开发固然很重要，但德的培养更是必不可少的，因为只有让身边的人特别是同行信服的人才更伟大。在国际足联最高荣誉的评选中，威望与影响力很高的罗纳尔多都把票投给了梅西。罗纳尔多在投票现场对询问的记者亲口说道："是的，我选的是梅西！因为我挖掘到了他身上对于现代足球的使命感，他的踢球方式融合了观赏性和高效率，（世界足球先生）给他没问题。"雷克萨奇的爱才之举确实让我们发自内心地敬佩和学习。也因为有梅西父母特别是雷克萨奇的发现发掘，才让梅西登上足坛巅峰。

　　梅西能够得到世界各位专业大咖及组织一致性的高度赞扬，主要是因为他的全面优秀特别是在足球方面的潜能一步步绚丽展现让人望其项背。还有前面的伊辛巴耶娃、摩西奶奶及中国特别节目"挑战不可能"中的记忆大师等，都启示我们要特别留心甚至坚定信心去发现和发掘在某一方面具有特殊潜质的人，既成就他人，更造福社会。

（五）印度狼孩与越南老兵不同结果"发现"的启示

　　1920 年 10 月，一位印度传教士辛格在印度加尔各答的丛林中发现了狼孩，大约 8 岁。辛格给她起名卡玛拉。被发现时她的体态特征都很像狼：下颌骨发达，犬齿比一般的牙高出一半，鼻子扁平形圆，嗅觉极佳；耳朵形大扁平会扇动，听觉极其灵敏；皮肤异常敏感，胳膊长及膝盖，用四肢行走；面颊颧骨似大疙瘩般高耸，头颅细长，前额狭窄不端正且有许多皱纹；眼睛适应黑暗并熠熠发光，怕火、光和水，在太阳下，眼睛只眯开一条缝，而且不断地眨巴。她被领进孤儿院后，辛格夫妇对她异常地关爱，但她还是不愿与人接近，白天睡觉，晚上出来活动。她不会用手拿东西，喝水也和狼一样用舌头舔，吃东西时，不用手拿，在地上用牙齿啃开吃。在孤儿院经过两个月恢复人性的培训后，她渴时开始会说"bhoo"（水，孟加拉语），并且开始对别的孩子活动表现出兴趣。但卡玛拉用了 25 个月才开始说第一个

词 "ma"，4 年后一共只学会了 6 个字，7 年后增加到 45 个字，曾经说出过用 3 个字组成的句子。进孤儿院 16 个多月卡玛拉才会用膝盖走路，两年 8 个月才会用两脚站起来，5 年多才会用两脚走路，但快跑时又会用四肢爬行。卡玛拉只活到了 17 岁。但她直到死还没真正学会说话，智力只相当于三四岁的孩子。

还有这样一个例子：1927 年人们在大森林里发现了东南亚逃兵（已经成人了），带回疗养培训，经过 81 天他就完全恢复了正常人的生活。

上面两个故事给我们的启示："狼孩"的故事证明了生命体都有自己某一方面发展的关键期，一旦错过就很难弥补。"逃兵"的故事说明，人的各种能力一旦形成，也不是轻而易举就可改变的。特别是父母和教育工作者，要善于学习并抓住孩子各种能力成长的关键期，着力培养与开发！

人脑的发育有着不同的年龄特点，言语的发展也有着特强的关键期（发音系统逐渐形成比较稳定的神经通路，以后要重新改变，非常困难），错过这个关键期就给发展带来了无法挽回的损失。特别是父母与家庭，能最直接、最有效地把握孩子的关键成长。家庭是孩子的第一也是最高学府，父母是孩子的第一任也是影响最大的老师。对孩子尽好责也是最好的履职担责、家庭美德、社会公德、个人品德。

人是高度社会化的产物。脱离了人类的社会环境，脱离了人类的社会生活就难以优化人这种高等动物所固有的特点，正如"狼孩"刚被发现时那样"有嘴不会说话，有脑不会思维"，根本就是产生了退化。因为脱离了人类社会环境，他就不会产生人所具有的脑的功能，也不可能产生与语言相联系的抽象思维和人的意识。况且，人类的知识和才能并非天赋，而是人类社会实践的产物，人们思维的原材料来自客观外界，来自人们的社会实践。这种社会环境倘若从小就丧失了，人类特有的习性、智力和才能就很难得到发展，所以我们要努力创造条件与机会让学生在社会活动与劳动实践中健全身心、增长智慧与提升能力。

三、萌芽"发现教育"

骆驼能在沙漠中负重前行，但千里马就难以在沙漠中驰骋；柳树美在枝和叶，特别适宜在湖边、河堤装点景色，但桃树美在花和果，既可以在湖边、河堤、院落美化景色，也可以在山坡上硕果累累。各美其美，关键在于我们的发现与利用。在近四十的教育生涯中，我深切感叹于孔子"因材施教"的真理与科学的伟大。宋代大儒程颐对孔子教人的经验讲得更明白"圣人教人、各因其才"。另一位大儒朱熹进一步阐释"圣贤施教，各因其才，小以小成，大以大成，无弃人也"。针对不同个性潜能的人施以不同的教育，实现每一个人最优的成长。因材施教的前提与关键在于老师首先要知道自己的这个学生与那个学生是怎样不同的"材"，才可以施以更有针对性的教。也就是说要实施以基于这个学生个体成长的关键性因子（潜能和优长）的发现与开发的教育。因此，自己的潜意识越来越催促自己可以诞生自己的教育主张。

片面追求升学率的分数至上、分数第一、分数唯一的教育，千校一面、万人一统、题海战术、死记硬背，把教育工作者的观念都被带偏了，他们总是希望通过自己的努力，将不一样的孩子教成一个样，符合统一的标准。其实，教育是最不能大一统的事，因为每一个对象都是世界上独一无二的存在，这也是教育最难之所在。因此，教育者的重要使命首先应该是发现，发现每个学生的不同特点与个性，并引导学生走向不同的成长道路，采取不同的教育方式，使其最终成为最好的自己。

根据人的成长规律与脑科学，因材施教才是教育的最高境界！

（一）希腊神庙门楣的人生哲理

在希腊阿波罗神庙的门楣上，镌刻着一句古希腊名言，其译文为"认识你自己"。这看似简单的五个字，确实蕴含了深刻的人生哲理。古往今来，无论是志士仁人还是平民百姓无不在这个方向上有更多的人生追求。苏格拉底将其作为自己的哲学宣言。

家喻户晓的"扁鹊与魏文王交流"的故事，其本质还是以扁鹊善于发现（发现别人、发现自己）而传扬谦虚低调的优秀的做人品质：有一天，魏文王问扁鹊："你们家三兄弟的医术究竟谁最高呀？"扁鹊毫不犹豫地回答道："首先数我大哥，其次是我二哥，最后才能轮到我。"魏文王认为扁鹊是在偏袒他的家人，反问道："为什么现在反而是你的名声最大呢？你又凭什么证明他们的医术高明呢？"扁鹊回敬道："我的大哥看病是在别人的病情还未表现出来的时候就已经给治好了。所以他的厉害在于让别人感受不到，也只有看病的人才清楚。我的二哥看病是在别人病情刚刚表现出来的时候就给治好了，所以他的名声只能停留在乡间。至于我嘛，只能看那些病情已经严重而且病症显现，治疗中需要用"下药、放血、用针、切骨"等方法去治疗的人，所以别人认为我的医术更高明，其实不是。"扁鹊的这一番回敬，入情入理，无不让人信服而肃然起敬。可能也正是因为有扁鹊的善于发现和努力向大哥二哥学习的品质，所以韩非创作的《扁鹊见蔡桓公》中的哲理才成了千年古训。

但是，在现实生活中，黎巴嫩著名诗人纪伯伦"我们已经走得太远，以至于我们忘记了为什么而出发"的现象也比比皆是。在这个特别讲求终身学习的时代，我们每一个人都要时刻清醒"人生就是一段发现自我的旅程"。

（二）教育必须遵循的三条铁律——天生·天然·天性

学生天生彼此千差万别；每一个孩子天然拥有好奇心，而且具有自己的爱好；人的生命具有与生俱来的创造力——创造力是人之天性。教育的对象是人，而人是世间最复杂的生命个体，无论是遗传基因，还是生长环境等诸多因素都会对每一个人产生不一样的影响，这就是哪怕双胞胎都不一样的道理。所以，洛克认为的"人类之所以千差万别，就是由于教育之故"的环境决定论显然是片面的。但确实也为教育工作者提出了正因为教育对象是千差万别的，所以教师必须针对每一个学生的特点而提出不同的要求、采用不同的方法，努力做到"一把钥匙开一把锁"。所以教师的教育行为无不体现出主体性与创造性。

每一个孩子都天然拥有好奇心，并具有自己的爱好。父母也好，每一位教育工作者也好，一定要坚守这样的心态：有人曾说，每个孩子都是一朵花，只是花期不同而已。有的花开在春天，也有的开在别的季节。当人家的花儿在春天开放时，你不要着急，也许你家的花是在夏天开；如果到了秋天还没有开，你也不要着急踹它两脚，说不定你家的这一棵是蜡梅，傲雪开放更动人。如果你家的花到冬天还没开放，你也不要生气，没准儿你家的花就是一棵铁树，不开花则已，一开花就惊艳四方、炫丽无比。真正的园丁不会在意花开的时间，只会默默耕耘，静待花开。等待了几个春夏秋冬都没开，你也应该高兴，因为他（她）一直在努力成为参天大树。

人的创造潜力与生俱来，每个孩子都有创造力。根据科学研究：原始的创造力随着儿童的身心发展，逐步由低级走向高级，甚至部分儿童较早地展现出具有真正创新意义的原创力。我们成年人要树立这样的观念"哪怕小孩子，他（她）也一定是一个完整、独立的个体，允许有其自己的空间、自己的世界"。美国创造性思维研究专家托伦斯还发现"3～5岁是儿童创造能力发展的高速时期"。所以，一开始我们就要特别营造民主、宽松的家庭氛围或者一种学习环境，帮助孩子（学生）形成自己独立的观点以及独特的个性，想象越丰富，思维就越活跃。马云说得对："未来不是知识的竞争，而是创造力和想象力的竞争，是学习能力的竞争，是独立思考的竞争。如果你像机器一样思考，你也只是一颗随时会被取代的螺丝钉。"在这一点上，19世纪第一位亿万富翁石油大王约翰·洛克菲勒的思维对我们很有启示："如果你要成功，你应该朝着新的道路前进，不要跟随被踩烂了的成功老路。"我们要有意识地给孩子留出时间、空间以及创造机会，让孩子花时间去观察、体验、放空和沉淀以及发现，及时把曾经输入大脑的东西用与众不同的形式表达出来，以有所创新、去激发新的创造。从脑科学的角度来讲，孩子也需要休息、放空，才能使大脑更有效率地运行。我们要给孩子留出可以自由发挥、酝酿创意的时空。创造力是每个孩子与生俱来的，培养起来其实不难也不贵，但很多时候还是被我们成年人给阻拦掉了。所以我们一定要沿着孩子的兴趣喜好去发现和发掘孩子的潜能，成就其独有的个性特长。

（三）多元智能理论

美国哈佛大学教育研究院的心理发展学家霍华德·加德纳于1983年从研究脑部受到创伤的病人中发现了学习能力的差异，从而提出了人的多元智能理论。他认为，每个人都同时拥有相对独立的九种智能：①语言；②数理逻辑；③空间；④身体运动；⑤音乐；⑥人际；⑦内省；⑧自然探索；⑨存在。而这九种智力在每个人身上以不同方式、不同程度的组合使得每个人的智力各具特点。所以他认为，每一个孩子都是一个潜在的天才儿童。

多元智能理论的精髓不在于提出了人们有多少项智能，而在于指出了人与人潜能的差异性与多样性。所以，我们一定要坚定地坚信"每个孩子都有其自身的天赋潜能"。这也正是"天生我才必有用""行行出状元"的理论基础。加德纳认为，每个人的智能在其身上都会以不同方式、不同程度地表现出来，希望家长与教育工作者善于发现孩子的智能所长，并通过适当的教育方式去发掘与强化。多元智能理论为我们更科学、更系统、更全面、更深入地挖掘每个孩子的潜能提供了事实可能与心理基础及方向指引。

多元智能理论其实是想说人的智能是多元和有差异的，人与人之间存在许多不同的相互独立的认知能力和认知方式。而每种智能又都是源于大脑中的一个独特部分，智能的这种独立性意味着即使一个人有很高的某一种智能，如数学逻辑智能，却并不一定有同样程度的其他智能。他还列举了一些生理学研究的依据来证实这一看法。例如，当人的神经系统受到损害时，并不是所有的能力都会受到同样的损害。如果大脑左半球受损，会失去语言能力，但在一定程度上却不影响音乐、空间、人际等能力。如果大脑右半球受损，就会出现相反的结果。他认为：一方面，智能不是一种能力，而是一组能力；另一方面，智能不是以整合的方式存在，而是以相互独立的方式存在。因此，多元智能理论从新的角度阐述和分析了智力在个体身上的存在方式及发展潜力，对学生的智力发展、教师的育人方式以及教育教学的管理都有着直接的影响，所以，我们要从脑科学、心理学等方面广泛关注，并进行深入的探讨。我们努力践行加德纳理论"人的多元智能发展水平的高低关键在于开发"吧。

（四）树之高大映像的启示

人们对一棵树高大的印象是由树上那些伸向空中最远方的枝条决定的。而每个孩子就像一棵树，他所能达到的人生境界，取决于他"树干"上最长的那根"枝条"。教育者的重要责任就是要发现每个学生的最长"枝条"，并让那根"枝条"不断向天空努力生长！

（五）被发现的学生优秀成长带来的鼓舞

1. 故事一：高中同班同学在清华大学再成"同桌的你"

2018 年清华大学本科一批在北京文科只录取了 7 人，理工附中就占了两席：白苏娜与同班同学詹笑微。她们在清华大学"经济、金融与管理类"再成"同桌的你"。

在《中小学管理》刊发以"发现教育"为主题的论文

在理工附中学习生活了 6 年的白苏娜，2018 年高考 688 分，理工附中高考榜眼、海淀区列第 11 名，高考成绩比中考成绩在海淀区提升了 2703 个名次。2012 年白苏娜是以单片机特长生进入理工附中的。在入校不久的活动中，慧眼识珠的信息技术老师张春鸿就发现了她与众不同的特长潜能，在后来的学习中张老师不断唤醒开发白苏娜同学的单片机潜能，而且激发她去竞选学校少年科学院单片机研究所所长职务。在老师的激励与她个人的努力下，她一举成功，成了理工附中第一个担任少年科学院院长职务的初中生，而且还成了学校特长生优秀干部。

进入高中后，她又遇到了善于发现的地理学科老师孙冠芳。孙老师发现了白苏娜的天文潜能后又激励她去竞选学校少年科学院天文研究所所长的职务，结果又是一举成功。白苏娜从初中擅长理科到高二毅然选择文科，这个转变也是善于发现的老师们唤醒了她的文科潜能。高三时期，地理学科背景的班主任李新老师，更进一步唤醒与开发了白苏娜的文科潜能，在所有任课老师的共同努力下，白苏娜同学的特长得到了发展。

被"发现"的白苏娜同学

2. 故事二：志愿服务做到了为非洲"捐助爱心音乐教室"

刘源同学 2015 年小学毕业进入理工附中，细心的班主任徐玲玲老师在课间的观察中发现刘源同学总是积极主动去擦黑板、收拾讲台、整理窗帘、清扫垃圾等。精于发掘的徐老师为此进行了专门的家访，发现刘源同学小小年纪就有着较为丰富的公益经历，回校后徐老师又请来刘源同学单独"谈话"，鼓励她保持热心公益的初心……不仅自己坚持做，还要带领班级同学积极参与社会公益和志愿服务活动。

中学阶段的第一个寒假前，刘源就带领团队首先在校园内募捐——为偏远山区贫困儿童捐书捐物，假期再带着团队到社区开展废旧电池回收，到地铁、商场开展志愿者服务等活动。

理工附中每学年都有"十优志愿者"表彰活动，刘源同学在 2016 年的"十优表彰大会"中第一次看到了优秀志愿者站上领奖台的那份光荣与自豪，听到了许多温暖人心的志愿者故事，优秀同学的事迹给了刘源深深的触动和激励，也更加坚定了她投身公益、做一名优秀志愿者的信念。

善于发现的学校团委书记高静老师揣摩到了刘源的内心，2017 年暑假前，高书记将"青少年国际公益创新挑战赛"的参赛资格特别推荐给了刘源。已经积淀了一定志愿者服务经历与经验的刘源萌生一个大胆的想法"为非洲捐助爱心音乐教室"。

在老师与家长的鼓励下，她带领团队先后走访了马拉维驻中国大使馆，又有幸与埃塞俄比亚来访的专家进行了座谈交流，她详细向专家介绍了自己对项目的实施计划及目标心愿，专家们的肯定鼓励增强了她勇敢前行的信心。在学校团委书记高静的指导下，她开通了微信公众号，用自己设计的 LOGO 制作 T 恤开微店进行网上售卖、社区义卖；组织亲友、同学和老师捐款。更棒的是，她充分利用自己参加学校组织的暑期游学机会，说动了带队的张雅玲老师与英国学校方面取得联系，使得她获得了在英国学校以全英文把"爱心音乐教室"的项目讲给了英国师生，结果赢得了极大的支持、赞扬和鼓舞。她成功地把游学之旅变成了一场公益之旅。

理工附中"十优志愿者"刘源同学

2018 年 2 月，她以理工附中学生命名捐助的"爱心音乐教室"在非洲马拉维正式落地了。

其实，现实就像如下描述：路边一口古井，外表朴实无华，波澜不惊，就那样毫无光彩地待在路边，任由人们匆匆走过。可是，有一天，累了、渴了的人在路边歇脚，偶然喝上那么一两口，才发现这口古井的井水是如此清澈、甘甜、解渴，而且源源不断，深不见底。我们每个人又何偿不是自己人生路边的这口"古井"，期待生命中早日出现能够发现自己这口"古井"的人！

"千里马常有，而伯乐不常有。"我们教育人更加坚定：每个孩子都有自己闪耀星空的天赋，关键在于我们如何去发现、唤醒、点燃！

我的“发现教育”

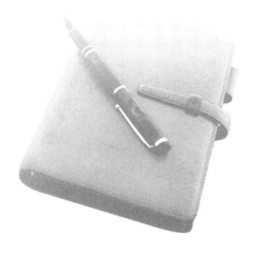

一、"发现教育"的提出

（一）学校历史文化传承与积淀的影响

1950 年，新中国百废待兴，急需社会主义建设的大批人才。为"培养工农成为近代科学技术的高级干部"，教育部特别批准建立北京市工农速成中学，时任教育部部长马叙伦出席开学典礼。为使学校更快更好地培养人才，1952 年春天，教育部决定将北京市工农速成中学附设于北京工业学院，直接在大学的领导和帮助下发展。1958 年秋天，为满足当时国家建设的需要，学校改为北京工业学院预科，实行双轨制办学：一部分作为大学预科，主要招收部队各兵种退役青年战士，进行高中程度的文化知识教育，两年半之后，成绩达到毕业标准者，直接进入北京工业学院本科学习；另一部分作为北京工业学院附属高中，招收高中学生。

1962 年，随着国家经济建设的发展，学校圆满完成了成人预科教育任务而转向基础教育。从此，学校成为北京工业学院附属中学（以下简称"京工附中"），停招预科生，只招高中生。这是学校办学历史上的一次重要跨越。1980 年，国家迎来全面建设快速发展的春天，迫切需要快出人才，出好人才，急需基础教育向大学输送优秀的高中毕业生，政府决定确定一批优先发展的学校，以保证优秀学生的快速成长，满足国家建设急需人才的要求。我们学校因为优秀的教师队伍和优异的教学成绩，被海淀区政府确定为区属重点中学。

1988 年，北京工业学院更名为北京理工大学，随之，学校也于 1990 年 6 月更名为北京理工大学附属中学。为扩大优质资源建设，国家提出创建示范高中校的工作意见。学校适时提出"加快教育改革，开创教育工作新局面，争取进入全国 1000 所示范高中校行列"的发展任务。为此，学校制定了《北京理工大学附中 1998—2005 年发展规划纲要》，将"建设北京市一流学校，创一流质量，育跨世纪一流人才"定为学校的奋斗目标。在全校师生员工的共同努力下，2004 年年初学校被批准为北京市示范高中校，这是学校历史上再一次新的跨越。2014 年至今，学校已发展壮大为一校九址的理工附中教育集团。

学校在发展的不同阶段，总是能够及时发现新的机遇。例如，学校经过一段时间的办学，发现大学优质资源对办好中小学有特别的优势，于是与北京工业学院联合成为其附属中学即"京工附中"；发现当时的初级人才很实用，"京工附中"努力办好初中教育，使得学校教育质量一流，被评为海淀区重点中学（全市招生）；发现学校发展转型及时代对人才的更高要求，即从过去的重点中学向示范高中转型，学校制定了《北京理工大学附中 1998—2005 年发展规划纲要》，在全校师生员工的共同努力下，2004 年年初被批准为北京市示范高中等。

（二）教育发展历史进程中经典"教育主张"的启示

在世界教育发展历史进程中，很多教育家都提出了非常经典的"教育主张"，如斯宾塞提出的"快乐教育"、陶行知提出的"生活教育"等。

斯宾塞提出的"快乐教育"是与当时的学校教育的发展背景紧密相关的。当时的英国学校教育主要以传统的古典教育为主，这种教育脱离实践、脱离生活，学习内容以传统课程和宗教课程为主，学习方式主要是死记硬背，对学生的身心发展及创造能力的培养产生了非常不利的影响。例如，斯宾塞曾在一所孤儿院调查时发现，那些孤儿一个个目光迟钝、缺乏活力，连有名的儿科医生都不知道怎样去改变这种状况。所以，斯宾塞认为："这些失去了父母的孩子就像阳台上的小雏菊一样，因为长期没有人浇水，已经慢慢枯萎了。"由此，他建议要多给孩子一些关爱、拥抱与爱抚，多给一些亲昵拍打，让孩子体验更多的开心与快乐。斯宾塞一直尝试快乐教育，认为孩子在快乐的时候，学习任何东西都会很快。他还认为在教育过程中，教育者要有效地教育孩子，首先自己要做个快乐的教育者，相信每个孩子都有巨大的潜力，要善于开掘他们的潜能。快乐教育的最终目的是帮助孩子成为一个快乐的人。快乐教育的方法主要包括游戏教育法、实物教育法、鼓励和有效暗示法、自然后果法等。显然，快乐教育作为一种教育主张，具有积极的理论意义与实践价值，也要求我们在教育实践中要通过愉快的教育环境、教育内容和教育方式去激活学生的求知欲，让他们在学习过程中得到享受，得到满足，得到快乐，并逐渐学会求知、学会做人。

生活教育是一种生活形态与教育形态相互联系、相互影响、不可分离的教育形态。陶行知指出："生活教育是生活所原有，生活所自营，生活所必需的教育。"这一主张是陶行知在继承以往教育理论的基础上，根据当时中国教育发展的实际提出的。陶行知所说的生活教育是一种大教育观，它超出了学校教育的范畴，把社会上的一切人和物都纳入教育中来。学校作为社会的一个机构，应该与社会改造相结合。"办学与改造社会是一件事，不是两件事。改造社会而不从办学入手，便不能改造人的内心；不能改造人的内心，便不是彻骨的改造社会""办学而不包含社会改造的使命，便是没有目的、没有意义、没有生气"。陶行知指出：生活教育的目的是学会生活；生活教育的场所是整个社会；生活教育的方法是"教学做合一"。可见，生活教育的实质，乃是强调通过教育来提升生活的质量和意义，为了让学生过更好的生活。陶行知的生活教育理论具有现代意义，是关乎人民大众的"大教育观""是一种可以统辖不同层次、不同领域教育问题的顶层理论""可以成为指导现实、面向未来的现代中国的教育哲学"。

　　教育历史进程中的一些经典教育主张都有其提出的社会历史背景，都是在相应理论基础上的不断传承与创新，都有其特定的教育目的和系统的理论框架，也都有相应的实施原则和实践策略，应该说这类教育主张既是一种目标概念，也是一种方法概念，是我们重新审视教育发展的一种视野、立场和准则，对教育改革创新发展具有积极的价值。因此，"发现教育"也正是在上述教育主张的启示影响下结合学校教育发展实际提出的。

　　理工附中总是能够及时发现新的机遇而着眼未来，紧跟时代步伐，谋求自身发展，这就是理工附中历史文化的基因；教育历史进程中的教育主张的启示给予了"发现教育"以"精神内核"；结合学校当下发展的历史机遇以及作为校长自身对办学的理解，我在理工附中提出"发现教育"主张，组建科研团队，成立课题研究项目组，通过集团教育科研年会不断明确深化这一教育主张的基本内涵及实施要求，正式在集团学校整体推进。

二、"发现教育"的内涵

　　"发现教育"的提出与当下教育发展中存在的一些问题具有紧密的相关性。它是对当前教育中"只见知识不见人"等反教育现象的纠正，是向"人是教育的目的和对象"这一经典命题的致敬。不论是关于创新人才培养的钱学森之问，还是我国科技和制造业总是处于世界工厂下游的举国担忧，还是教育领域内部对于学生依附性的批评，这些都成为"发现教育"的提出与思考之源，也使得创新创造型人才培养成为教育发展的重要主题。随着我国教育综合改革的深化发展，改革越来越重视培养学生分析问题和解决问题的能力，越来越注重发现、发掘学生的优势潜能，越来越强调学生个性特征的凸显。可见，发现和发展学生的优势潜能、凸显学生的个性特征已经成为新时期教育改革与发展的重要内容。

　　教育若是没有发现、创新，更多的是因循守旧的话，可能会走进发展的"陷阱"。正如《别人的路》所带给我们的警示：一个人要穿过沼泽地，因为没有路，便试探着走。虽很艰险，左跨右跳，竟也能找出一段路来，可好景不长，未走多远，不小心一脚踏进烂泥里，沉了下去。又有一个人要穿过沼泽地，看到前人的脚印，便想：这一定是有人走过，沿着别人的脚印走一定不会有错。用脚试着踏去，果然实实在在，于是便放心走下去。最后也一脚踏空沉入了烂泥。又有一个人要穿过沼泽地，看着前面两人的脚印，想都未想便沿着走了下去，他的命运也是可想而知的。……又有一个人穿过沼泽地，看着前面众人的脚印，心想：这必定是一条通往沼泽地彼端的大道，看，已有这么多人走了过去，沿此走下去我也一定能走到沼泽的彼端。于是大踏步地走去，最后他也沉入了烂泥。世上的路不是走的人越多就越平坦、越顺利，沿着别人的脚印走，不仅走不出新意，有时可能会跌进陷阱。所以，教育发展过程中，善于发现、创新与创造就显得尤为重要。

（一）"发现"及其教育意蕴

　　何谓"发现"？"发"，古字从"弓""循声而发"（《礼记》），本义是发射弓箭，强调的是人的主动打开、张开、扩大，是一种主动行为。"现"，本义是打开玉璞见光彩，当作动词解释时，引申义为揭露、显示、显露；当作形容词解释时，表示当时的、即刻的。综合而言，"发现"指的是客体向主体显示、显露，这种显示、显露是主体自觉主动促使客体呈现的过程。"发现"的英文是 discover，其前缀 dis-意为"分开""分离""去掉"，cover 意为"遮盖""掩蔽"，合起来即"去掉遮盖""去掉掩蔽"的意思，本质上具有回归本源、还原本真的内涵。从词源考察上看，《现代汉语词典（第7版）》有两种解释：一是经过研究、探索等，看到或找到前人没有看到的事物或规律；二是发觉。从哲学角度看，有研究者认为，科学发现的过程是以一定的概念框架为基础，赋予经验事实以存在的意义，并将其上升为科学事实的过程。科学发现实际上体现了用某个科学观念去理解周围世界的过程，其本质就是理解世界。① 从法学角度来说，有研究者认为发现的本质属于一种创造性的认识行为。所谓发现，必须具备两个构成因素：第一，须有某种程度的自发性，可以使我们了解发现者的具体成就系属一种具有独立性、足以促进认识的行为；第二，须具有某种程度的作用，可以使我们基于此种新的认识将我们的思考置于新的基础之上，而指示其新的发展途径。② 可见，发现既有知道、找到（物件）的意思，也有深度思考或探究后新的行为或结果创生的内涵，是人类对于自我的内在、具体性的自然及其整体的认识或再创造的过程。所以，发现具有自主性、理解性、内生性、创造性等特点。

　　"发现"的教育意蕴：一是尊重主体。发现的主体是人，尊重主体是教育的内在要求。没有对人的尊重就没有更好的教育发生。尊重人是对当前教育中"目中无人""见物不见人"的反教育现象的超越，只有真正尊重每个个体，尊重其人格尊严，发挥其价值潜能，才可能真正实现人的发展、成长。所以，学习者只有在尊重中体验成长，才可能真正建构起属于自己的认知和意义世界。二是强调理解。"理解"一词按照《不列颠百科全书》的定义有三层含义：领悟事物的能力或行为；把对个别事物的认识归结到一般性关系的认识能力；应用概念和范畴，从日常经验中发现意义的能力。可见，理解是实现未知和已知之间的统一的过程，没有理解就没有对未知世界的发现。教育教学中没有理解，就很难说是实现了对知识的学习与掌握，也就很难实现对知识学习的迁移与创新。三是凸显内生。教育需要每个个体的自我体验、自我察觉、自我感悟，需要在感悟中明晓事理、探寻规律、深化内涵、生发思想、升华自我，是教育克服肤浅走向深刻、克服模仿走向创造的重要体现。内生不管对个体发展还是对学校建设而言，都是非常重要的，是个体或学校走向独具个性特色的重要体现。四是关注创造。创造是一种有意识地对世界进行探索的活动，以达成某种目的或想出新的方法，创建新的理论，创出新的成绩和东西。教育是培养人的活动，人是复杂、多变的，教育不能因循守旧，需要在实现人的更好成长与发展中

---

① 陈俊：《论科学发现的本质》，载《湖北大学学报（哲学社会科学版）》，2006（2）。
② 王泽鉴：《民法学说与判例研究（重排合订本）》，4页，北京，北京大学出版社，2015。

展现更多的智慧与创造。正如伏特发现电的过程也能给我们很大的启示。有一次他的妻子发高烧，伏特就按照当时流行的治疗方法给她配制了退烧药——带皮的青蛙汤。那天天正下着雨，当他把死青蛙挂在窗户的铁棒上时，他马上发现了青蛙的肌肉在收缩。这位伟大的发明家当即做出推论："死肌肉还能收缩，说明外力对它产生了作用。"为了寻找这种外力，伏特做了大量的实验，终于在地场中得到了电。这位"天才"一个如此简单的推论，就给世界带来了"电"这么伟大的发明。①

（二）"发现教育"的内涵

定义——基于学生个体成长关键性因子（优长和潜能）的发现而实施的开发性教育。

定性——发现·发掘·发展。

定位——贯穿于教育活动的指导思想，是教育行动的灵魂。

秉持发现教育　成就每位学生

让每个孩子成为最好的自己，

让每位老师成为最优的伯乐，

让理工附中成为最大的舞台。

"发现教育"是一个完整的概念，是一种教育主张，不同于布鲁纳的发现学习法。孩子就像一棵树，他所能达到的境界，取决于树干上最长的枝条。很多人就像一口古井，外表朴实无华，波澜不惊，就那样毫无光彩地在路边，任由人们匆匆走过，可能有人累了、渴了，偶然之间发现了这口井，喝了一口才发现井水如此甘甜，而且源源不断。学生天生千差万别，天然拥有好奇心，创造力是人之天性。教育者的重要责任就是要发现每位学生的最长枝条，让那个枝条不断向天空努力生长。

每个孩子都有闪耀星空的天赋，关键在于我们如何去发现、唤醒、点燃。世界上没有才能的人是没有的，问题在于教育要去发现每一位学生的禀赋、兴趣爱好和特长，为他们的表现提供充分的条件和正确的引导。陈宝生部长也指出，真正的教育公平不排斥卓越，强调了英才教育对于国家发展具有重要的战略意义。所以他提

---

① ［美］蒙台梭利：《发现孩子》，151 页，北京，中国妇女出版社，2012。

出建立早期发现、跟踪培养的特殊通道，完善跳级等具体的管理制度，通过因材施教发展每一个学生的优势潜能。

这些道理，就如同肉附着在不同的骨架上产生不同的效果，马架上就能成为奔腾的骏马，猪架上就能成为肥猪。所以，教育就是唤醒人的发现，发现教育，发现人人，人人发现。发现可以说是每个人与生俱来的冲动与愿望，我们想让"发现了什么"成为理工附中人特有的思维方式和表达方式。我们倡导全校教师尽量使用"我发现"的句式进行日常的交流。在培养理工附中的老师和班主任时，我们提出所有老师要善于发现，这是理工附中人的看家本领，用发现来点燃激情和思维，用发现来激励勇气和信心。

那么，如何理解"发现教育"呢？我们知道发现是人类对于自我的内在、具体性的自然及其整体的认识或再创造的过程，包括找到实体、揭示规律、形成理论等。而教育是一种有目的、有计划、有组织地培养人的身心和谐发展的活动。"发现教育"即是一种学校教育发展中的认识、探究、创新、创造的过程。具体地说，"发现教育"是基于学生个体成长关键性因子（优长和潜能）的发现而实施的开发性教育。在教育过程中，教育者基于发现的基本原理和教育的发展规律及学生身心发展规律，以教育教学方式的改进为手段，以发掘、激发每一个学生的潜能优势为核心，以培养创新创造人才为目标。因此，"发现教育"意味着教育思维的转型和教育行为的改变，意味着学生作为主体的人的位置被凸显，意味着学生自身的潜能优势被关注，需要更加尊重学生的权利、尊重学生的自由、尊重学生生命的价值和尊严，并创造一种支持性的、鼓励性的、探究性的教育环境和氛围，使学生在这样的教育环境中正确地发现自我、发掘自我、发展自我。这样才能够实现学生创造性地发展，才能够使每一个学生对未来的生活抱有美好的想象，才能使他们自由地构想如何选择自己的价值生存，才能承担自己行动的后果和责任，最终使其成为具有理性精神和创新、创造能力的人。准确理解"发现教育"的内涵，应该把握好以下两点：一是属于学生，二是基于学生。

"属于学生"意味着发现教育要秉持学生立场。与学生立场相对应的是教师立场或是成人立场。教师立场或成人立场意味着什么？因为教师是受过专业教育并从事教育教学管理的人，是受社会的正式委托、以在学校中对学生的身心施加特定影响的人。教师成了理性的典范、道德准则的模范、文化学识的权威和特定社会价值标准的维护者。这样，教师也就拥有了权力，他有权赋予学生权利或剥夺学生权利，表扬学生或批评学生，促进学生进步或抑制学生发展。正是因为教师拥有了这些权力资本，他的权力蕴含在其说与不说、做与不做、教与不教、管与不管之中。所以，教师立场或成人立场意味着在教育过程中更多的是一种自上而下的约束与控制、规训与惩罚等。而学生在这种立场的影响下，逐步使自己学会了听话、学会了服从，成了一个缺乏自主与自由、批判与质疑、责任与担当的人。正如蒙台梭利所言：儿童的内心自然地流露出的一种自发性，而过去却由于成人居高临下、不适当地介入和干扰而长期受到压抑。成人认为自己所做的每一件事情都会比小孩子好，所以就把成人的行为模式强加到孩子的身上，要求孩子接受成人的控制，强迫孩子屈服并放弃自己的意志和创造。① 因此，秉持学生立场就是要在教育过程中强调从学生的兴趣、爱好、特长出发，以尊重、理解、关怀为原则，以学生发现为重点，以学生思维提升为基点，用学生的智慧去探究，将创新创造的权利交给学生。

"基于学生"意味着"发现教育"要坚持学生本位。与学生本位相对应的是"以物为本"。"以物为本"意味着"见物不见人"，意味着人的遮蔽与缺失，意味着人的发展让位于"物"并依附于"物"的发展。这种"无人"的教育也意味着教育忘记了自身的对象，"一旦学校忘记了它的对象，它的对象也就忘记了学校，从而出现了'学校繁荣，教育衰败'的现象，使无目的升学者和非本意就学者增加。学校是繁荣了，但教育的前途却未卜，更使多数人感到茫然。"② 因此，坚持学生本位是对"以物为本"观念的超越，是教育发展回归本源、回归本位、回归本真的使命使然。坚持学生本位应坚信每个学生都应该成为自己的主人，每个学生都具有独立思维与自主探究的意识和能力，都具有自己独立的价值立场和情感世界，都具有自己独特的个性特征和人格尊严，都具有亟待发掘开发的天赋潜能和优势特长。简言之，学生是"人"不是"物"，需要在教育过程中真正地把学生当"人"看待，从而依据人的身心发展规律因材施教。在叶圣陶看来，学生绝不是"空瓶子"等着"揭开瓶盖，把各种知识、各项道德条目装进去"，与之恰恰相反，学生应该是教育的主体。儿童是"有生机的种子，本身具有萌发生长的机能，只要给予适宜的培育和护理，就能自然而然地长成佳谷、美蔬、好树、好花"。教育"为儿童全生活着想，固当特设一

---

① ［意］蒙台梭利：《发现孩子》，2 页，北京，中国妇女出版社，2012。
② 筑波大学教育学研究会：《现代教育学基础》，230 页，上海，上海教育出版社，1986。

种相当的境遇",而"儿童既处于特设的境遇里,一切需要,都从内心发出"。① 这种从内心发出的需要与追求才是学生成长发展的最大动力,也才是教育过程坚持学生本位所要真正关注的核心要素。

三、"发现教育"的发现对象与属性

"发现教育"的理念追求是"因发现学生而教育,为学生发现而育教",即遵循因材施教,培育发现素养。这里的核心内涵即体现了一切为了学生的价值追求。东汉许慎在《说文解字》中对教育的解释是,"教者,上所施下所效也;育者,养子使做善也"。它指出了教育的本质就是上施下效,长善救失。教和育有所区别:一是关键点不同。教是我有什么给你什么;育是我随时准备着,你需要什么我给你什么。相比起来,育比教的层次更高。二是时机不同。教是以施教者为中心,我要上课了,你来听就好。育是以被施教者为核心,随着被教育者的需要而变。三是特点不同。教带有直观性,而育则既具有直观性,也具有隐蔽性,如孕育等。育教强调教育的"场""域",注重熏陶、浸润、感化的作用。

"因发现学生而教育,为学生发现而育教"作为"发现教育"更上位的理念,表达出了学校教育以学生发展为本的内涵,也体现了学校教育为了实现学生的发展而关注的办学重心。具体而言,"因发现学生而教育"即因材施教,体现出了教育就是为了发现和唤醒学生的内涵,"为学生发现而育教"则渗透着在发现和唤醒学生的基础上,需要更加关注学生发现了什么,如何发现,即以培养学生"发现素养"为目的而开展各项教育活动。这就要求:一是要建构更加科学合理的教育教学方式,实现课堂教学的深度转型;二是要建构更加具有核心竞争力的教育内容体系,实现课程结构的深度改变;三是培养建设更高水平的教师队伍,实现教师素养的质性提升;四是营造独具特色的学校文化,实现学校走内生发展之路。这或许就是"育教"所包含的深刻内涵。"因发现学生而教育"具有基础性,"为学生发现而育教"具有创

---

① 楚江亭:《名家儿童观中教育之道》,229 页,上海,华东师范大学出版社,2014。

造性，二者具有递进关系。因此，在一定意义上，这句话涵盖了学校办学的核心价值追求。"发现教育"也成了这一理念引领下的教育主张。

（一）"发现教育"的发现对象

"发现教育"提倡以下三种发现。

1. 对人的发现

人是关键，教育是一种基于人及为了人的行为活动，没有了人，没有了对人的充分关注与尊重，也就没有了教育。发现教育倡导"发现人人，人人发现"，发现人人是前提，是教育公平发展的内在体现，是关注每一个体、激发每一个体的重要基础；人人发现是目的，是促进每个个体真正发展的重要追求，是实现人人成长与成才的重要过程。对人的发现又包括发现学生、发现教师、发现干部。没有优秀的干部及教师队伍，没有优秀的有天赋的学生个体，则很难实现学校教育质量的整体提升。

例如，关于发现教师。我们对学校教师队伍建设的定位是：你是一棵大树，可以在这里参天；你是一棵玫瑰，可以在这里怒放；你是一棵小草，可以在这里翠绿。

例如，关于发现学生。首先，需要对学生进行真实的观察和研究，才能对学生有真正发现。根据教育学理论和我们日常的教学实践可知，学生的学习是这样的：他们努力将听到、看到的信息转换为自己可以理解的信息，对自己所获得的信息，进行更为深入、带有个性特征的加工；为了理解一个概念，有的学生可能会用类比，有的可能会用对照，还有的可能会联系到生活中的实例，也有的会死记硬背。这个过程是内隐的、无形的、无声的知识建构过程，不同的人建构起的知识可能不同。所以，教师要特别注意观察学生的内心活动，通过观察他们的外在反应，不断提问学生以获得反馈，来判断自己的教学是否成功。反之，如果对学生的疑问与惊奇视而不见、置之不理，单纯以自己是否讲完作为判断教学目标是否实现的依据，教学效果就难以保证。

研究学生不能依据个人的主观意愿或教学经验来预设与实施，而应该在与学生平等与信任的基础上，观察、体察、了解、理解、指导、帮助，读懂学生的问题、错误、方法和感受，走进他们的心灵，在他们的世界里找到教育的方法。教学管理首先是对学生情绪的了解和管理。教师走进教室最重要的是尽量让课堂温暖起来，让学生的情绪积极起来。优秀教师的教学总是将学生"人"的层面的发展置于知识学习之上。在知识教学中，首先帮助学生感受和理解知识对于自己的直接意义，让学生有自己是知识主人的尊严感，然后再引导学生在学习中获得方法性知识，获得知识的启示意义。

例如，有位学生高考模拟考试数学分数经常在 100 分左右徘徊，这次他考了 125 分，老师在他的试卷上大大地写了"很好"两字。不料学生却急匆匆地找到老师质询："老师，您是不是觉得我考 125 分很不容易？"显然，学生认为老师的评价似乎是怀疑这次的好成绩是不是他碰巧蒙上的。老师事后查了这个学生的高考意向发现，他的数学目标就设定在 128 分左右，显然学生是有自己追求的。由于老师对学生了解得不够全面透彻，反倒使这一次的激励评价留下了遗憾。由此可见，研究学生应该是教师教学行为中的关键行为，找准学生的最近发展区并与学生的脉搏一起跳动是教师的使命。

其次，研究学生具有高度的复杂性。许多优秀教师总是对自己的学生既充满好奇又感到敬畏。北京四中特级教师谷丹这样说过：我喜欢当教师，但从踏入中学校门的那一天起，我就害怕听到"教师是人类灵魂的工程师"的说法。在我看来，每一个孩子从天真善良到日渐丰富成熟是值得敬畏的，每一个孩子对人性慢慢地觉悟过程是值得敬畏的，想起要当"工程师"，总怕会画错了图纸，选错了工艺，碰伤了"灵魂"……

读懂学生不容易，不论是教师还是学生，都想与自己的期望相遇，以便使自己能够更加完美。因此，当我们在课堂上遇到那些随着老师的追问不断改变自己答案的学生时，我们不必感到愤怒，可能这恰恰是学生正在进行新的发现。学生的问题和智慧，是师生共同发展、走向成功的根本依靠和推动力。我们也不必懊悔于学生在教学过程中没能表现出我们预设的精彩，因为这可能表明我们对学生的研究不够，从而判断不准。所以我们要为读懂学生而不懈努力，因为教师在读懂学生的过程中，既是在提升教师的专业素养，也是在丰富着对人性的理解，更有可能在"推人及己"中完成"发现自我"的伟大使命。

在变革中，今天的学校也要被重新定义。以往所谓学校，就是学习的地方。而今天的"学"不一定发生在"校"中，我们在线上线下、校内校外都可能发生着学习；"校"只是成为与"学"的组合方式之一，除此以外，我们还可以有更多元的学习方式。这样看来，"学"与"校"已经从原先密不可分的偏正词组不知不觉地转变为可以各自拆解成不同含义的联合词组。对于教师而言，学校的意义也在发生着变化，它更多的是教师研究学生的现场、教师专业发展的舞台以及还原教师教学智慧的园地。

2. 对"事"的发现

这里的"事"主要包括两个方面：一方面是与教学直接相关的形式多样的专业教学活动；另一方面是与管理服务相关的各种学校管理活动。前者可以考察发现课堂、发现课程、发现作业等，后者可以探究发现治理、发现服务等。

作业。通过对作业的研究发现，作业是课程教学改革的重要组成部分。因为作业时间已占据了学生学习生活的大部分时间，改革作业教学的"繁重"与"低效"，已成为课程教学改革的重要任务。作业是学科课程实施的重要内容，也是检测教学效果的一个重要方面。作业是巩固知识的一种手段，更是课堂教学的一个延伸。作为学生学习的设计师和调度员，教师应设身处地为学生着想，着重思考提高课堂效率和作业布置的有效性，那么结果肯定会事半功倍。因此，如何提高作业的有效性已经刻不容缓。

作业有其独立的课堂教学价值。发现作业是一个动态的转化过程。从过程视角看，发现作业是在特定的教学环境与条件下，师生之间有效教与有效学的交流和互动。那么，如何改变作业"繁重"与"低效"呢？理工附中的发现作业是指需要学生用心琢磨的练习。所谓"琢磨"，即是思索、考虑、揣摩。作业标准是每一道题都能让学生有"我发现……"的激动。当学生做完每一道题时，总有"我发现……"的激动，这个激动，将成为学生创新的起点；这个激动，将成为学生进步的台阶；这个激动，将成为学生以后感激老师永远的记忆！

例如，理工附中一位教师的作业创新很有意义，他选择让每个学生将某一道题用手机拍摄 1.5 分钟左右的演讲视频。可以想象，这个作业的意义与价值远胜于本身。第一，每个学生都有了表达的机会。那些不善于口头表达的学生，会有充分的时间深入思考，组织语言，也可反复演练，提高表达能力。第二，学生需要合作完成。如果是学生之间相互拍摄，这就促进了同学之间的交流；如果是家长帮助拍摄，这就成了一次亲子互动活动。第三，学生可能从未注意过自己的形象，通过视频，可以看到别人眼中的自己，也许从此会更加注意其行为举止。而对于教师来讲，这样的作业是师生共同构建的教学资源，将成为教师以后教学的重要资料等。

学情。学情是指学生的起点能力与学习情意。在进入新的学习单元或新的学习课题时，学生原有的学习习惯、学习方法、相关知识、技能对新学习成败起着决定性的作用，教师必须分析并确定学生的起点状态、起点能力。学生的学习情意则主要是指学生的情感与意志，包括学习兴趣、动机等。教师必须根据学情为每个学生设置挑战性的学习目标，即每个学生的学习目标都在自己的最近发展区内，都是对自己已有水平的挑战与跨越，其着眼点是促进学生的全面发展，以实现预期的学习目标的实践活动。

因此，教师必须了解学生的学情并与学生共同制定挑战性的学习目标。学生做作业的过程就是其成长的过程。教师精心选择、编制习题，在指导学生、批改作业的过程中生成新作业，其专业知识增长、专业技能磨砺的过程就是促进教师专业发展的过程。同时，发现作业设计与实施的过程即是师生共同成长的过程。

3. 对"气"的发现

"气"是什么？即学校的"气质"。"'气质'在这里意味着学校所秉持的理念和精神，显示了学校的整体气氛。'气质'涵盖的内容较广，包括办学理念、学校传统、学校形象、组织文化，特别是相应的学风、教风、工作作风以及领导作风等。"[1]

例如，我校的育人目标即把理工附中学子培养成"守规矩、懂感恩、有教养、厚基础、重实践、善发现"的人，简言之，即"男生英俊，女生淑雅"（以下简称"男英女雅"）。"守规矩、懂感恩、有教养"是成人的基本标准；"厚基础、重实践、善发现"是成才的基本素质。教育教学两方面的目标都达成之后，我们的学子就应具有"英俊、淑雅"的形象气质。理工附中的校训是"厚德、积学、沉毅、笃行"。"厚德"即培养思想道德高尚、懂感恩、有教养的学生；"积学"即倡导"明理、乐学、活泼、善思"的学风，追求高水平的学业；"沉毅"即培养静穆刚毅、沉着勇敢、砥砺意志、坚韧不拔的意志品质；"笃行"即注重实践、知行合一、理论联系实际、言行表里如一。

再如，我校的共同愿景：理工附中教育让人信赖，理工附中老师令人尊敬，理工附中学生使人赞赏。"理工附中教育让人信赖"的意思是：人们一提起理工附中，就发自内心地说："这是一所本着'人是教育的终极目标'原则，以'因发现学生而教育，为学生发现而育教'为教育哲学，践行'秉持发现教育，成就每位学生'教育主张，有内涵、高品质、能放心的京城传统名校"。"理工附中老师令人尊敬"的意思是：人们一提起理工附中的老师，心中就浮现出"师德高尚爱学生，敬业乐群

---

[1]　张新平、陈粤秀：《何谓优质学校——基于40位教管人员的访谈研究》，载《教育发展研究》，2011（10）。

提效能，业务精湛导航向，阳光大气培真情"的中小学老师典范形象。"理工附中学生使人赞赏"的意思是：人们无论在哪里见到理工附中的学生，都会觉得"男生，大气沉毅有担当；女生，内秀友善真文雅"，真正是中小学生气质形象的标杆！

学校徽标整体为圆形，最外环上边是汉字校名，下边是英文校名。内环"G"的造型是"北京工业学院附属中学"的简称"京工附中"的"京工"拼音字头的缩写合体而成。中心的"钥匙"表示两层含义：一是"京工附中"就像一把金钥匙，能开启学生智慧的大门；二是"京工附中"能教给学生学习的方法，使学生找到开启知识宝库的钥匙，促进学生的全面发展。同时，结合学校典型的地域标志——大槐树，将我校特色文化形象地命名为"树·文化"。当然，学校文化具有丰富的内涵和复杂的表现形式，我们在思考学校文化建设时，也会密切关注它们内在的各种联系，在实践中努力避免一些影响发展的根本性失误。

"人""事""气"是学校教育管理中的关键要素，其中"人"是主体，"事"与"气"是客体，对"人"的发现是发现教育的本体功能，对"事"与"气"的发现是发现教育的派生功能。发现人、发掘人、发展人是根本，发现"事"与"气"是为了更好地发现人、发展人。我们期望，通过发现教育，使发现素养成为理工附中人的独特标识，使其具备独特的思维和智慧，善于用发现的眼光来看待与理解身边的"人""事""气"，同时高度重视生命成长过程中宝贵的发现和体验。

（二）"发现教育"的内在属性

发现教育有其自身的内在属性，主要表现在以下几个方面。

1. "发现教育"是一种主体性教育

主体性是人作为主体在同客体的对象性活动关系中所表现出来的一种价值属性。由于"发现教育"是基于学生的教育，坚持以学生为本、以学生发展为本，其实施的前提即是基于人、尊重人、发展人，真正体现学生作为主体人的积极性、主动性和创造性，使学生的主体价值得到最大程度的发挥。当然，我们在现实教育实践中，也经常能够看到很多学校挂着非常醒目的标语：一切为了学生，为了学生的一切，为了一切学生。这个看似是关注学生、为了学生、发展学生的理念，但实际上很多学校还是没有能够体现以学生发展为中心的内涵。学校所遵循的一个基本的逻辑还是"学校以教学为中心，教学以教师为中心，教师以教材为中心"，没有真正涉及学生的责任与任务，没有能够真正围绕学生做出新的教育思考。之所以会如此，与学生的主体性没有得到充分发挥是紧密相关的，与“目中无人”的教育实践的影响也是紧密相连的。因此，“发现教育”就是要摒弃这种表面为学生、实际忽视学生的虚假教育现象，要真正体现学生的主体性，体现其创新创造价值。

2. “发现教育”是一种理解性教育

由于发现的内涵渗透着理解的意蕴，理解则是创造性发现的重要基础，所以“发现教育”强调教育过程中的理解。正如狄尔泰所说：“教育从本质上讲，是一种完美地理解生命意义的精神活动，是通过心灵体验而达到人的心灵的相通、精神的相遇。在精神的相遇中，双方都把对方当作知己，充分地理解对方，也理解自我。教育通过对他人与自我的真正理解，达到了对生存意义的领悟。”[1]

3. “发现教育”是一种内生式教育

内生式教育是一种关注内生式发展而不是外控式发展的教育。“内生发展（endogenous development）”也称作“内源发展”。“endogenous”一词源自植物学，它意味着从一个尚未出现的机体中起源或者成长。[2] 这是一种由内而外的发展过程，教育过程中不管是对学生教育的填压、灌输，还是对学校管理的外部控制，都是缺少主体内在自觉的行为，没有关注到学生发展的自主性、选择性及创新性，也没有关注到学校发展的内在动力及特色品质。所以“发现教育”即是对这种外控式教育的超越，就是要关注主体自我的内在潜能、价值，就是要达成自我实现。

4. “发现教育”是一种遵循规律的教育

规律是自然界和社会诸现象之间必然、本质、稳定和反复出现的关系。“发现教育”是一种遵循教育发展规律及人的身心发展规律的教育。那种违背教育发展规律及人的身心发展规律的行为都不可能实现教育的有序与有效发展。“缘木求鱼”“刻舟求剑”绝不是“发现教育”的追求。《动物学校》的寓言故事具有深刻的启示意义。

“一天，动物们聚在一起，决定办一所学校，教育委员会由狮子、老鹰、海豚、

---

① 冯建军：《主体教育理论：从主体性到主体间性》，载《华中师范大学学报（人文社会科学版）》，2006（1）。

② 舒惠、张新平：《优质均衡愿景下的学校内生发展之路》，载《中国教育学刊》，2017（6）。

松鼠和鸭子组成。

狮子坚持跑步应该成为必修课，而老鹰则认为所有人应该学习飞翔，颇有些诗人气质的海豚说：不学游泳，就不是真正办教育。松鼠提出了自己的建议：大家都应该学会爬树。

汇集所有人的建议，委员会出台了一份教学大纲。大纲的开头是这么写的：动物王国的每个公民都要学会教学大纲规定的所有课程。

虽然狮子在跑步课上表现最好，但它的爬树课却问题重重：它总是从树上摔下来，弄得四脚朝天。很快它的脊柱就受伤了，连跑步都无法正常进行。因此，它的跑步课不但没有得高分，分数甚至比别的动物都低。

老鹰是无与伦比的飞翔大师，但在游泳课上它的翅膀虚弱无力，还受了伤。很快它的飞翔课分数就掉到与松鼠同一个档次了。老鹰的游泳课从来没有及格过，就更别提爬树了。

鸭子倒是学会了所有课程，但没有一样精通：跑起步来像醉汉，游起泳来瞻前顾后，飞翔水平马马虎虎，由于鸭子总是十分遵守纪律，它被获准免修爬树课。在它身上，大家终于看到了教学大纲的成果。

动物们终于认识到，它们的教学大纲是糟糕的。

《动物学校》的寓言故事无疑最好地说明了背离教育发展规律及身心发展规律的课，也背离了"发现教育"的价值追求。

5. "发现教育"是一种创造性教育

发现本身也隐含着创造内涵，所以"发现教育"就是要在教育过程中通过每个个体个性的充分展示、潜能的充分发掘、意义的充分建构，真正达成创造价值的实现。"发现教育"绝不是仅仅教会学生追求标准答案，而是要充分发挥学生的想象力、思考力，让学生真正学会发现、学会创造。可以看看下面这个故事：

有人做过这样一个实验：在黑板上画一个圆，然后分别问了一些人画的是什么。结果，幼儿园的小朋友给出了各种各样的答案，说是太阳、月亮、月饼、篮球、盘子、气球、眼睛、鼻孔……初中生和高中生的答案就明显减少，而大学生们的唯一答案——这是一个圆。

从这件事看，随着年龄的增长、知识的"丰富"，人的想象力反而越来越差，甚至丧失了。创新是一个民族的灵魂，而没有想象就没有创造，一个失去想象力的民族是可悲的。那么，到底是什么扼杀了人们的想象力呢？

我们再看看老师的一些行为。在学校，老师问：一加一等于几？假如有位充满想象力的孩子，想到一个爸爸加一个妈妈成了三口之家而回答说等于三，也许老师会"无意识"地哄堂大笑，让他当场难堪，因为老师以及老师的老师们早已"钦定"了"标准答案"。现在的考试还有多少题目需要学生动破脑袋，无非是要求学生去无限接近那些"标准答案"而已。

老师再问："树上有两只鸟，被打死一只，树上还有几只鸟？"有人终于鼓足勇气站起来说："还有两只，一只死了但挂在树上，另一只耳朵聋，没听见枪声……"也许还没等他话说完，头上已经挨了一记"弹指"。丰富的想象力在固定僵化的思维模式面前只有碰壁。

这个故事在我们现实教育中也是很常见的，其实这些更多的是老师自身思维不够深刻的体现，也是老师自身思维没有能够实现自我延伸与创造的体现。这些也绝不是"发现教育"所追求的。

四、"发现教育"的立论基础

"发现教育"作为一种教育主张，不是无本之木，无源之水，而有其自身的立论基础。

（一）思想渊源

"发现教育"有其发展的思想渊源。在教育发展历史进程中，很多教育家的教育思想中都渗透着发现教育的观念。

法国教育家卢梭在其自然教育中首次详细地论述了发现教学法，他指出："至于我，我是不想教爱弥儿几何学的，相反地，要由他来教我；由我寻找那些关系，而他则发现那些关系，因为我在寻找那些关系时，采用了使他能够发现那些关系的方法。"① 同时，他也指出在培养儿童求知的好奇与渴望时要："提出一些他能理解的问题，让他自己去解答。要做到：他所知道的东西，不是由于你的告诉而是由于他自己的理解。不要教他这样或那样的学问，而要由他自己去发现那些学问。"②

美国教育家杜威在吸收卢梭自然教育思想的基础上，提出教学法的五要素中渗透着发现教育的思想，其要素主要包括：第一，学生要有一个真实经验的情境；第二，在这个情境内部产生一个真实的问题，作为思维的刺激物；第三，他要占有知识资料，从事必要的观察，对付这个问题；第四，他必须负责有条不紊地展开他所想出的解决问题的方法；第五，他要有机会和需要通过应用，检验他的观念，使这些观念意义明确，并且让他自己发现它们是否有效。③

意大利教育家蒙台梭利在《发现孩子》一书中提出了培养孩子的新观念和新方法，指出每个孩子都应该去观察周围世界，都应该学会集中自己的注意力，都应该自然地进行学习和成长。她将幼儿作为一个活生生的人来看待，更重要的是提出了教育的任务就是激发儿童内在潜能的发展，而成人能做的就是为孩子提供他所需要的环境，让孩子自由地成长。④

美国教育心理学家布鲁纳在批判继承杜威教育思想的基础上，逐步形成"发现学习"理论。布鲁纳认为："不论是在校儿童凭自己的力量所做的发现，还是科学家努力于日趋尖端的研究领域所取得的发现，按其实质来说，都不过是把现象重新组织或转换，使人能超越现象再进行组合，从而获得新的领悟而已。"⑤ 他主张让儿童主动地去发现知识，而不是被动地去接受知识。他提出了"发现学习"的教学模式，要求"教师不把知识直接呈现在学生面前，而是让学生通过一系列发现行为去发现并获得所需掌握的内容。也就是说，学生在学习情境中必须经过自己主动地探索和

---

① ［法］卢梭：《爱弥尔》，182 页，北京，人民教育出版社，1985。
② ［法］卢梭：《爱弥尔》，217 页，北京，人民教育出版社，1985。
③ ［美］杜威：《民主主义与教育》，179 页，北京，人民教育出版社，2001。
④ ［意］蒙台梭利：《发现孩子》，前言 3，北京，中国妇女出版社，2012。
⑤ 朱峰：《布鲁纳"发现学习论"对我国教育改革的启示》，载《重庆科技学院学报（社会科学版）》，2008(6)。

寻找，从而获得知识的答案，要求学生用自己的方式去学习。"① 这些思想观念无疑成为"发现教育"最宝贵的思想渊源。

（二）政策依据

在我国教育政策文件中，虽然很多政策文件没有明确提出发现教育的概念，但还是可以找到"发现教育"的相关要素或者说是教育政策中渗透着发现教育的基本思想。

1993 年《中国教育改革和发展纲要》指出：进一步转变教育思想，改革教学内容和教学方法，克服学校教育不同程度存在的脱离经济建设和社会发展需要的现象。要按照现代科学技术文化发展的新成果和社会主义现代化建设的实际需要，更新教学内容，调整课程结构。加强基本知识、基础理论、基本技能的培养和训练，重视培养学生分析问题和解决问题的能力，注意发现和培养有特长的学生。

1999 年《中共中央国务院关于深化教育改革，全面推进素质教育的决定》指出：智育工作要转变教育观念，改革人才培养模式，积极实行启发式和讨论式教学，激发学生独立思考和创新的意识，切实提高教学质量。要让学生感受、理解知识产生和发展的过程，培养学生的科学精神和创新思维习惯，重视培养学生收集处理信息的能力、获取新知识的能力、分析和解决问题的能力、语言文字表达能力以及团结协作和社会活动的能力。

2010 年《国家中长期教育改革和发展规划纲要（2010—2020 年）》指出：创新人才培养模式。适应国家和社会发展需要，遵循教育规律和人才成长规律，深化教育教学改革，创新教育教学方法，探索多种培养方式，形成各类人才辈出、拔尖创新人才不断涌现的局面。注重学思结合。倡导启发式、探究式、讨论式、参与式教学，帮助学生学会学习。激发学生的好奇心，培养学生的兴趣爱好，营造独立思考、自由探索、勇于创新的良好环境。注重因材施教。关注学生的不同特点和个性差异，发展每一个学生的优势潜能。推进分层教学、走班制、学分制、导师制等教学管理制度改革。建立学习困难学生的帮助机制。改进优异学生培养方式，在跳级、转学、

---

① 朱峰：《布鲁纳"发现学习论"对我国教育改革的启示》，载《重庆科技学院学报（社会科学版）》，2008(6)。

转换专业以及选修更高学段课程等方面给予支持和指导。健全公开、平等、竞争、择优的选拔方式，改进中学生升学推荐办法，创新研究生培养方法。探索高中阶段、高等学校拔尖学生培养模式。

2014 年《教育部关于加强和改进普通高中学生综合素质评价的意见》指出：把握学生的个性特点，关注成长过程，激发每一个学生的潜能优势，鼓励学生不断进步。

2017 年《国家教育事业发展"十三五"规划》指出：培养学生创新创业精神与能力。从中小学做起，注重激发学生学习兴趣、科学兴趣和创新意识，加强科学方法的训练，逐步培养学生逻辑思维与辩证思维的能力。研究制定中小学生科学素质标准，充分利用各类社会科技教育资源，大力开展校内外结合的科技教育活动，加强对学生科学素质、信息素养和创新能力的培养。推动合作探究式学习，倡导任务驱动学习，提高学生分析解决问题的能力。

显然，文件中的"发现和培养有特长的学生""激发学生独立思考和创新的意识""让学生感受、理解知识产生和发展的过程""激发学生的好奇心""关注学生不同特点和个性差异""发展每一个学生的优势潜能""激发每一个学生的潜能优势""激发学生学习兴趣、科学兴趣和创新意识"等，体现了"发现教育"的价值内涵，渗透着"发现教育"的政策意蕴。

（三）改革实践

改革创新是新时代发展的显著特征。陈宝生部长在 2018 年"两会"上指出：改革是未来教育发展的根本动力。没有对教育思想观念的改革，没有对教育体制机制的改革，没有对教育治理体系与治理能力的改革，没有对学校课程与教学的改革，没有对育人模式的整体改革等，教育则很难突破发展的瓶颈，难以提升育人的质量，形成特色品牌。可见，教育改革是常态，需要在常态中实现学校教育发展的自我改革与创新。这种改革创新既有自上而下的外部驱动，也有自下而上的内部自觉，尤其学校内部的改革自觉更是学校形成特色品牌的重要条件，正是因为有了学校内部对办学理念、育人模式、课程体系、学校文化、师资队伍的整体建构与改革创新，才使得学校改革更加具有活力，更加具有生命力。因为，"在这种教育改革中，'自发行动'是一种基本样态。而大凡自发的改革，改革者通常都有一种无须外部强制的内在欲望，都有一种切实解决问题的迫切愿望，都有一种与更多的志同道合者携

手攻关的真诚期望。于是，改革过程的基调便是自主探究的、共同探索的、平等探讨的；没有强硬的行政命令，没有僵直的评价标准；一切都是公开的、透明的、开放的、自然而然的、因情而异的。所有这些，都保证着教育改革过程的有效性。"①

当前这种自下而上的自发的学校改革已不仅仅是星星之火，很多学校基于内在欲望主动推进学校改革，这种"自发行动"的改革行为已具有燎原之势，如"和美教育""幸福教育""快乐教育""适性教育""人生中心教育"等。

五、"发现教育"的实施框架

"发现教育"作为学校教育改革的主题，绝不是碎片化的改革行为，而是一种系统性的改革设计，需要学校在办学理念引领、课程体系创新、课堂教学改革、教师素养提升以及学校治理体系和治理能力改进方面进行整体构建，进而更好地实现"发现教育"的价值目标。

中国教育科学研究院

北京市海淀区教育科学研究院

北京理工大学附属中学

"发现教育"研究基地

"发现教育"研究基地挂牌

（一）办学理念引领是前提

理念对于组织的发展是非常重要的。例如，创建公司的时候，创建者是为了自己的个人利益，还是为了帮助社会创造财富？是为了赚钱出人头地，还是为了光宗

---

① 吴康宁：《教育改革成功的基础》，载《教育研究》，2012(1)。

耀祖，衣锦还乡？不同的发展理念或者是价值追求，就决定了公司以后发展的高度、深度和广度。研究表明，有理念的组织才有可能塑造优质的组织文化并分享共同的价值观。理念对一所学校发展的重要性也是不言而喻的，理念尤其是学校办学理念对学校的发展具有重大的指导和引领意义。正如有研究者所言："理念不仅可以指出道路，而且可以把教师、学生、家长、教育管理者连接起来，就像织物中的线一样，包含着相互交织的领导职责和道德义务。"① 办学理念，即学校的教育理想和教育信念，是一所学校办学的总体指导思想，亦称为"学校教育哲学"（Educational philosophy of school）。学校教育哲学是学校教育教学活动的思想基础，体现为对学校公共活动的价值信仰与追求。

只有将办学理念内化为全体师生共同的价值信念，为全体师生所接纳和认同，才能在办学实践中发挥出其应有的价值，才能焕发出学校发展的无限潜能。要将办学理念内化为师生的共同愿景：首先，要广泛宣传。通过多种形式宣传、讲解办学理念，使教职工了解办学理念确立的来龙去脉，理解和熟悉办学理念的具体内涵，达成对办学理念的深刻理解，为全面推广工作的进行奠定基础。其次，要让教职工积极参与。在形成办学理念的过程中，应鼓励教职工积极参与对办学理念的讨论，认真听取教职工的意见和建议，并将大家的意见整合形成共识。最后，要让办学理念具体化。学校办学理念需要转化为班级和个人的理念，并体现在具体的行为上，使办学理念渗透、细化到每一节课、每一次活动、每一个教育行为之中。这一过程必然促使教职工加深对办学理念的理解，从"旁观者"转变为办学理念的"参与者"，从而使教师对办学理念有更深刻的体会和见解。

"发现教育"作为学校教育改革的重要主题，同样需要相应的办学理念或学校教育哲学的引领。我校在实践发现教育过程中，以"因发现学生而教育，为学生发现而育教"的教育哲学为引领，在这一教育哲学的引领下，为了更好地研究与推进"发现教育"，理工附中与中国教育科学研究院、北京市海淀区教育科学研究院联合成立了全国首个"发现教育"研究基地及"发现教育"研究所，组建"核心研究员""研究员教师""种子教师"等团队，并成立了包含"发现文化""发现教师""发现

---

① 冯大鸣：《沟通与分享：中西教育管理领衔学者世纪汇谈》，94 页，上海，上海教育出版社，2002。

课堂""发现德育""发现评价""发现服务"等在内的 11 个研究项目，通过多方面研究、多领域探索，全面深入推进"发现教育"的理论研究与实践创新。

同时，有的校区在践行发现教育过程中以和谐教育理念为引领，认为"发现教育"主张植根于和谐教育思想沃土之上。在它的指引下，该校师生踏上"发现"之旅，绕开了看似便捷却暗藏荆棘的小径，绕开了看似直接却无法扬帆的浅滩，走向了光辉闪亮的坦途，驶向"海阔凭鱼跃"的汪洋大海，最终让师生除了拥有广博的知识，还拥有生命的智慧、人文的关怀、艺术的品位、科学的素养、审美的感动、创新的激情、儒雅的风范、诗性的世界。①

（二）课程体系创新是重点

推进学校课程体系创新是当前中小学课程改革的重要价值追求，旨在解决过去课程改革的"片面化""碎片化""同质化"现象。正如诺丁思所言："现在的学校迫使所有学生学习同样的课程，使社会丧失很多有价值的人，使许多个体无从找到他们可能乐于从事的工作。不止于此，我们花太多的时间和精力逼迫很多青少年去学他们厌恶的课程，从而忽视了真正热爱那些课程的青少年。"② 这种课程设计与实施对学生而言，"一方面，他们在并非自选的学科中饱尝失败之苦；另一方面，他们又被剥夺了本可擅长的其他学习机会。"③ 这就需要实现对课程体系的系统思考与规划。"发现教育"的落地与深化发展需要课程体系的改革与创新，需要充分考虑到国家课程、地方课程、校本课程的一体化发展，需要真正关注学生发展核心素养及学科核心素养的有效衔接，也需要从学校实际情况及学生发展状况出发，统筹设计实施学校发现课程体系，体现课程体系建构的多元化、整体性、灵活性、可选择的特性。

"发现教育"的实施需要学校课程体系的支撑。例如，我校在原有的"钻石型"课程体系基础上融入了"发现教育"行动灵魂，构建了"钻石型"发现课程体系，包括"人格养成类课程""身心健康类课程""终身学习类课程"，同时针对学生个性特长开设"个性潜能类课程"。"人格养成类课程"主要针对学生的人文底蕴和责任

---

① 叶丽琳：《教育即发现——基于广雅和谐教育理想的教育主张》，载《教育导刊》，2017(1)。
② ［美］内尔·诺丁斯：《当学校改革走入误区》，19 页，北京，教育科学出版社，2013。
③ ［美］内尔·诺丁斯：《当学校改革走入误区》，19 页，北京，教育科学出版社，2013。

担当两方面核心素养，通过系列课程的浸润、熏陶与滋养，提升学生品德、精神、气质层面的发展，养成人格。"身心健康类课程"以提升学生健康生活的核心素养为主，主要在生活和心理方面对学生进行指导。"终身学习类课程"主要是引导学生学会学习、养成科学精神，从学习习惯的养成、学习动力的激发、学法指导与学习技能改进方面入手；增强学生的学习兴趣，激发学习内驱力，帮助学生制订学习目标与发展规划；帮助不同学段的学生掌握针对各学科的科学的学习方法，科学制订学习计划，提高学习效率；培养学生在学习、理解、运用科学知识和技能等方面形成的价值标准、思维方式和行为习惯。"个性潜能类课程"是"钻石型"发现课程体系的升华部分，是为学生实践创新的核心素养而设计的课程类别，以对学生进行生涯指导为主，最终实现发现个性特长，成为最好的自己。

"钻石型"发现课程体系的优势在于：以人为本，系统思考学生成长的循序渐进性，体现整体育人与系统育人的思想；让"发现教育"有相应的着力点，较好地实现"文化基础、自主发展、社会参与"三位一体目标的统一，提升学生核心素养；使课程突破教材、课堂、学科的界限，最大限度地满足学生个性潜能的发展需求，为学生的全面基础和个性特长搭建了广阔而可靠的平台。通过"发现教育"，帮助每个学生攀上自己的峰尖，成为最好的自我。

（三）课堂教学改革是核心

课堂是学生在校生活、学习的场域，课堂教学是学校育人的主渠道，课堂教学改革是学校教育综合改革的重要内容。教育部部长陈宝生指出："课堂是教育的主战场，课堂一端连接学生，一端连接着民族的未来，教育改革只有进入到课堂的层面，才能真正进入了深水区，课堂不变，教育就不变，教育不变，学生就不变，课堂是教育发展的核心地带。"他还认为："课堂教学改革是一场心灵的革命、观念的革命、课堂技术的革命以及行为的革命。""发现教育"的理念及主张需要通过课堂教学改革予以落实，需要致力于建设一种"让学生的智能得到充分的发现，让学生的潜能得到充分的开发，让学生的人格得到充分的尊重，让学生的思维得到充分的训练，让学生的能力得到充分的锻炼，让学生的自信得到充分的培养，让学生的幸福得到充分的保障"的新型课堂。

例如，我校以"发现课堂"为抓手，打造"发现教育"主阵地，一方面，提炼核心要素，明确"发现"方向，认为"发现课堂"的基本任务就是着力培养师生的"发现素养"。经过实践研讨及师生磨合，学校"发现课堂"的核心要素落脚于"问、思、论、察、效"五个方面，具体如下。

其一，问即优质问题，机智层进。"发现课堂"要以问题驱动，引导教师充分发挥启发与引领作用。优质问题，是指"基于教学目标、揭示学科本质、激发探索兴趣"的三维度好问题。机智层进，主要指在课堂教学中，教师既能设计环环相扣、由浅入深的"问题串"，又能敏锐准确地捕捉学生的思维亮点并及时恰当地发问、引导、发掘、追问、生成，还包括能够将学生差异甚至课堂突发情况智慧地转化为教学资源和教育机会。

其二，思即静心探究，独立见解。教师要善于在课堂中营造氛围让学生静心探究，保证其有充分思考的时间和个人想法存在的空间，并通过质疑问难、小组合作、动手操演等，激发学生的独立见解，培养学生的思维能力。独立见解，即学生通过静心探究，对所学内容提出不同的认识和看法，逐渐养成独立思考的意识、习惯和品质。

其三，论即对话交流，深度发掘。教师要有意识地培养学生的表达与推理能力，在对话交流甚至交锋对垒中深化思想。对话交流要面向全体，完整充分有逻辑地表达，实现思想碰撞、多元互动。深度发掘，即师生对所学内容的理解程度或对研讨问题的认知水平呈现"螺旋上升"的良性态势。

其四，察即察觉察悟，揭示本质。这是"发现课堂"的标志性要素。教师要注重培养学生善察、敏察的品质，善于发现和精于深悟的能力；同时要坚持"不愤不启，不悱不发"，对学生进行适当指导与点拨，精准揭示当堂所学内容的本质，避免"满堂灌""满堂问""满堂合作"与"满堂自问自答"。

其五，效即达成目标，发现素养。师生很好地完成了本堂课应有的教学目标，包括知识、方法、能力、学科素养、学科价值等，并且秉持善于"察·悟·掘"的发现意识，致力于培养学生的发现素养。

另一方面，研制评价量表，提供"发现"工具。为了使核心要素更好地入心、入脑、入行动，学校组织了多次研讨会及培训会，基于教师们的反馈，经过反复研讨和修正，制订了"发现课堂"核心要素评价量表，为教师提供方向指引和操作抓手。

北京理工大学附属中学"发现课堂"核心要素评价量表

时间		地点		课题		教师	
要素	内涵	解读		对象	得分	典例记录	
问 35分	优质问题 20分	基于教学目标的问题，能激发兴趣，有思维容量，难度适中，引导揭示学科本质		教师			
	机智层进 15分	"刺中穴位捻提插"，敏锐、准确地发现思维亮点，及时、恰当地深入追问					
思 15分	静心探究 8分	有充分思考的时间和个人想法存在的空间，鼓励质疑问难、小组合作、动手操演		学生			
	独立见解 7分	形成"独立思考与探究"的意识、习惯和品质，获得相应的学习成果					
论 20分	对话交流 12分	要面向全体，完整、充分、有逻辑地表达，思想碰撞，多元互动		师生			
	深度发掘 8分	全体对所学内容的理解程度或对研讨问题的认知水平呈现"螺旋上升"的良性态势					
察 15分	察觉察悟 8分	基于独立思考和讨论共识的新感觉、新发现、新领悟					
	揭示本质 7分	"淘尽泥沙始见金"，发现关键，领悟内涵，提升学科核心素养					
效 15分	达成目标 9分	很好地实现本堂课应有的教学目标		学生			
	发现素养 6分	秉持和培育善于"察·悟·掘"的发现意识与素养		师生			
总体点评	亮点特色： 突出问题： 改进建议： 　　　　　　　　　　　　　　听课评价人：						

我校发现课堂渗透着三大价值追求：一是关注教师的发现智能，让学校的每一位教师都能够积极发现、主动发现、创造性地发现，在教学、生活中通过发现，引领学生，提升自我。二是发掘学生的潜能，每个学生的潜能都是无限的，通过自我和他人的发掘，真正实现使每个学生的潜能得到充分的开发。三是达成师生自我价值的实现。由于发现课堂具有挑战性、创造性和创新性，教师工作变得更具有活力和生命力，教师教书育人的价值能够极大化地得以实现；同时，学生学习变得更加有宽度、深度和厚度，自我潜能得到极大释放。

（四）教师素养提升是关键

威尔森等人认为："人就是推动改进的关键……换句话说，找寻学校的完美，其实不过是要从中找寻人性的完美。"① 教师是学校践行"发现教育"的主体，只有充分唤醒教师的"发现"意识，培养教师的"发现"特质，提升教师的"发现"能力，才能真正有效地实施"发现教育"，进而提升教师的"发现素养"。

1. 唤醒教师的"发现"意识

学校通过显性的校园文化布局和隐性的文化氛围让"发现教育"的理念处处彰显，让教师时时感受到"发现"的魅力，并激励其成为"发现者"。例如，学校将"发现教育"的最核心理念"秉持发现教育，成就每位学生"做成醒目的大标牌，放在与学校大门正对的教学楼的一二层间，让所有进入校园的人第一眼就能看到这句话。再如，学校还高频发布"发现教育"相关新闻报道；征集各学科、各年级、各部门教师的"发现"素材，并通过学区、社区、学校微信公众号、微博等窗口传播教师的"发现"故事，激发教师"被发现"的荣誉感；还在学校官方网站、微信公众号等对内对外宣传阵地创设了《发现·理工好老师》栏目，通过"自我发现、学生发现、家长发现、同伴发现"，展示教师的风采魅力，增强教师的"发现"意识。

2. 培养教师的"发现"特质

研究学生是教师教育行为中关键的"发现"特质，只有对学生进行真实的观察与研究，才能真正有所发现。因此，学校着力引导教师做眼中有人、课中有生的教

---

① ［美］华勒斯坦，等：《学科·知识·权力》，145 页，北京，生活·读书·新知三联书店，1999。

育，学会于人处、于事处、于情处培养"发现"特质，用发现的眼光来看待、理解、关怀、激励学生，研究并发现每个学生的兴趣特长、性格特点、情感需求、学习习惯、学习方法等，在此基础上分析并确定学生的发展需求与关键生长点，为其设计适合的发展目标和成长路径，促进每位学生的个性发展和生命绽放。

3. 提升教师的"发现"能力

学校鼓励教师在"发现课堂"中培育自己的发现素养，实现自我优势与潜能的发挥，达成自我价值的实现。学校除了自主培养出本土的特级教师外，还培养出十多位北京市学科带头人和骨干教师，以及近百位海淀区学科带头人和骨干教师。例如，我校获评北京市特级教师的生物学科主任苏明学老师就在学校举办的 2018 年教育科研年会上现身说法，向大家介绍了他的专业成长之路，以及在每个阶段被"发现"和"发现"能力提升的过程。苏老师说，得益于学校"发现教育"的主张，使自己的学术思想有了飞跃；而参与"发现课堂"核心要素的研发过程，则使自己的专业和学术思想更加成熟。

（五）治理体系与治理能力改进是保障

学校治理体系是指管理学校的制度体系，包括教学、管理、科研、服务社会、文化建设等各方面的体制、机制和法律制度安排。而学校治理能力则是指在既定的学校管理制度的基础上，按照制度的内涵与要求管理学校各方面工作的能力。治理体系体现着学校管理制度的改革与创新，属于制度范畴；治理能力意味着学校管理者的执行力，属于制度执行范畴。二者密切联系，相互作用，相互影响。"发现教育"的真正落实需要制度体系的规范以及治理能力的提升。一方面要使学校管理制度渗透着更好地为人的发展服务的内涵。学校管理制度设计要始终坚持以人为本，把服务人、发展人、维护人的尊严和权利以及人的价值的实现作为目的，使外在于人的学校制度规范成为学校培育民主、自由、平等价值及促进人的自由、自主发展的重要保障。另一方面要提升学校管理者的治理能力。治理能力表现在管理者的思维力、决策力、执行力等方面，需要学校基于管理者的发展实际及学校的制度安排，实现管理者治理能力的持续提升。袁贵仁指出，推进教育治理体系和治理能力现代化，就是要适应国家治理体系和治理能力建设，根据教育发展的自身规律和教育现代化的基本要求，以构建政府、学校、社会新型关系为核心，以推进管办评分离为基本要求，以转变政府职能为突破口，建立系统完备、科学规范、运行有效的制度体系，形成政府宏观管理、学校自主办学、社会广泛参与的格局，更好地调动中央和地方两方面的积极性，更好地激发每个学校的活力，更好地发挥全社会的作用。

"发现教育"的实践探索

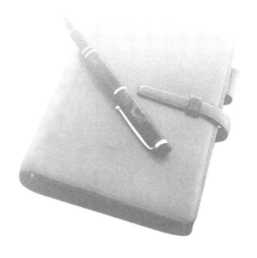

一、发现德育

（一）"发现德育"的基本体系

1. "发现德育"基本体系构建的依据

（1）"发现德育"是国家立德树人的价值诉求

教育是民族振兴、社会进步的重要基石，对提高人民综合素质、促进人的全面发展、增强中华民族创新创造活力、实现中华民族伟大复兴具有决定性的意义。党的十八大报告指出："把立德树人作为教育的根本任务，培养德智体美全面发展的社会主义建设者和接班人。"进入新时代，坚持中国特色社会主义教育发展道路，坚持社会主义办学方向，实现学生德智体美劳全面发展，使其成为合格的社会主义建设者和接班人，这是教育事业发展必须始终牢牢抓住的灵魂。

国无德不兴，人无德不立。在学校教育中，立德首先要教育引导学生树立共产主义远大理想和中国特色社会主义共同理想，肩负时代重任，立志扎根人民、奉献国家，在人生道路上刚健有为、自强不息。立德也要教育引导学生从自身做起、从点滴开始，在日常学习生活中培育和践行社会主义核心价值观。立德还要教育引导学生培养综合能力，增强综合素质，在教育实践中促进自身德智体美劳全面发展。

"发现德育"是"发现教育"理念的重要组成部分，在教育实践中，努力融入社会主义核心价值体系，引导学生树立正确的世界观、人生观、价值观和荣辱观；在日常学习生活中，以丰富多彩的实践活动为立德树人的教育实践作抓手，立足学生，引导学生积极践行社会主义核心价值观；与此同时，教育引导学生思想道德积极健康发展。

"发现德育"坚持正确的人才观，为"人人发现"搭建平台，为"发现人人"创造机会，因此尤其要重视对每一位学生的全面素质和良好个性的培养，努力通过构建平等、和谐、尊重的校园文化环境，关心每一个学生，努力挖掘每一个学生潜在的优秀品质。

（2）"发现德育"是学校教育发展的使命要求

理念是行动的导航。随着教育改革的不断深化，为推进适应新时代、面向新未来的优质学校建设，不断提升办学品质，学校需要从教育理念出发，不断探索学校发展的方向与路径。

一所优质学校应该拥有彰显本校独特价值追求的教育主张。学校要培养什么样的人？这样的人应具备哪些素养，表现什么特质？学校学生的形象气质应该是什么样的？这是学校的办学理念应首先明确的。

近年来，我校不断发展与变革，成为拥有一校多址的十二年一贯制教育集团，走出了一条富有自身特色的发展之路。2016年，我校提出了"发现教育"的教育理念。"发现教育"生长于我校的办学实践，这一理念的提出彰显了我校独特的办学价值追求，成为贯穿于教育集团一切教育活动的指导思想和行动灵魂。"发现教育"通过转变教育观念，更新教育方式，创新人才培养模式，更好地帮助师生认识和发现自我价值，推进学校的优质发展。

"发现德育"从生涯、学业和生活三方面入手，建立起学校、家庭、高校和企业的联动机制，构建多通道的学生发展指导体系，促进学生多元全面发展，助力学生的自主发展。"发现德育"的实施始终坚持以学生为中心，从促进学生全面发展出发，为学生发展搭建平台，最终促进了学校育人目标的达成，与此同时，探索出适合学校发展实际需求和特征的德育工作新途径，从而体现了学校发展的使命要求。

（3）"发现德育"是发现教育内涵的重要追求

"发现教育"是基于对学生个体成长的关键性因子（潜能、优长）的发现而实施的开发性教育。其内涵定位为"发现、发掘、发展"，努力让每一个孩子发现自己的天赋，激发自己的潜能，释放自己的创造力，最终成长为最好的自己。

"发现德育"作为"发现教育"的重要内容之一，是践行"发现教育"的重要抓手。在实施"发现德育"的过程中，学校根据不同学段的学生成长与发展的特点，开展了适合其身心发展特点的德育实践活动，并依据不同的主题，开发出系列德育课程。其实施充分尊重学生的个体差异，通过提供丰富的教育资源，创设多样化的学习机会，搭建个性化的发展平台，真正为每一位学生提供了认识自我、发现自我、发掘自身潜能、发展特长的学习机会，通过系列课程的浸润、熏陶与滋养，提升学生品德、精神、气质层面的发展，养成人格。

"发现德育"在统筹规划、构建学校学生发展道路之体系、促进学生多元全面发展的同时，积极开展个别化精准指导，助力学生个性化自主发展，并关注特殊学生个体的成长。因此，"发现德育"充分体现了"发现教育"的内涵，其实施也进一步促进了"发现教育"的实施。

（4）"发现德育"是学生道德发展的基本要求

学生的成长与发展有顺序性与阶段性、均衡性、整体性以及个别差异性等特点。其道德发展是一个知、情、意、行统一的过程，遵循提高认识、陶冶情感、锻炼意志、培养行为习惯的顺序。这几个方面是相互联系、影响、渗透、促进的，其中，知是基础，行是关键。因此，为促进学生品德认识、情感、意志和行为全面和谐发展，应在知、情、意、行几方面同时对学生进行培养教育。作为道德成长的主体，学生的道德发展必须发挥学生自身的自觉能动性和自我教育能力。此外，活动和交往是学生思想品德形成和发展的基础和源泉，因此学生的道德发展离不开社会的实践活动。以上都是学生道德发展的规律和特点。

学校教育是学生成长与发展的主阵地，学校德育工作是促进学生成长与发展的重要抓手。在德育过程中，教育工作需着眼于学生的整体性，深入了解学生个体的身心发展状况和水平，有的放矢，进而促进学生全面而个性化的发展。"发现德育"就是遵循学生道德发展的规律和特点，在"发现教育"理念的统领下，有目标、有计划、有组织地实施教育，促进学生道德发展和全面发展的教育。

"发现德育"为培养学校"男生英俊，女生淑雅"的学生形象气质，从学生实际出发，从学习生活的点滴出发，通过设计丰富多样的实践活动，提供多彩的学习资源，在德育课程化、体系化的过程中，不断创设情境，发掘学生潜能，为每一位同学搭建平台，引领学生积极参与、体验，最终实现学生自我教育，促进学生道德品质的提升与发展。因此，"发现德育"体现了学生道德发展与成长的基本要求。

2. "发现德育"体系的主要内涵

"发现德育"是理工附中"秉持发现教育，成就每位学生"教育理念的重要组成部分。同时由于德育在教育中的首要性和重要性，"发现德育"又是"发现教育"中处于统领位置的重要部分。

"发现德育"区别于传统的中小学"德育管理化""德育说教化""德育表面化"，不同之处主要有三点：一是从发现问题入手，开展切实有效的德育；二是注重发掘个体优秀，实施自我教育的德育；三是着力于个体的终身发展，推进富有生命力的德育。简言之，发现问题是基础、发掘个体优秀是核心、追求个体的终身发展是目的。具体来说，"发现德育"是教育者在国家立德树人总的价值诉求之下，伴随着学校教育深度改革过程而基于发现的基本原理、品德的发展规律及学生的身心发展规律，以发现德育活动中的现实问题为基础，以发掘每一名学生的优秀道德因子为核心，以培养德智体美劳全面发展、终身发展的社会主义建设者和接班人为目标的育人活动。

准确把握"发现德育"的内涵，需要进一步理解"德育的主体性"和"主体性的德育"两个方面。"德育的主体性"体现在道德发展的过程之中。道德是人探索（发现）、认识、肯定、发展和创造自己的一种积极手段，即人可以借助自己的智慧努力探索、不断建构从而达到自主、自觉的道德高度。"主体性的德育"体现在德育目的之中。"发现德育"是要鼓励学生接受理性的自我指导与自我决定，帮助学生通过实践和理性思考做出判断和决策，从而终身完善自己的德育生活。发现德育从过程到目的始终贯彻"人是德育主体"的思想。

同时，教育者在实施"发现德育"的过程中，要时刻注意以下几点。

第一，德育效果特别由很有针对性的"教育之正当时"所决定。错过时机好心都会变成多余。所以，教育者要善于抓住当前德育工作之中的主要问题及问题的主要方面，及时发现问题，解决问题。德育"关键是要提高质量和水平，把握好时、度、效"。例如，德育的"时"从宏观到微观可以分为时代、时期、时机三个层次。顺应时代发展的德育要求德育工作者与时俱进，把握受教者身心发展的阶段性特征，善于捕捉，善于利用，善于设置德育契机。

立德树人的含义，首先需要明确立德与树人之间的关系。对此，学者们有不同的认识。有学者认为，立德树人是并列结构，立德与树人并重，同样重要；有学者认为，立德树人是偏正结构，立德为了树人，树人是目的；有学者认为，立德树人是递进结构，立德是树人的前提，树人是立德的根本；有学者认为，立德树人是辩证结构，立什么德就树什么人，树什么人就需要立什么德，二者互为前提、互为因果。"发现德育"秉持"立德是树人的前提，树人是立德的根本"，即教育重在价值观的树立和培养这一基本观念。

及时发现问题，努力解决问题，是德育工作者的首要素质。大到"香港问

题"，小到学生校园内使用电子产品的管理问题，都需要教育工作者善于发现问题，勇于解决问题。早在 2018 年 8 月 30 日，教育部、国家卫健委等八部门制定的《综合防控儿童青少年近视实施方案》中就明确规定了严禁学生将手机等电子产品带入课堂，但时至今日仍有个别孩子悄悄携带手机、iPad 进入校园。针对电子产品问题，我校年级主任把工作重点放在学生带手机进学校后的管理上面。在师生和家长达成共识的基础上，年级制订一个手机管理协议，协议注重管理的每个细节，强调手机进校园后学生应该如何去做，如果违规，老师和班主任如何去处理，家长如何配合。

第二，德育工作要从发掘个体优秀开始，实施自我教育的德育。教育者不应该随时盯着学生的短处和缺点，去指导、去教训、去抑制；而是要"尽快去发现学生的长处"，去挖掘、去引导、去鼓励。"发现德育"首要在于发现学生并有尊重地帮助学生。我们要让"欣赏他人优点，激励自我进步"成为一种优秀的校园文化。

"孩子就像一棵树，他所能达到的人生境界，取决于树干上最长的那根枝条。而教育者的重要责任就是要发现每位学生的'最长枝条'，让那根枝条不断向天空努力生长。"① 有经验的班主任和老师能通过早自习短短 30 分钟的时间观察发现每一位孩子的心情、状态，甚至对孩子们的兴趣爱好也能估计得八九不离十，其实这只是浅表层次的发现。更深层次的发现要求师生认识和发现自我价值，发掘自身潜力，成为有明确人生方向和美好生命品质的人。

在 2019 年的国庆 70 周年庆典活动中，我校吴莎老师一家三口都参加了盛大的现场检阅。吴老师是理工附中金帆管乐团的主责老师，她带领全团 77 名队员参加了情景式行进"同心追梦"方阵的演出。女儿是理工附中高一年级的学生，也是"同心追梦"方阵钢片琴声部的主力队员。爸爸是中国人民解放军军乐团成员，承担了此次广场联合军乐团的演奏任务。为了国庆 70 周年的庆典，他们一家三口在各自的岗位上默默奉献，三个多月没有团聚，但他们却说"一切值得"！

正是在这样的伟大事件中，人的心灵得到了净化和升华。女儿在学校乐团演奏马林巴，这还是她第一次将钢片琴背在身上演奏，一开始她感觉自己有点儿体力不

---

① 任志瑜：《从明确办学主张出发 推进优质校再上新台阶——北京理工大学附属中学新时期"发现教育"的探索与实践》，载《中小学管理》，2018(3)。

参演国庆 70 周年庆典师生表彰

支，但是通过不断的训练和磨合，最终完美走出了每步 62.5 厘米的步伐。在整个过程中，孩子学会了合理规划时间，深切体会了责任的含义，感觉自己长大了、成熟了。

第三，有生命力的德育才能发挥终身育人功能。"发现德育"既要坚守历史的优秀，更要着眼未来的美好。"发现德育"要始终秉持发展的观点，既要遵循学生的成长规律铸魂育人，又要关注社会的发展创新育人。即坚持守正创新、科学育人，从而实现全员育人、全过程育人、全方位育人。

德育的唯一对象是人，"发现德育"是基于人的德育。历史的车轮滚滚向前，德育不仅要关注诚信、守纪、拼搏等常规命题，也要善于提取当前国际国内事件中的德育要素，做符合时代需要、与时俱进的德育。

2019 年 9 月，郎平率领中国女排以 11 场全胜战绩夺取女排世界杯冠军。趁着孩子们对这一热点事件的关注，学校通过组织观看课间短视频、班会小讨论等形式引导大家进一步关注"无私奉献、团结协作、艰苦创业、自强不息"的女排精神。学校选取孩子们喜闻乐见的女排队员参与的生活类、娱乐类节目片段，充分展示女排队员在赛场外的个性，让孩子们通过多元互动的方式学习女排精神，通过即时性的情感体验带给孩子们精神力量。孩子们对女排精神的认同和学习也是对自身人格与角色的塑造。

（二）"发现德育"的实施路径

1. 以顶层设计为引领，统筹规划德育发展

（1）成立学生发展指导中心，两课三环节全员育全体

学校以"发现教育"为引领，从生涯、学业和生活三方面入手，充分发掘学校、大学、网络和家长资源，建立学校、家庭、高校和企业的联动机制，构建多通道的学生发展指导课程体系，像德育教育融合其中，帮助学生筑梦理工扬帆起航、发现未来。

学校主持德育工作的学生发展指导中心工作图示如下。

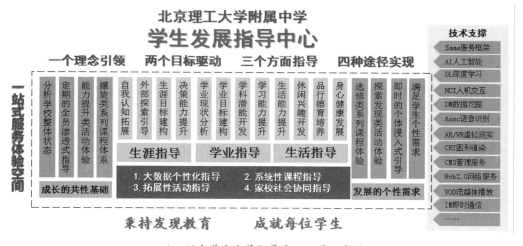

理工附中学生发展指导中心工作示意图

近年来，在新高考指挥棒效应下，学生发展指导与职业生涯教育成为高中教育的新热点。多数高中学校对于如何开展生涯教育感到迷茫。当前，不少学校的生涯教育主要由心理教师来推动，采用开设一门课程的单一模式，着力点局限于学生兴趣爱好探索、如何选课选科、如何选择大学专业等方面，过于依赖测评工具，将生涯规划窄化为职业生涯规划。对此，理工附中学生发展指导中心主要做到了以下几点：第一，从顶层设计入手，动员多元教育角色。高中阶段生涯规划教育的重点，在于引导学生探索一个能提升自我肯定水平和达成自我实现的生涯目标，引领其生涯发展方向，促使其学会规划具体的行动方案，以帮助其逐步达成理想生涯目标。

要实现这一目标，就需要学校对生涯教育进行顶层设计，让身处这个教育系统中的每一个教育者基于自身的岗位职责，从生涯规划的角度为学生的发展提供支持。第二，做好家校合力，重视家庭教育影响。父母角色榜样，是年青一代职业选择的重要途径。在幼年时，父母给孩子提供玩具、培养孩子兴趣爱好、鼓励孩子参与活动以及家庭生活经历等，都是父母影响孩子将来兴趣与职业活动的方式。因此，在开展生涯教育时，学校成为协调者，让父母以职场专业人士的角色，通过一起合作的方式，面向学生群体进行分享，更容易做到客观、专业及全面，青少年也容易放下对父母的防御心态，更能接受分享者的信息及经验。第三，做好深度合作，整合校内外优质资源。在高中阶段生涯教育中，职业生涯规划是一大重点。学校积极整合各方资源，通过大学游学、企业参访等活动的开展，提升学生对大学、专业和职业的认识，并把自己的兴趣爱好转化为内在的学习动力。

简言之，"发现德育"稳稳抓住"两课"（学科课与班会课），全面利用"三环节"（家庭、学校、社会），力图做到人人德育、德育人人。

（2）建立"发现德育"课程体系，发现优势，发掘潜能，发展特长

"发现德育"课程体系包括"学生综合素养培养课程"和"班主任技能培养课程"两大类。

"学生综合素质培养课程"包括主题教育活动、节日纪念日活动、综合实践活动课程、学生社团建设课程和心育课程。"班主任技能培养课程"包括班主任工作相关法律法规的学习、班集体建设指导、家庭教育指导、教育科研能力培养、心理健康教育。

"发现德育"课程体系以"发现"为主线，将发现教育理念作为理工附中发展特色的灵魂，融入学校整体课程体系之中，同时满足学生、家长和社会的发展需求。"发现德育"课程体系的落实主要体现在三个维度：一是以主题教育活动、节日纪念日活动、各学科课程之中的德育要素为基础具体落实立德树人的根本要求。二是拓宽"发现德育"课程体系的内涵，积极开展形式多样、内容丰富的实践活动、社团活动和心育活动。通过丰富多彩的活动促进学生的个性化发展。三是以发现为核心变革德育方式，让学生在活动中自主发现德育要素，从而实现自我教育的德育。

秉承"发现教育"理念，理工附中将"发现德育"融入学校教育的方方面面，努力实施发现人人的德育，人人都来发现德育。正如德国著名教育学家第斯多惠所

说"一个坏的教师奉送真理，一个好的教师教人发现真理"，教师在德育过程中也应该是一位顾问、一位讨论问题的参与者、一位帮助学生发现问题的引导者。教师的作用就体现在其问题设计要击中矛盾的要害，并产生碰撞；在学生讨论过程中，寻找矛盾所在，通过一个又一个具有启发性的设问引导和影响讨论的进程。通过系列化的"学生综合素养培养课程"，教师一步一步引导学生发现德育要素，实现德育目的。同时，通过"班主任技能培养课程"进一步提升班主任的育人能力，助力"发现德育"目的的达成。

师生两大类课程相辅相成，两者注重了认知性和体验性的结合，在德育过程中发现优势，发掘潜能，发展特长。

（3）基于"男英女雅"培养目标，勇于探索因性施教

"培养什么人，怎样培养人"是学校教育的核心课题。每所学校都应该给自己的学生画一幅理想人格画像，为学校教育和学生成长指引方向。[①] "男生英俊（大气、沉毅、担当），女生淑雅（内秀、友善、文雅）"是理工附中教育集团近年来勇于探索和实施的培养目标。其中，男生英俊以"大气、沉毅、担当"为根本内涵，以核心素养模式彰显男性特质和理想人格；女生淑雅则更强调"内秀、友善、文雅"刻画女性特质和理想人格。这是在全体学生全面发展基础上的"男英女雅"，全面发展与"男英女雅"是共性发现与个性发展、本色发展与特色发展的关系。

理工附中的"因性施教"并不是刻意实行"男女有别"的性别教育，而是在认真分析两性心理发展所存在的客观差异及其产生原因的基础上，按照德育的目标要求和理想的健康人格标准，主动去塑造和发展每一个个体健康的性别心理特征，从而完善和提高每个个体的整体水平。

由于每个孩子所接受的环境和教育影响不同，男女生发展的总体差异并不一定在每一个个体身上体现出来。因此，提供良好的环境条件和实施科学正确的教育，可以充分发挥男女生发展的各自优势，控制和弥补其各自的弱势，从而促进学生的全面发展。

学校按照"寄望于人—内化于心—固化于制—外化于行"的基本工作思路，有

---

① 任志瑜：《基于"男英女雅"培养目标勇于进行因性施教探索》，载《中小学管理》，2017(3)。

计划、有步骤地充分调动各方面因素，通过"学、考、树、评"等各种方式，积极开展教育活动，帮助学生正视与敬畏两性之别。同时，结合社会主义核心价值观、传统文化和红色文化等学习活动，以文化熏染引领学生确立两性不同的价值标准。经由德育课程主渠道，促使全校学生正确认识男女两性在性别方面的日常表现，努力引导学生成为自我教育的行为主体。通过《"英雅杯"理工附中学生"自信成长"形成性综合素质评价标准化工作方案》带动"男英女雅"气质形象的提升和全体学生整体文明程度的提高。

同时，学校将教育部新版《中小学生守则》的主要规定融入"男英女雅"日常行为规范，将"上课听讲更加专心、回答质疑更加积极、完成作业更加认真、课间做操更加自觉"明确为四大核心习惯。为了把日常行为规范真正转化为学生的常规行为，学校通过班级、年级、校级学生自主评价评选改革，固化外化"男英女雅"教育培养目标。

2. 以队伍建设为抓手，提升"三全育人能力"

育人为本是教育的生命和灵魂，是教育的本质要求和价值诉求。"发现德育"强调在德育工作中要以学生为主体、以教师为主导，充分发挥学生的主动性，把促进学生健康成长作为学校一切工作的出发点和落脚点。不断提升学校"全员育人、全程育人、全方位育人"的能力，关心每个学生，促进每个学生主动地、生动活泼地发展，尊重教育规律和学生身心发展规律，发现不同学生的优长，为每个学生提供适合的教育。

（1）加强全体教职工队伍的思想道德建设

全体教职人员本身的思想道德素质是一所学校解决"培养什么人、怎样培养人、为谁培养人"这个根本问题的关键环节。因此，加强全体教职工队伍的思想道德建设至关重要，是落实立德树人根本任务的必由路径。

第一，学校在落实党委书记和校长主体责任的基础上积极落实师德教育新要求，增强师德教育实效性。加强师德的养成教育，用"四个引路人""四个服务"和"四个相统一"来要求全体教职人员，向"四有好老师"的标准看齐。第二，每一学年我们理工附中教育集团例行召开一次教育年会，专门深入地探讨如何在教育教学过程中更好的立德树人。通过全体教职人员集中培训，听讲座、听报告、探讨交流等形式进行研修，突出每一学年的研修主题，突出重点研修项目和亟待解决的问题。

第三，特别重视锻造每一位学科教师的政治素养。每一门学科课程不仅仅是传播知识，更要把知识背后的价值以及实践包含的真理和理论蕴含的信仰讲透彻。

（2）促进班主任队伍的专业化成长

习近平总书记在全国教育大会上指出"要把立德树人融入思想道德建设、文化知识教育、社会实践教育各环节"，随着教育改革的不断深入，在"以人为本""立德树人"教育理念的引领下，班主任工作需要由班级管理向班级建设转换，由经验型向科研型转换。

第一，为了确保班主任队伍最优化，要从有志于班主任工作的教师中优中选优。我校班主任选聘是在教师自愿申请的基础上，由学生发展中心与教师发展中心共同确定班主任初选名单，经校长会议研究决定，最终确定班主任名单，保证相对稳定性。

第二，加强班主任培训工作，岗前培训和岗位培训相结合，特别注重班主任的岗前培训。培训内容"确保先进性，突出针对性，增强实效性"。每学年伊始，学校学生发展中心会根据实际情况制订一学年的班主任培训计划，每一学期开展一次全集团的班主任统一培训活动。专家讲座既有在新教改背景下学生个性化发展有效促进方式的积极探讨，也有如何开展有意义、有趣味的班会的本质追问。通过专家引领和现场的思维碰撞，班主任同时获得政策层面的认识和解决实际问题的能力。

班主任常规学习交流会　　　　　　　　班主任主题培训交流

为了进一步推动班主任工作的高质量发展，根据"男英女雅"的育人目标，学校特别成立了"俊雅"班主任工作室。在学校和老师们的共同努力下，"俊雅"班主任工作室成为班主任思想交流的发源地、工作经验的根据地、工作资源的分享站。

在"俊雅"班主任工作室中，有资深的实验班老师的专题讲座，有常年从事德育管理工作的干部的精彩分享，也有相关专家针对专门问题的深刻剖析。"俊雅"班主任工作室为我校加快培养一支师德高尚、业务精湛、结构合理、充满活力的高素质、专业化的班主任队伍，搭建了良好的平台。

理工附中"斑马节"

第三，学校以多种方式提高班主任工作的积极性。理工附中鼓励和引导班主任运用所学专业理论于实际的班级管理之中，既有群星璀璨的"请进来"，也有积极推动班主任老师"走出去"，到北京其他学校和全国各地参加培训、交流、献课、比赛等活动。同时，学校以"斑马节"为契机打造自身的班主任特色文化。"斑马节"是理工附中特有的节日，寓意班主任们以勇敢和认真的态度潜心育人；"斑马"谐音"班妈"，寓意所有班主任老师在工作中像伟大的母亲一样倾情奉献，用心呵护学生成长；斑马是一种群居动物，它们共同生存，共同奔跑，共同御敌，这正是我们班主任队伍最生动和真实的写照。我们在"斑马节"期间，设计党员和骨干教师带岗和学生自主管理环节。体验岗位互换的党员和骨干教师，无不认真、倾力地工作。而每间教室里新鲜的面孔，也让孩子们感受到了不一样的风格。从没有机会当过班主任的老师们也都兴奋不已，收获了全新的体验。学生自主管理既锤炼了班级也使同学们的自我管理能力得到了提升；老师们也换个角度，看看自己的班级管理效果。"发现感恩新力量"感恩班主任"斑马节"成了理工附中一个最温暖的节日。

正是这些理论学习、经验交流和特色活动，潜移默化中提高了班主任工作的积极性和有效性。

（3）引导学生干部队伍自主管理

理工附中善于搭建多样化平台，引导学生自主管理。校团委负责指导学生会、学生社团的工作，通过形式多样的校园活动锻炼学生的综合能力，以志愿服务、学生权益维护、纪律自主监督、校长接待日等载体引导学生自主管理，参与学校治理。我校目前有40多个学生自主社团，为学生提供了兴趣与才华施展的平台，丰富了学生的校园生活。

学生会是全体学生自己的组织，下设文体部、宣传部、外联部、权益部、志愿服务部、社团部、纪检部。每个部门各司其职，在校团委老师带领下团结全体同学，使大家在德智体美劳等各方面得到全面发展。学生会主席是学生会最高负责人，其职责有主持学生会工作、督促学生干部落实各项制度、召集学生代表大会、准确传达学校各项决定并督促落实、协调学生会与社会组织的关系等。学生会副主席是沟通校学生会主席和老师、社团部门部长、学生的重要桥梁，每名副主席分管两个部门，协助学生会主席处理学生会日常工作，参与制订工作计划、活动方案，处理协调好学生会主席与各部门部长及各部门部长之间的关系。校团委领导之下的学生会工作示意图如下。

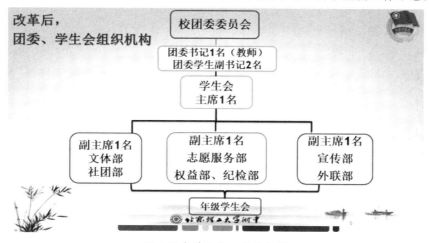

理工附中学生会工作示意图

根据《北京理工大学附属中学学生会章程》的规定，学生会以服务同学为宗旨，以丰富同学课余生活为目的，以满腔热情与不懈努力认真履行职责，受到了全校师生的充分肯定。

学生干部素质培养课程结业合影

3. 以课程育人为载体，发挥课堂育人的主渠道功能

（1）发现学科课程的德育融入点，让教学回归育人本位

"发现德育"在深度解读社会主义核心价值观融入课堂教学的基本内容和具体要求之下，根据学科德育纲要积极进行学科德育课例教研教改之后，找到了一系列可行的课堂实践的方式方法。

道德教育建立在各具体学科所显现出来的多种多样的认知性知识之上。道德的知识其实并不是（或者说主要并不是）有关道德知识的本身，而是建立在广泛认识宇宙万物以及认识人的基础之上的。所以，我们有丰富多彩的学科课程，德育便理所当然融合于各学科课程之中，实现于学科课堂之中。

每个学科都有独特的育人价值，学科教学的核心是在教学中教做人。准确发现学科课程的德育融入点，是教学回归育人本位的关键所在。人本位的教育区别于传统学科本位教育，将学科教学的重心放在了人的发展上。

"发现德育"不是简单的学科与德育的相加模式，也不是在学科中渗透德育，更不是在学科教学之外强行加入德育任务。"发现德育"是在充分研读学科知识和学科思想的基础上，以具体学科所蕴藏的具体德育为切入点，使德育蕴于教学过程之中，让社会主义核心价值观真正内化于心、外化于行。

"发现德育"首先要求每一位教师要树立大德育观。因此，教师要提高自身的思想政治素养、道德修养，树立正确的教育观、学生观，深入理解学科本质，夯实教学基本功，把握学科德育的内涵，不断强化育人意识，提高育人能力。唯有如此，

教师才能发现学科德育要素并整合学科德育内容，应用顶层设计策略主动把德育目标纳入学科教学目标之中，积极因材施教、因人施教。

（2）发掘班会课程的德育内涵，让课程育人价值最大化

主题班会本身具备相关的德育要素，是立德树人的重要途径。"发现德育"要求每一位班主任加强德育的课程意识，深入挖掘每一堂班会课的德育内涵，强化育人效果。

传统的主题班会课程往往呈现出德育目标设计维度单一、教学内容与实际生活脱节等问题。"发现德育"根据德育自身的发展规律和学生的身心发展规律，通过对学期学年班会课的统一整合，按照提出问题、探究问题、实践操作、展示成果的基本环节，设置系列化的主题班会课程。系列化的主题班会课程有助于发掘学生在班会活动过程中的主体性，更有利于培养学生的组织实践能力，并强化学生对班会课程本身以及所在班集体的整体认同感，最终强化学生内在的育人效果。

"发现德育"注重强化学生对道德认知的抉择能力的培养。当今社会价值多元化，各种认知思潮百花齐放难免发生冲突。明晰的道德辨别能力和抉择能力不可能依靠简单的一节或几节班会课得来，而是要依靠主题下系列化设计的班会课程中学生的辩论、实践和澄清来实现。

以高一年级上学期和高三年级上学期的主题班会为例，高一年级上学期主题班会有一个明确的目标是"守规矩"，高三年级上学期主题班会有一个明确的目标是"入境界"。这就要求教育者在明确整体目标的前提下，强化每一节班会课的具体目标，逐级实现目标，最终实现班会课育人价值的最大化。

别开生面的主题班会

（3）发展课程育人体系，让道德讲堂提升整体文明素养

道德问题是国家安定、社会和谐、人民幸福的重要因素。我校"槐轩大讲堂"承担了道德讲堂的任务，以推进社会主义核心价值体系建设为根本，以社会公德、职业道德、家庭美德、个人品德教育为重点弘扬传统美德，突出"善诚孝强"四个字，以"身边人讲身边事，身边人讲自己事，事事教育人人"为主要形式，学习和传播凡人善举，倡导修身律己，引发学生的道德自觉。

习近平总书记指出，"一个人遇到好老师是人生的幸运，一个学校拥有好老师是学校的光荣，一个民族源源不断涌现出一批又一批好老师则是民族的希望。"教师是学生锤炼品格、学习知识、创新思维和奉献祖国的引路人，学校培养出什么样的人，取决于培养人的人是什么人。比怎么教育学生更重要的，是培养人的人靠不靠得住，校长和教师的国家意识、民族情感和文化认同感是不是很坚定。老师们通过槐轩大讲堂将讲座中习得的内容与日常工作、教研科研、团队建设紧密结合，不仅实现了校本研修目标，还将文化营养输送到学生中去，辐射到社区、家长群体中去。学生

走进槐轩大讲堂

们通过槐轩大讲堂进一步熟悉了党史、国史、社会主义核心价值观、习近平系列讲话等党和国家发展的大政方针；了解了国际局势、经济走向、南海问题等国际国内时政大事；得到了心理学、文化艺术、信息技术、养生健康、阅读等方面人文素养的提升。

2017年2月至今，槐轩大讲堂由校党委主责、党政办公室具体落实，已经成功举办20余期。槐轩大讲堂以学校礼堂为场地，每间隔一周，周一下午3：40定期开讲，师生共坐一堂，倾听有关国际国内形势、党史党建、文化、教育心理、礼仪修养、文学鉴赏、健康生活等方面的高质量讲座。

行业专家和道德楷模进校园，结合当前教育实际问题，与师生进行面对面的交流。这既是德育课程的拓展，也是德育知识从书本到实践的升华。道德大讲堂是学校对全体师生进行德育的有效途径，也是学校进一步推进德育的有利抓手。

4. 以制度和管理育人为保障，培养积极健康的理工附中人

（1）不断健全和完善学校的各项德育管理制度，规范学校治理行为

多年来，理工附中形成了一系列德育管理的制度，包括《理工附中学生一日常规》《班级考核和管理制度》《班主任家访制度》等，形成了全体师生广泛认同和自觉遵守的制度规范。2016年12月29日，北京市教育委员会印发了新修订的《北京市中小学生日常行为规范》，并制订《2017—2019年中小学养成教育三年行动计划》。根据北京市相关文件精神，我校及时修订完善《理工附中学生一日常规》。2018年2月，《北京市中小学学生奖励和处分办法》发布。我校根据北京市的奖励和处分办法，拟订《理工附中教育集团学生奖励和处分办法》，并将草案下发至教师和学生层面，广泛征求师生，尤其是学生的意见、建议，以促进制度制定的科学化、民主化。更为重要的是，在反复征求意见的过程中，广大学生对新修订的制度有了深入理解和认同，从而促进学生对规则更加规范地遵守和更加主动地践行。

（2）提高学校各职能部门服务学生的意识和水平

马克思曾指出：人创造环境，同样，环境也创造人。毛泽东在其《矛盾论》《实践论》等著作中，也强调了环境的重要性。人总是要生活在一定的环境之中，作为群体性生物天然具有受环境影响的特点，而这些环境都具有重要的育人功能，影响人的人格、心理、素质和能力等的形成。环境这种育人功能的实现，是以"场域"的方式进行的。因此，可以说学校所创造的场域，即环境通过"软""硬"条件，营

造一种像阳光和空气一样的场域精神力量，使身处其中的人们时时刻刻受到这种场域精神力量的濡染、辐射、感染、熏陶、陶冶、约束等多方面的影响，久而久之就形成与场域精神力量相生相向的气质。

在理工附中的各个部门，"以学生发展为核心，服务学生发展"的理念深入人心。课程与教学中心的老师在为学生服务的过程中指出：服务学生，不仅仅是服务现在的学生，也服务于毕业后回到学校办事的学生，服务于还未到理工附中读书的前来咨询的学生和家长，尽其可能为学生提供高效快捷的服务。学校党政办公室提出"竭诚相办，服务为公"的理念，工作中真诚与各个部门协调配合，竭诚服务学生。学校每周一7：30—8：00会给高三学生播放一周新闻精选，旨在培养学生关注社会、关注时政的意识和素养，由资源保障中心的老师负责准时播放。假期和休息日，更是资源保障中心的老师最忙碌的时间段，他们在学生休息期间抓紧一切时间进行教学设备的维修、检测，保障教育教学工作的有序开展。学校的校医老师牢固树立为学生的健康保驾护航的意识，只要学生需要，校医老师就随叫随到……

正是多部门的和谐配合，使每个教职员工都坚守着服务育人的理念，践行着服务全体学生的工作，形成了良好的育人氛围，让学生在体验服务的同时发现真、善、美的力量。而我们把这真、善、美的种子深植于学生心中，静待花开。

5. 以文化育人为基础，营造良好的教育氛围

（1）重视显性文化育人，主抓三级环境建设

"人文奠基、理工见长"是理工附中教育集团的办学特色。同时，文明校园、特色年级、书香班级三个层次的环境建设都显示出了学校厚重的文化底蕴和良好的文化氛围。

由学校校长和书记牵头，由学生发展中心负责，整体规划了文明校园环境建设的整体布局。从学校基础建设和硬件设施、校史陈列馆、校园文化墙和主题展板等各方面入手，融合社会主义核心价值观宣传，突出我校"男英女雅"文化、努力拼搏的棒球文化、青春激昂的金帆乐团文化，让学生感受到理工附中的文化内涵。同时，不同年级有不同的特色文化，如高一年级的军训、高二年级的模拟招聘会、高三年级的入境教育，在充分考虑到各年级学生的接受程度和独立思考问题能力的基础上，赋予年级文化建设相当的创新性和生命力。为了使每一个班级各具特色，各班自主制订了富有特色的班级口号、班风、班训等，努力营造出健康向上、成长气

息浓厚的班级文化氛围。每一位学生发挥自己的创造力，积极参与班级布置并定期更换，让每一面墙都"说话"，表达班级文化诉求。各班建立了班级图书角，不断丰富班级藏书量，调动每一位学生的读书积极性，鼓励学生制作读书卡片、书写读后感，使每一位学生"感激书籍，享受阅读"，真正建设书香班级、享受书香班级。

书香班级评比

　　校园文化作为学校教育的重要组成部分，从多个方面、多个层次影响了师生意志、行为和心理，进一步完善了学校教育。

　　（2）落实隐性文化育人，细化班级管理

　　校园文化作为一种群体性质的文化，是在学生与学生、学生与教师、教师与教师的学习交往和日常互动之中形成的一种群体文化。学校全体成员的价值观念、行为方式、校园风气等都是影响育人效果的重要因素。每一个班级作为整体校园的基本组成单位，班级风貌和班级氛围对育人效果的影响更为突出，因此，建设良好的班级风貌、营造和谐的班级氛围、给学生提供民主和谐的学习氛围有必要通过细化管理来实现。

　　各年龄段的学生有不同的身心发展特征，教师要在深入了解的基础上，坚持以人为本的原则，注意教育的方式方法，发现不同年龄段的不同特点，发现每一位学生的具体特点，对不同的学生因材施教，提高德育的针对性和有效性。

　　近年来，我校的班主任和科任教师共同努力，主要从以下几个方面进行了班级管理工作：第一，通过学生面谈和家访等方式建立学生成长手册，记录学生的成长经历，分析学生的性格特点和心理状况，从而评估学生的道德成长情况。第二，让学生自主选择理想的班干部，建立优秀班干部团队，让班级工作透明化、民主化，真正调动学生参与班级管理的积极性和主动性，培养学生的责任意识和集体意识。第三，在引导学生自我管理的基础之上，制订出多数学生认可的班级管理规章制度，让学生主动按照班级纪律条例来约束自己的行为，主动营造良好的班级学习环境。第四，有组织地定期开展班级活动，通过形式多样、内容丰富的主题活动培养学生的团结意识和责任感。第五，建立健全班级层面的学生个人评价机制，从多方面、多角度加强评价，关注学生全面发展的需求。

（3）树立仪式教育新理念，塑造个体行为

中国以礼仪之邦著称于世。仪式作为一种文化意义的外显行为方式，是理工附中发现德育的重要组成部分。

从文化的角度而言，仪式是指按一定的文化传统将一系列具有象征意义的行为集中起来的安排或程序。仪式不仅仅是一种行为方式，同时也承载着文化传统，是文化的一种象征形式和外显形式。仪式教育是教育者在教育过程中通过一系列具有象征性的、承载着文化传统的程序或规范，有目的、有计划、有组织地对教育对象施加影响的一种教育方式。

为了避免仪式教育沦为名存实亡的消极说教式、灌输式教育，"发现德育"注重采用融入式、相对隐性的教育方法，凸显仪式教育的正面主导性，从而推动正向价值观的传播。

教育者在充分尊重每一位学生的主体地位的基础上，让仪式教育过程成为每一位学生自主自觉的活动和自我建构的过程。为了充分发挥这种主体性教育的作用，理工附中积极鼓励学生尊重仪式感，并引导和促使学生融入学校仪式教育的氛围之中，从中认真体验仪式所承载的文化象征意义，获得个人的综合成长。我校坚持进行的仪式教育主要有三大类：一是完成社会转换类，包括迈好青春第一步（14岁）、18岁成人仪式、开学典礼、毕业典礼等。二是体会社会责任或社会意义类，如升旗仪式、入队仪式、入团仪式等。三是提醒社会角色分配类，如进出校门、上下课起立问好等。

对每一次仪式教育，学校各部门都是联合行动，根据仪式教育的具体内容，精

心选取进行仪式教育的具体方式方法。目前，学校通过事先调研和借鉴现代新媒体技术等方式，用学生喜爱的仪式形式进行了一系列规范、严肃和庄重的特色仪式教育，还包含了相应的仪式教育评价机制。对于一些大型仪式教育，一方面，成立由仪式组织者、班主任、任科教师和学生代表等组成的评价小组，由评价小组全体成员通过观察现场记录仪式教育过程中参与者的行为、情绪情感、参与和努力程度等方面产生即时性评语；另一方面，可以通过书写感受和反思等方法来鼓励学生积极进行自我评价。

"以人为本"的仪式教育理念、精心设计的仪式教育环节、积极的仪式教育氛围，最终将会塑造良好的个体行为。我校的成人仪式被团中央向全国中学推荐。

站在18岁的人生节点展望未来——成人仪式　　　　团中央的感谢信

6. 以实践育人为主线，凸显德育发展的实效性

马克思主义实践观认为，实践是人类存在和发展的方式与途径，人们通过社会实践活动不仅联系着客观的物质世界并进行对客观世界的改造，还在实践活动中不断改造、升华自身的内在主观世界，发展自身的品格与本质。"发现德育"强调实践的重要地位，良好品德的形成和发展离不开具体的体验。实践育人正是通过组织不

同年龄段的学生参加符合其身心发展的实践活动，从而达到立德树人的教育目的。

好的实践育人效果需要充分发挥实践教育的实施方（学校）的主体性作用。因此，第一，学校要健全实践育人机制，明确制订各项实践活动的考核办法与标准。第二，要建立完善的实践教学体系和实践教学内容，防止实践活动一带而过，只有技能实践而忽视了道德践行。第三，要保证实践育人经费充足和实践基地长期稳定。只有在充分发挥学校方主体性作用的基础上，才能保证实践育人参与者（学生）主体性作用的发挥。

理工附中主要通过劳动类、游历类、志愿服务类三大实践活动来具体实现实践育人的目的。

（1）体验劳动，锤炼意志、信念、行为

根据皮亚杰的理论研究，个体思想道德素质的形成与内化有关，而体验是内化发生的前提条件。劳动本身能够锤炼人的意志、信念和行为，因此体验劳动能相应地锤炼学生的意志、信念和行为。

我校有一系列劳动类实践活动，小到每日班级和公共区域卫生的打扫，大到为期一周的学农生产劳动，都能使参与者的思想道德品质在体验过程中得以发展。

每年春天播种时节，理工附中八年级全体学生都会到劳动实践基地北京农业职业学院开启农训生活。农训不是一种逃离课本、远离学习的方式，而是换个地点、换种方式进行另一种学习。2018级学农1班的肖曼同学感悟说："'主食与家常菜的制作'使我们体会到了做菜的艰辛与不易；在课程'垃圾的分类与回收'中，感受到了环境保护的重要与急迫；而在课程'农作物的种植及管理'中，体会到了种花生的乐趣与农民伯伯在烈日下劳作的艰辛。但这次农训让我印象最深的课程便是'学做小茶人'。从短短几张PPT里介绍的茶叶泡法中，我仿佛真的看到了古人那行云流水的泡茶动作，感受到了茶文化带给人的宁静悠远的内心感受。而当我上台向大家展示我的茶艺时，我不禁有些紧张。但当我看到眼前精致的木质茶具，心中不自觉地就放松下来，或许这就是茶带给我们的最珍贵的东西吧——使人内心空灵而温柔，却在一气呵成的动作间，显露出"我自岿然不动"的气魄与强大。感谢这次学农活动，它不仅让我体会到了茶的魅力，更让我在丰富多彩的课程中感受到劳动的乐趣与意义，使我成长，更磨炼了我的意志品质，让我明白了生活各处皆劳动，无劳动便无人生。"

农训留影 1　　　　　　　　　农训留影 2

　　学生们不仅在活动中增长了见识，在实践中培养了动手能力，在集体生活中提升了自理的能力，更在劳动中锤炼了坚强的意志、坚定的信念和坚持的行为。

　　（2）参与游历，构建道德心理模式

　　个人的思想品德要最终内化为道德修养，只有课本认知是不够的，只有简单的实践体验也是不够的。"发现德育"不满足于在实践体验中让学生通过感知和身体力行获得直接的、具象的感性认识，更注重进一步让学生发挥主观能动性的作用。老师们善于引导学生感受生活实践中所发现的道德与不道德的人和事、感受主流大众对道德的评判态度，通过两相对比和讨论领悟，最终构建学生个体的道德心理模式。

　　理工附中根据学生的年龄特征和教学整体安排，既有一到两天的短期研学型游历实践，也有一周到十天的游学类游历实践。

　　2019 年 7 月，东校区七年级全体师生怀着思考和探究的初心，开启了雄安新区发现之旅。雄安新区目前发展到了什么程度？将来会是什么样？国家设立雄安新区的初衷是疏解北京非首都功能，解决"大城市病"。那如果雄安发展成为另一个大城市，它的问题怎样解决？

　　师生们通过视频和徒步参观发现了雄安之"新"：新在规划顺序，市民服务中心是雄安首个建筑项目；新在发展理念，小鹿在园区内嬉戏，无人车在园区内穿梭，生态、科技、协调发展是雄安高起点、高质量的规划目标。

　　通过参观中国近代第一所著名的、正规化的军事学府——保定军校，学生们认识到了今日之新来之不易，正是革命先烈们在中华民族生死存亡的关键时刻，义不容辞，挺身而出，捍卫国家尊严，带领国人搏出一条光明之路，才有了我们今天的一切。雄安之旅使全体师生不仅感受到了雄安优美的自然环境，更沉浸在雄安厚重的文化底蕴中，了解它的革命过往，领悟它以人为本的精神，学习它不懈奋进的勇气。学生们通过研学活动，打心眼里认识到了：雄安是承载梦想的新区，雄安是我们不忘历史，开拓奋进、踏浪前行的榜样！

随着北京市教育系统庆祝中华人民共和国成立 70 周年"我和我的祖国"爱国主义主题教育活动的启动，理工附中经过两个月的筹备，于 2019 年 5 月 6 日正式开启理工附中第三季高一年级学生游历之旅——发现中国系列。同学们在行走中阅览祖国壮丽的河山、体验祖国辉煌的文化、感受祖国先进的科技发展；在发现中领悟生活的精彩；在旅途中培养社会责任感、创新精神和实践能力……

游学留影 1

正是这些参与游历的实践，使社会外部的环境因素通过参与者的社会实践活动影响着参与者本身，也在一定意义上决定了参与者的道德品质；同时，参与游历实践的学生个体也会在自身已有的道德品质指导下通过社会实践对社会外部环境产生反作用，在一定程度上改变着环境和自身。

（3）志愿服务，提升道德品质层次

志愿服务作为德育的重要载体，不仅适应了社会发展的需要，起着连接校园和社会的桥梁作用，还开辟了学生德育自我教育的新途径，在践行社会主义核心价值观的同时提升了自身的社会责任感及个体的道德品质和层次。

游学留影 2

　　理工附中的多种类、多层次志愿服务在团委的整体部署、具体安排下形成了内容连贯、管理严谨的活动体系。

　　理工附中志愿服务队成立以来，学校充分挖掘资源，除校园专业教室、图书馆、阅览室、诚信水站、绿行回收站、博雅书吧等 20 多个校内基地外，还积极参与美化校园、礼仪接待、秩序维持、招生工作等，为和谐校园的创建发挥了重要作用。志愿服务活动由校内延伸至校外，千余名学生利用课余时间、假期走进社会，在电影博物馆、宋庆龄故居、国家图书馆、海淀图书馆、地铁站等地开展专业服务，体验成长的艰辛。在丰富多样的志愿服务活动中，志愿者们用真诚与热情诠释着"奉献、友爱、互助、进步"的志愿服务精神，在社会上形成了良好的口碑。

　　为了进一步提升学校志愿者服务能力，帮助志愿者全方面成长，学校团委于 2019 年 4 月申请了北京市海淀区教育改革与发展专项资金 9 万余元，计划截至 2020 年 8 月从开发志愿服务项目、给学生更多志愿服务的选择和完善校园志愿服务队几个方面着手，继续运行和开拓志愿服务项目，进一步规范志愿服务活动和志愿者管理。

近年来，理工附中志愿服务工作机制不断创新，制订了《志愿者学时认定标准》《志愿者守则》《志愿服务活动开展规则》等，保障了志愿服务活动的规范性和持续性。

以社会主义核心价值观为引领的志愿实践活动使学生在主动参与的过程中，通过人的主客观因素的相互作用，提升了个体的道德品质层次。

志愿者在国家图书馆

7. 以家校社协同育人为支点，整合教育的优势资源，构建同向同力教育共同体

（1）"套餐式"家校合作模式，打造同向同力教育共生体

三级家委会参与学校的日常管理。学校成立"班级、年级、学校"三级家庭委员会，定期召开家委会会议，针对学校的规章制度、管理模式、管理办法、教学过程提出好的建议、意见，达到沟通、交流、协调、改进的目标，促进教育教学质量的提高。

积极开展合格家长的"五个一工程"。每周至少面对面和孩子认真坦诚地交流半小时；一学期至少读一本推荐亲子共读图书；一学期至少与老师交流一次；一学期至少开一次家长会；一学期至少记一次家长学院的笔记。

依托科研项目的开展，指导家校共育工作。在工作中，理工附中积极申报海淀区和北京市的科研项目和科研课题，以项目和课题的研究促进家校共育工作的开展。

例如，2017年，我校与清华大学人文学院开展"北京市海淀区中小学家校育人特色校实验项目"的研究，通过开展研究，提高了老师们家校合作的意识，也提高了沟通的质量和水平。

合理开办家长学校。学校定期邀请专家或教师给家长们上课，根据学生的心理发展特点，对不同年龄段学生的家长有针对性地进行与学生心理健康辅导相关的讲座。针对如何树立孩子的自信心、如何挖掘学生的潜能、如何培养学生良好的思想道德品质等问题进行专门的讲座，学校提供主题不同的学习内容，在不同的时间安排讲座，让家长可以根据自己的需要、方便的时间选择学习内容，有效提高家长教育孩子的水平。

设立家长开放日，邀请家长参与学校活动，参与学校管理。陪伴是最好的教育，学校设立家长开放日，让家长亲自参与到学生的在校学习生活中来，切身体验学生一天中的各种状态；邀请家长参加学生活动，让家长了解学生的成长；同时，也为学校领导、教师向家长展示学校良好的管理模式、优秀的教学水平提供了机会。

进行有效的家访。教师进行家访的目的就是要让家长了解孩子在学校各方面的表现，从而取得家长的支持与配合，更有效地帮助学生成长，完善教学工作。然而，有的教师却在家长面前只讲学生的缺点，使得事后有些家长打骂孩子，这就改变了学生对教师的看法，也使其越来越惧怕教师家访。教师应该多学习一些家访的交流艺术、方法等，以求做到在不影响学生家庭生活的前提下解决实际问题。

家长手册封面

书面向家长推介教子方法。一方面，学校针对不同年级的家长，在不同时期，针对安全、卫生、教育、环保等方面的知识与要求，分别发出《告家长书》，让家长协同学校做好工作，共同教育好孩子；另一方面，学校组织专业团队撰写《家长手册》，分发给每一位家长，以此激励和引导全体家长更新教育观念，改进教子方法。

（2）挖掘和利用家长、社区教育资源，实现家校社合作育人

通过家校间联合、学校社区合作、生生间合作、亲子间交流、师生间激励等多方立体互动，让孩子逐渐养成良好的习惯，全面健康发展。

七年级、新高一家长，学生与学校共签"守纪"承诺书；榜样示范，身教重于言教——评选"理工好家长"；创新共育活动形式，注重合作共育实效；成立家长志愿团队，参与教育实践；学生家长组成志愿团队，并且分工协作；家长走进理工讲堂，为学生介绍并分享职业体验；学校组织开展"14岁主题班会""18岁成人仪式"等活动邀请家长共同参加。

学校和社区紧密联系，形成教育合力，营造良好的氛围，培养学生的公共参与能力，提升学生的公民素养。我校化学教研组多年来坚持组织学生走进社区开展"化学在我身边"的活动，给小区居民讲解化学常识，演示生活中的化学现象，得到周边小区居民的一致好评。在政治课堂上，政治教研组邀请车道沟社区的居委会主任走进课堂，和学生深入探讨公民的权利和义务，讲解基层群众自治制度，通过活动和共建，提升了学生参与政治生活的热情，增强了学生的制度自信。

知识进社区

（三）"发现德育"的实施成效

1. 学校风貌焕然一新

自2016年提出至今，"发现教育"的理念不断深入人心，全校师生的"发现意识"不断增强，"人人发现，发现人人"的氛围越来越浓。在此过程中，"发现德育"基于对个体的"人"的主动性和独特性的尊重，以发现、肯定的态度和方式激发了每一位学生的内驱力，为构建和谐、积极的校园文化发挥了重要作用。

当前，校园呈现出新风貌，树立了新风尚，真正体现了"厚德、积学、沉毅、笃行"的校训，"和谐、诚信、勤勉、进取"的校风，"敬业、爱生、博学、善导"的教风以及"明理、乐学、活泼、善思"的学风。

"发现德育"的有效实施，使校园内的不文明行为销声匿迹。各项主题教育及活动使学生在参与、体验的过程中，能够自主管理，并总结反思、发现探索，进而不断增强讲文明、懂礼貌的意识，"守规矩、懂感恩、有教养"的成长目标也深深根植于思想之中。走进校园，值周生迎接老师，微笑问好；清晨的校园书声琅琅，井然有序；宣传栏中优秀校友的光辉事迹、"十优"学生的示范引领不断彰显着自信、积极向上的校园文化；丰富多样的德育实践活动为每一位学生发掘自身潜能、体验参与、志愿服务创设了平台；"模拟联合国""诚信教育""18岁成人礼"等特色德育活动都成为理工附中一张张靓丽的名片。"男英女雅"的学生形象气质不断深入人心，以"大气、沉毅、担当"为根本内涵的英俊男生以及以"内秀、友善、文雅"为根本内涵的淑雅女生成为我校学生心目中理想的形象。

综上所述，在提升自身修养、全面发展的过程中，校园秩序更加有序，校园文化更加和谐，"诚信水站"重新成功启用，学生诚信率不断提高；与此同时，学生展现出阳光、积极、向上的精神面貌。在学习生活中，同学们友爱互助、乐学善思、学术争鸣、实践探索，这已成为新时期校园中一道亮丽的风景线。

在积极向上的校风和浓厚的学风的熏陶下，我校学生的整体面貌焕然一新。

2. 构建了独具特色的"发现德育"课程体系

"发现德育"创设优良的学习环境，关注每个学生与众不同的潜能，促进学生科学思维、人文素养、动手实践能力、问题解决能力和社会责任意识的良好发展，鼓励他们选择自己热爱的理想并为之奋斗。

通过组织开展"道德讲堂""主题征文""文明画展""18 岁成人仪式""迈好青春第一步——14 岁主题班会""诚信水站""社会主义核心价值观系列主题班会""寒暑假社会志愿服务项目"等多项活动,"发现德育"在促进学生自主发展与成长的同时,使理工附中的学生不断健全人格,同时具有积极的心理品质,自信自爱,坚韧乐观。2018 年,理工附中成人仪式成为共青团中央向全国推广的模板。当前,学校的"诚信水站"已延伸出诚信雨伞、诚信书吧、诚信售卖、诚信考试等多种形式的诚信教育载体;志愿服务通过开展课题研究,制订开展办法,制订了《学生志愿服务手册》,建立了校内、校外志愿服务基地,大力弘扬志愿者精神。同时,在学校教师的帮助下,开发了新的志愿服务项目,如孤独症艺术培育和"我的艺术你的爱心"。

此外,我校以"发现德育"为引领,从生涯、学业和生活三个方面入手,建立了学校、家庭、高校和企业的联动机制,构建了多通道的学生发展指导体系,帮助学生筑梦"发现"、扬帆起航,促进学生多元全面发展。

"发现德育"为学生的道德发展打开了另一个广阔世界,使学生形成了对自然、对社会、对自我的整体认识,形成了良好的情感、态度和价值观。

3. 学生日常行为表现良好

良好的行为习惯不是背诵出来的,而是在日常生活中不断养成的。在"发现教育"的实施过程中,"发现德育"不断引领学生成为自己管理自己的行为主体,积极促进学生日常行为表现的改进。

"发现德育"实施几年来,校园中大大咧咧、大呼小叫、言行粗鲁、不拘小节等行为不断减少,课堂上自由散漫、交头接耳等现象得到有效改善。我校将教育部新版《中小学生守则》的主要规定融入"男生英俊,女生淑雅"日常行为规范,特别是将"上课听讲更加专心、回答质疑更加积极、完成作业更加认真、课间做操更加自觉"明确为四大核心习惯。

通过班级、年级、校级学生自主评价评选改革,"发现德育"将日常行为规范真正转化为学生的常规行为。目前,我校已经进行了十多年的形成性综合素质评价,出台并实施了《"英雅杯"理工附中学生"自信成长"形成性综合素质评价标准化工作方案》,这极大地促进了学生"一日常规",特别是四大核心习惯素养的养成,带动了全体学生整体文明程度的提高和"男英女雅"气质形象的提升。

　　理工附中是一个大花园。如果你是一朵玫瑰，你可以在这里怒放；如果你是一棵小草，你可以在这里青青。"发现德育"在"发现教育"理念的引领下，在理工附中这片沃土上，尊重每一位学生，发现每一位学生，成就每一位学生，使每一位学生找到了归属感、成就感和幸福感，真正促进了学生的自主成长、思想道德的健康发展，并为学生的终身发展奠基。

（四）典型案例

案例一　从 Word 走向 World 的高中英语课堂
——发现学科德育

北京理工大学附属中学　陈婉华

　　众所周知，课文是语言学习的主要载体，如何通过一篇或长或短、话题不一的英语文章的阅读教学，来达成新课标中所提出的"发展学生英语学科核心素养，落实立德树人"的育人目标呢？新课标中指出：要转变以语言知识为主要目标的狭隘的外语学习观，改变一直视记忆为主要任务的学习方式，打破语言知识和语言技能分解式训练的方式，倡导互动学习、深度学习、强化学习和拓展学习，从语言碎片的机械识记走向语言知识和技能的融会贯通及有效运用，从关注语言知识与技能操练走向关注语言素养、人文素养和思维素养的融合发展，从"学会"走向"会学"以及"会用"。

　　我认为，文以载道，文本承载着意义，每一篇阅读文本都有各自的多元内涵，因此这需要英语教师在文本解读的过程中去挖掘其深层次的含义，并在阅读设计中加以体现。英语教育应该追求工具性价值和人文性价值融合统一。轻视工具性的人文价值教育最终培养的是"空谈家"，忽略人文性的工具性价值教育最终造就的是"空心人"。所以英语课程标准倡导面向人类命运共同体的以文化人的教育观。下面我想以我的一节英语阅读课堂教学来阐释我所理解的英语教学：高中英语教学是从Word 走向 World 的过程。

　　对学生而言，认清语言的本来，了解外来的文化，走向未来的世界。即高中英语的阅读教学，应该体现三"文"：文字性、人文性与文化性。教师在阅读教学中对作品文字的解读、对作品文学性的解读、对作品中的不同文化的解读活动，让学生在阅读中形成并培育学生的语言能力、文化意识、思维品质和学习能力等英语学科核心素养。

我授课的内容是北师大版高中英语模块 7 "Unit 20 Lesson 3 Scientific Breakthroughs"。本课以阅读为承载，让学生通过阅读文章，了解 20 世纪的伟大科学家及其发明或发现，通过识辨信息来理解语料的功能。该文章的阅读技能是识别准确的信息，从提取信息到处理信息，从处理信息再到应用信息，同时通过听或读的输入，实现口头表达，具备争辩或理论的能力。我仅从具体的阅读教学环节（其他教学环节在此略）来分析高中阅读教学如何实现从 Word 走向 World。

一、阅读首先是读懂字面信息即 Read about the words

葛炳芳认为，阅读过程中阅读者的思维是一个由较低层次向较高层次发展的过程，较低级思维活动是较高级思维发展的基础，形成并发展较高级思维能力即评判性思维能力是阅读教学的重要目标。

本节课在导入与单词预习环节之后进入整体阅读和细节阅读阶段。

在这个阶段，主要目的是帮助学生从整体语篇感知到具体细节来获取文章从语言文字上所传递的基本信息。具体的教学环节就是：第一，根据文中图片与标题预测文章的主要内容，主要目的是向学生渗透与传递这是整体把握语篇内容的阅读技能之一。第二，快速阅读全文，进一步验证前面的预测是否正确。其中渗透阅读技能之二：快速阅读全文即阅读每个段落的首尾句，也可以获取文中的中心思想和主要内容。第三，检查或激活学生对本文的背景知识的熟悉程度。在这个教学环节，并不需要学生去阅读文章，仅仅是教师把文章中相关的一些信息提炼展示出来，要学生进行左右信息的匹配，用此方式来检查学生对文章的话题内容知多少，以便于学生更好地、更有针对性与目的性地进行接下来的细节阅读，这样阅读就会更加行之有效。第四，仔细阅读文章，以填写表格的形式获取文章中提到的五位科学家及其科学成就的故事的具体细节信息的 Wh 问题：when，who，what，how，why，即何时、何人、怎样有了新的科学发现突破，产生了什么样的影响或作用意义等。

这些学习活动看似简单，但都是围绕学生的阅读素养和阅读技能而开展的，每一个环节都很扎实地训练与落实阅读技能的培养与提升，尤其是第 4 个环节，它是学生获取文章字面信息的最关键处，训练和培养学生在词汇理解的基础上能准确捕捉到相关信息，这是阅读技能中最基本的，也是最基础的阅读素养。学生只有在有

效获取信息、形成语篇意识的前提下，才能进一步解读文本，从初级思维走向阅读的高阶思维，所以说阅读首先是获取字面信息，Read about the words 是一切阅读高阶思维，乃至整个英语学科核心素养的最根本的基础。了解了文字传递的字面意思，就相当于慢慢地打开了走向世界的一扇门。

二、阅读其次是分析字里行间即 Read between the words

阅读文本，可以从文字、文学与文化三个层面进行解读。按照从单词到句子，再到段落、篇章的顺序，将阅读重心聚焦在文字形式和所表达的内容上，称作文字信息解读。

阅读首先是获取字面信息，其实就是文字信息解读，但是笔者认为本节课中涉及的 4 个学习环节仅仅是其中的一种文字信息解读方式，它只是聚焦于每个文字字面传递的含义，并没有刻意地关注、分析、思考句与句之间的关系以及意义。在阅读教学的过程中，要将学生的低层级思维逐渐向高层级思维推进，这就需要我们进行进一步的阅读，所以说，阅读其次是分析字里行间即 Read between the words。

在这个阅读环节上，我主要设计了两个学习活动：第一，按步骤教给学生 identify accurate information 阅读策略，帮助学生理解和了解怎样使用这个阅读策略；引导学生运用策略来进行文章的字里行间的细节信息的判断、甄别与理解，其中穿插着学生独立思考、小组合作讨论、师生共建等学习形式，旨在帮助学生能够正确使用该策略，从而提升学生的阅读素养。第二，要求学生根据文本信息填写一些重要词汇来完成改编或缩写的语篇，以此达到能够复述文章中的五位科学家及其科学突破成果的故事的目的。这一步是考查学生对整个语篇的语言文字信息的综合理解，进一步提升了学生的语篇理解能力。

三、阅读最终是悟出字中道义即 Read beyond the words

《高中英语课程标准（2017 年版 2020 年修订）》中提出了对语篇研读不同层次的要求——从不同角度深入探究语篇的主题意义、内容信息、价值取向等。教师在教学中应该首先指导学生对文章进行表层理解（literal comprehension），也就是从理解整篇内容入手，浏览和捕捉重要线索，对文章形成总体印象，找出语篇的中心思想和重要信息；然后尝试来理解作者的意图和立场，实现对语篇的深层理解（inferential comprehension）；最后根据语篇内容和结构特点，发表自己的见解和观点，进行评价性理解（critical comprehension）。

　　基于新课标理念，我认为文章的前面两点可以说是实现了文章的表层文字信息解读，接下来就应该在此基础上，进一步对文本塑造的人物、承载的写作意图、观点和技巧进行分析，即对文本的文学性解读。在完成文本的文字信息处理和文学性解读的基础上，读者以自身的知识经验，将自己所处的现实世界和文本所创造的语义世界相联结，对内隐在文本里的、作者秉持的观点和价值取向进行批判性意义建构，实现个体经验世界的重组，加深对世界与自身的认识和理解，被看作对文本的文化性意义建构。崔冬梅老师认为文本解读，就是我们和文本对话、和作者对话的过程。文本解读过程中，问题的提出是我们老师引导学生走进作者、了解文本的核心环节、重中之重。进行多层面、深入的文本解读，提问是重要的途径之一。因此，教师在进行教学设计时，因"体"设计，就是按照文本的体裁特点来设计问题。

　　所以，为了培养学生的思维品质，使"立德树人"的育人目标在高中阅读课堂教学中真正落地，我认为英语阅读教学必须从学科教学走向学科教育，深层理解和评判性理解文本就是再适合不过的途径了。在这个环节，我进行了两个问题的思维活动的设计。

　　1. What kind of qualities do these scientists share according to the description? Can you find more in the text?

　　2. What is the writer's attitude towards these scientists? How do you know?

　　3. What is the purpose of this article? Why did the writer call the five scientists the pioneers of science?

　　4. How do you understand the sentence *"Creativity in science could be described as the act of putting two and two together to make five."*

　　在这几个问题中，第一个是指向科学家品质与精神的，第二个是指向作者的情感、态度与价值观的，第三个是指向作者写作目的的，第四个是指向学生如何理解科技与人类社会的关系的。这些问题的设置，均需要教师引导学生深层挖掘文本表层背后隐藏的深层含义，需要对这些文本信息进行分析、归纳、推理与评判等，显然这已经不是文字的表层含义了，而是我认为的 Read beyond the words。基于语言文字的表层意义，同时又超越语言文字本身意义，这样的深层文本解读说到底就是帮助学生通过英语阅读学习形成正确的价值观念、必备品格和关键能力，就是指向学科核心素养发展的英语学习活动。这一点正好与《高中英语课程标准（2017 年版

2020 年修订)》是一致的。课标指出：教师在教学中，要认真研读和分析语篇，在引导学生挖掘主题意义的活动中，要整合语言知识学习、语言技能发展、文化意识形成和学习策略运用，落实培养学生英语学科核心素养的目标。要通过学习不同语篇的表现方式，帮助学生学会欣赏语言和多模态语篇的意义和美感，丰富生活经历，拓展思维空间，形成积极的思维品质、人生态度和价值观念。

综上所述，我认为：高中英语阅读教学，就是帮助学生从 Word 到 World。这里的 Word 显然就是文本中的文字，引申为阅读的学习行为；World，"世界"之意，当然这个世界包罗万象，它与课标中的"人与自然、人与社会、人与自我"三大主题其实是一致的。我由衷感慨：高中英语阅读教学，帮助学生从 Word 到 World，既是我们英语教师的阅读教学理念，更是我们的方向和目的。它关乎个体生命教育，关乎人的发展。

任何课堂都是从学科教学走向学科教育，立德树人，帮助学生从 Word 走向 World。追求理解和践行发现的教育，培养学生的核心素养就是教育的本质，就是育人。教育就是发掘，教育就是发展，归根结底，教育就是促进人的发展。

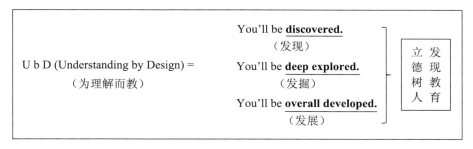

案例二　"雷锋纪念日"一节特殊的班会课
——发现榜样的力量，引领学生成长

北京理工大学附属中学　闫宏玉

一节成功的班会课有助于一个优秀班级的建设，既是学生人生成长中的助推器，也是班主任专业化成长的必要环节。学期初，恰逢学雷锋活动日，听着"雷锋在国外""还要学雷锋吗"等说法，我琢磨着社会主义核心价值观，想着学生的核心素养的培养，如何让雷锋和雷锋精神在孩子们生活中焕发活力，我决定以"新时代如何

践行雷锋精神"为主题开展班会活动。

现在很多孩子认为雷锋精神就是助人为乐、艰苦朴素，印象中学习雷锋的活动形式也比较单一，如到公共场所打扫卫生、帮助腿脚不便的人过马路、到养老院给孤寡老人洗脚……网上还曾经流传过"老奶奶一天被洗了10次脚"的段子。因为有了这种思维定式，很多同学对于学习雷锋也不太热情，认为已经过时了。

如何让孩子们真正理解雷锋精神的内涵，引起他们的共鸣，进而内化于心、外化于行，我和班干部们在前期做了很多调研工作，最后确立了班会的主题："新时代如何践行雷锋精神"，主要从"是什么、为什么、怎么做"三个方面，让同学们更好地理解和践行雷锋精神。

环节一："是什么"——认识雷锋，了解雷锋精神的内涵到底是什么？

在这个环节，我设计了三个活动。

活动1：了解雷锋的生平（视频）。

设计目的：让学生对雷锋的整个人生轨迹有个大概的了解。

活动2：课前以小组为单位了解雷锋的故事，课堂上，孩子们分享了他们找到的资料。

设计目的：让孩子们从细节处认识雷锋，逐渐感觉到雷锋的热情、积极、时尚、有爱心、懂感恩，小时候活泼顽皮，喜欢和小伙伴开玩笑……让雷锋这个人从书本中走出来，让学生感觉雷锋其实就是一个普通的20岁男孩，虽然他身上有很多优秀品质，但他也是人，不是神。

活动3：分享故事的同时，主持人会把大家提到的雷锋特点写在黑板上，相当于给雷锋画像。

设计目的：引导孩子们发现雷锋不只是做好事，还有爱国精神、热情似火、全心全意……其实就是中华民族传统美德与集体主义价值观最完美的结合，在新时代背景下，也可以说是社会主义核心价值观的生动体现。

环节二："为什么"——新时代为什么依然要大力弘扬雷锋精神？

主持人提出问题：在现在这样一个价值观多元化、信仰多元化的时代里，让我们这些青少年在心中树立一个道德偶像，是一件非常困难的事情。所以我们深入思考：为什么在这个新时代还要大力弘扬雷锋精神呢？

活动1：请同学分享近期发生的社会热点问题，讨论、比较下列事件中人物的特点与雷锋有哪些不同?

热点1:重庆公交坠江事件(自私自利、冷漠旁观)。

热点2:翟天临高调炫学历和学术造假事件(不负责任、高调张扬)。

设计目的:引导学生明白这些案例中的人都是普通的人,不能算大奸大恶之人,但是他们在关键时刻表现出来的自私、虚荣、不脚踏实地、不积极、不上进、逃避困境……与雷锋精神形成了鲜明的对比。而今天,我们的社会、我们的民族依然需要有榜样引领,雷锋精神不过时。

雷锋精神可以说塑造了20世纪60年代整个社会的灵魂,他带动了整个社会的风气和正能量。

主持人提出问题:但现在社会上也有一些不同的声音,质疑雷锋和雷锋精神。例如,雷锋做好事不留名,都写在日记里;雷锋为什么留了这么多照片……

不逃避、正面回应才是面对质疑最好的办法,才不会让人浮想联翩,给别有用心的舆论可乘之机。

活动2:请同学分享当时社会的背景资料,组织同学结合雷锋的人物特点分析这些质疑。

设计目的:通过资料分析和讨论,在两点上达成共识。第一,雷锋因平时的优良作风被挖掘、被树立为榜样,政府专门为他举办展览,让其他同志学习雷锋精神,所以很多照片都是后期补拍、摆拍的。第二,雷锋当时是一个十几岁的男孩,积极、上进、热情、阳光、热爱生活,他没有亲人,所以更加珍惜给了他第二次生命的国家和人民,他在日记中一点一滴地记录了自己的成长历程,有好人好事,也有缺点错误,以激励自己走好人生之路。如果能够融入当时的背景中,把雷锋想象成一个我们身边的人,那么这些问题就不难理解了。

孩子们还提到了不能让英雄流血又流泪,我国通过了《中华人民共和国英雄烈士保护法》,禁止歪曲、丑化、亵渎、否定英雄烈士的事迹和精神。

活动3:一个国家、一个民族的发展离不开强大的精神支撑和理想信念,雷锋精神激励着一代代仁人志士为了国家崛起做出贡献,请同学介绍20世纪60年代开始每个时代雷锋式的人物。

……

每个时代赋予了雷锋精神不同的时代特征,也涌现出了一批批雷锋式人物,引领着社会风气的进步和道德品质的提升。

环节三："怎么做"——弘扬雷锋精神，我们能做什么？

现在，我们对雷锋精神的认识深刻了很多，它的内涵可以说是一种对待他人、对待人生、对待世界的积极态度。那么我们青少年学习雷锋，除了做好事，还可以做什么？

活动1：在我们生活的场景中，你会怎么做？

场景1：当你在教室刻苦钻研数学题时，静校的铃声响起，你是自动遵守规则离开，还是以学习为名继续留下来？

场景2：放学之后，当同学们叫嚷着拉你去打球，而你又要完成值日时，你是认真履责还是草草走掉？

场景3：当你马上要面对足以给予你巨额奖学金的考试时，你恰好在老师办公室里看到了有着答案的文档，这时你是顺手牵羊还是坚守诚信？

……

设计目的：针对年龄特点和班级情况，设计几个纠结场景，引发思考，引导学生知道学习英雄不但要学习明辨是非，知道什么是对的；更要学习面对诱惑、利益时依然能坚持对的，做出正确的选择。

活动2：请假期在加拿大体验当地学校生活的学生讲述遇到的尴尬瞬间，组织孩子们讨论，作为一个像雷锋一般的人，会怎么想？怎么做？

瞬间1：课上大家在分享动植物的资料，加拿大孩子分享的动物我没见过，就感叹了真神奇，对方却不屑地说："要想见到这些动物，先治理好你们的雾霾吧！"

瞬间2：我们一起到商店去买东西，同行的加拿大伙伴开门时门把手掉下来了，他把门把手举到我面前说："看，这就是你们中国生产的东西！"

教师即兴发言：

今天的祖国，已经实现了从站起来、富起来到强起来的历史性飞跃，但在这一过程中，也一直伴随着外国人对我们的质疑、误解甚至歧视、打压。在发展的过程中，有问题我们要承认，但我们一直在努力改变是毋庸置疑的，我们有壮士断腕的勇气。对于未来，我们要有自信，更要发出中国的声音。

学习英雄就是要执着，要坚守。也许过了15年、20年，在座的各位同学都已经成了各行各业的精英，有能力影响社会风气，甚至决定时代走向的时候，你能不能坚守底线？如果你是一个化工厂老板，面对成本压缩与环境保护时你该如何抉择？如果你是一个食品加工厂负责人，面对高额利益与食品安全你又该如何选择？

有人曾经说过，你现在站立的地方，正是你的祖国，你怎么样，祖国便怎么样；你是什么，祖国便是什么；你若光明，祖国便不黑暗。愿中国青年都摆脱冷气，只向上走，不必听自暴自弃者的话，能做事的做事，能发声的发声。有一分热，发一分光，就如萤火一般，也可以在黑暗里发一点光，不必等候炬火。

希望我亲爱的孩子们能把目光放得更长远一些，不要眼睛里只有学习、只有考试，不要目标只是"上个好大学"，还要有家国情怀，学着站在时代的角度、国家的角度思考问题，将个人价值融入集体价值、将个人利益与国家利益相结合，这样才能有更长足的动力，才能真正实现"中国梦"这一宏伟目标。

设计目的：通过学生的亲身经历和讲述，引导学生以雷锋同志为榜样，把个人的成长和利益同祖国的发展、民族的振兴紧密联系，在服务社会、奉献青春中提升思想觉悟，实现自己的个人价值和社会价值。

结束语：

习近平总书记指出，雷锋精神，人人可学；奉献爱心，处处可为，积小善为大善，善莫大焉。希望同学们能将写下的这些内容，化为具体的、实实在在的行动，让雷锋精神不断地引领我们前行！最后以雷锋写的一首小诗结束今天的班会。

如果你是一滴水，
你是否滋润了一寸土地？
如果你是一线阳光，
你是否照亮了一分黑暗？
如果你是一粒粮食，
你是否哺育了有用的生命？
如果你是一颗最小的螺丝钉，
你是否永远坚守在你生活的岗位上？

是啊，当我们看到好人好事时，我们会想起他的名字；
当我们遇到困难需要帮助的时候，

我们会呼唤他的名字；

当我们伸出援手的时候，我们会念起他的名字；

当我们帮助他人后，我们会留下他的名字。

反思：

这次班会，师生合作设计了方案。从课后反应来看，完成了预计的目标。反思体会如下。

其一，德育需要感同身受，才能有所触动。雷锋精神产生于 20 世纪 60 年代，离学生过于遥远，我设计了分享雷锋的人生经历、生活趣事，进而给雷锋画像的环节，使英雄人物平凡化、生活化，就像是生活在我们周围的伙伴，这样有助于学生产生亲切感，也更能理解雷锋的故事和雷锋精神。

其二，德育需要主动思辨，才能深入持久。高中生已经步入青年时期，形成了一定的思想和人生态度，要想改变，不是简单说教就可以完成，需要创设一定的情境，让学生在道德认知冲突中发展道德认知力。关于"雷锋精神都是过时的"的问题，我引入了几个热点新闻，如重庆公交坠江事件案例、翟天临高调炫学历和学术造假事件。针对真实的人和事，让学生去思考、辨析，悟出今天的社会、我们的民族依然需要有榜样引领，雷锋精神不过时，也不能过时。

其三，德育需要符合年龄特点，才能意义深远。7 岁的小学生学雷锋和 17 岁的高中生学雷锋肯定是不一样的，不一样在哪里，需要设计一些环节让学生自己感悟。作为青年人，践行雷锋精神不但可以落实到日常小事中（身边的三个场景），还应该向雷锋一样树立正确的"三观"，把个人价值融入集体价值中，培养学生的责任意识和社会意识。

其四，不足之处是环节太紧凑，留白不足，交流、发言还可以再充分一些，那样触动一定会更丰富、更自然一些。

案例三　北京理工大学附属中学"成人仪式"
——感恩、担责，发现自我的力量

北京理工大学附属中学　高静、安文娟

党的十八大以来，以习近平同志为核心的党中央高度重视青年发展事业，多次

就共青团和青少年工作做出重要批示。2017 年 4 月，中共中央、国务院印发《中长期青年发展规划（2016—2025 年）》，指出促进青年更好成长、更好发展，是国家的基础性、战略性工程，要整体思考、科学规划、全面推进，努力形成青年人人都能成才、人人皆可出彩的生动局面，为实现"两个一百年"奋斗目标、实现中华民族伟大复兴的中国梦注入强劲、持久的青春动力。

党的十八大以"富强、民主、文明、和谐、自由、平等、公正、法治、爱国、敬业、诚信、友善"这 24 个字高度概括社会主义核心价值观。作为基层团组织，北京理工大学附属中学团委希望以生动而又庄严的"成人仪式"培育并鼓励孩子们践行社会主义核心价值观，通过成人礼这一形式告诫长大的孩子们：从此将家庭中毫无责任的"孺子"转变为跨入社会的成年人，只有承担成人的责任、履践美好的德行，才能成为各种合格的社会角色。

一、成人仪式的目的

第一，培养孩子们的感恩意识，增强孩子们的责任感："懂得感恩·承担责任"是成人仪式永恒的、贯穿始终的核心主题。在感恩父母、老师、学校、同伴的同时，明确肩负的责任，增强学生的责任担当意识。

第二，通过成人仪式，调动学生学习的积极性、提高拼搏奋斗的热情，为高考助力加油。

第三，培育和践行社会主义核心价值观，以成人仪式为契机，感悟核心价值观离我们并不远，理解自觉践行核心价值观也是成人的一种体现。

第四，将我的梦、青春梦融入中国梦，18 岁成人，不仅仅是对自己、对家人，更深刻的内涵是"承担社会、国家和民族的责任与使命"。

二、成人仪式的内容

成人仪式的整体内容包括两大板块：班级主题班会和全年级成人仪式。主题班会是铺垫，全年级成人仪式是升华。

主题班会由各班自行组织，学生发展中心、校党委领导等给予设计指导并现场观摩。主要环节有分享班级成长故事、拆看父母写给自己的信件、分享生日蛋糕及老师、家长、学生沟通互动等，重在挖掘班级的个性特点，让每个学生在参与组织的过程中收获更多的心灵感悟。

全年级成人仪式由校团委负责整体设计，年级给予意见和支持。在集体的教育氛围中增强对"成人"内涵的理解：是个体的成长，更是对他人、集体、社会、国家、民族的担当。成人仪式包括跨入成人门，踏上成长路；感恩父母；感恩师恩；发现身边的榜样；学生进行成人宣誓。

第一部分：跨入成人门，踏上成才路。为了能让孩子们可以更好地感受成人礼的气氛，融入成人礼的环境中来，我校团委专门设计"跨入成人门，踏上成才路"，不同的门有不同的寓意，通过跨入一道又一道的门，使孩子们回忆自己的成长过程，回顾18年的生命历程，回想这一路走来父母温情的陪伴与老师的谆谆教导。第一道门是总角门，出自"总角之宴，言笑晏晏"，它是人生中最天真无邪、无忧无虑的时光，成长从此开始。第二道门是幼学门，"人生十年曰幼年"，幼而学者，终将告别幼稚，走向成熟。第三道门是志学门，"十有五而至于学"，经历过中考，也终于意识到梦想真实的分量。相聚理工附中，三年无悔前行。这里，是梦开始的地方。第四道门是成人门，"启礼仪之始，慕圣贤之道"。古时成人有加冠之礼，迈过成人门，18岁的他们也将迎接人生中新的机遇和挑战。

第二部分：感恩父母。是父母，把一生韶华揉成了牵挂，日复一日陪我们长大；是父母，把青丝熬成白发，18年劳碌，始终如一。通过播放视频《致我最爱的爸爸妈妈》和父母诗朗诵，让孩子们感受到家长对他们的期待，意识到自己身上所担负的责任。

第三部分：感恩师恩。老师一路帮助我们，虽然不是父母血亲，却将每一个学生当作自己的孩子，没有一路相随，却见证了我们人生蜕变的时光。学生代表为老师颁奖，并送上学生为老师们精心准备的礼物，表达学生们对老师的感恩之情。

第四部分：发现身边的榜样。以 TED 形式，分享榜样精神，使学生意识到自己所担负的责任，18岁不仅意味着我们要对自己的未来负责，要承担起家庭责任，分担父母疲惫，更重要的是，我们要建立国家、民族、社会责任意识，明确一个中华儿女、一个社会公民所肩负的责任与使命，传承先辈精神，助力民族复兴的中国梦。

第五部分：学生进行成人宣誓。用感恩，用担当，用热血，用沉毅，书写无悔人生。随着郑重豪迈的宣誓，仪式也落下了帷幕。

三、成人仪式的效果

成人礼的活动时间恰逢学生的18岁。由于该阶段的青少年日渐减少了对父母的依赖，开始注重同伴关系的发展，他们最常思考的问题是"我是谁"，并通过他人的态度与评价认识自己，因此开展广泛深入的成人礼活动能较好适应中学生心理社会性发展的关键期，帮助学生解决成长发展中的心理问题，促进学生心理的健康发展。

成人礼是相对于日常生活结构的全新生活结构，可通过学生社会关系的阶段性重构发挥社会平衡功能。在成人礼中，所有学生、父母、教师身处同一现场、参与同喜活动，显然不同于日常学习生活中的高低、长幼、先后的社会关系，这种社会角色的暂时同一是对原有社会关系的重构，能在一定程度上消解不平等关系对学生成长的消极影响，促进生生、师生、亲子冲突的化解，合理释放学生在学校、家庭中无法释放的不良情绪与不悦体验。

同时，在富有情感色彩和活动氛围的情境中，成人仪式能通过直观生动的方式，把学校德育教育的意图融入学生较易感知的活动情境中，调动学生的思想认知，激发学生的情感共鸣，让学生更加深切地认同自己的身份转变，认清自己的公民权利和社会担当，从而顺利实现人生突破和角色适应。

案例四 "疯狂动物城"活动开发的实践研究
——发现"活动育人"新路径

北京理工大学附属中学 雷琛琛

一、活动缘起

（一）科学课程有待进一步生活化

小学科学课程标准中提出要按照立德树人的要求培养小学生的科学素养，为他们的继续学习和终身发展打好基础。现行教科版（教育科学出版社出版）三、四、五年级科学教材中均有大量有关动物的内容，由于受城市地域特点、学生差异和课程资源等限制，以往只能借助图片、视频等手段，讲授相关科学概念，不能充分地引起学生的兴趣，缺乏真实性，所以学生对动物的认识只停留在简单的知识层面，缺乏情感体验，不能很好地体会和处理人与动物的关系。

郭元祥教授曾指出，中小学课程设计把学生固定在科学世界里，缺乏对学生生活世界的关照，难以体现全部的生活意义和生命价值。我不禁开始思考如何在课堂上呈现更直观、更生动、更生活化的情境，开发富于生活气息、个性化的校本科学课程，在传授相应知识技能的同时，关照学生的精神生活，赋予科学教育以生活意义和生命价值。

（二）孩子们的生命意识有待提高

我曾尝试通过带领学生寻访校园小动物，提供金鱼、蜗牛等小动物等一系列方法来营造生活化环境。然而实际情况有时令我垂头丧气，在"新的生命"单元的教学中，随处可见被孩子们扯得七零八落的各种花朵，捞起的大片蛙卵；在"校园生物大搜索"活动中，孩子们以科学观察之名折下树枝，拔起小草，捉来蚂蚁，挖出蚯蚓，然后扔弃……面对孩子们对生命的麻木不仁，我在思索，科学课究竟该教给孩子们什么？

不尊重生命、伤害小动物只是一部分学生的情况，更多的学生很喜欢小动物，他们喜欢去动物园看小动物、喜欢跟小动物说话等，但是他们缺乏与小动物近距离接触和表达爱的机会。小学教育是启蒙教育阶段，我应教育他们学会珍惜生命、欣赏生命、敬畏生命，从多角度让学生感受生命的珍贵与美丽，唤醒他们沉睡的生命意识。我为学生创造接触动物的条件，让学生在发现科学的乐趣、探索科学的秘密、收获科学的知识的同时，在照顾小动物的过程中，也能逐渐懂得生命的脆弱及宝贵，最终树立正确的生命观，学会善待生命、尊重生命。

（三）立足爱心动物乐园践行劳动教育

科学教室有一个爱心动物乐园，它的建立也源自一次意外。（《意外中创立的爱心动物乐园》——某天午休时看一个女孩时不时地把手伸到课桌里。我不动声色地走到她身边，问她发生了什么事，结果她伸手一掏，居然从课桌里中掏出一个小纸盒。打开一看，发现两只小仓鼠挤在木屑堆里，睁着黑黑的小圆眼睛看着我。）小仓鼠被装在小盒子里上了两天学，这两天小女孩也心不在焉地听课。她既不愿意扔掉好朋友给的仓鼠，又不能解决妈妈怕仓鼠的问题，在我的建议下最终两只仓鼠入驻科学教室，由学生轮流照顾。从此开始，自愿提供给科学教室的各种动物，如因为拉肚子、皮肤病、弃养等原因被送来的兔子、豚鼠、雪貂、乌龟、鱼先后入驻。科学教室成了名副其实的爱心动物乐园。每天中午和课间，这里成了最有人气的地方，学生们的举动常常让我忍俊不禁，也让我感触良多。我的这个小小的举措带给了学生许多快乐，折射出孩子们暖暖的童心。

习近平在全国教育大会上的重要讲话中提出"培养德智体美劳全面发展的社会主义建设者和接班人"，尤其强调了"要在学生中弘扬劳动精神，教育引导学生崇尚

劳动、尊重劳动，懂得劳动最光荣、劳动最崇高、劳动最伟大、劳动最美丽的道理，长大后能够辛勤劳动、诚实劳动、创造性劳动"。爱心动物乐园恰好是践行劳动教育的最好场所。学生在每天的喂养、清理等活动中培养自己动手的习惯，养成我能做、我会做的自信心、自强心。在每一次解决小动物的各种突发情况的过程中，动手动脑不仅能培养学生的生活技能，而且能促进他们的体力发展和智力发展，培养创新精神和实践能力。

二、活动的开发与实施

（一）活动设计

1. 需求分析

设计活动前，通过调查问卷，了解了学生的认知结构、知识水平、技能和素质背景，以及学生的需求、希望的授课方式等。发出问卷 280 份，收回 272 份，有效问卷 272 份，回收率约为 97.1％，有效率 100％。

调查结果分析如下：

①你是否养过小动物？——选择"没有养过"的同学占 80％，选择"养过"的同学占 20％。只有少部分同学饲养过小动物，大部分同学没有饲养经验。从某种意义上说，大部分同学很少能近距离接触小动物。

②你认为不能饲养小动物的最大障碍是什么？——选择"家长不支持"的约占 63.3％，"害怕或不喜欢"的约占 11.9％，"过敏等疾病"的约占 11.9％，其他的约占 12.9％。

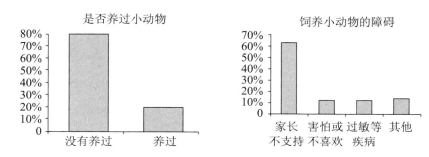

③饲养小动物最困难的是什么？——选择"喂食"的约占 22.6％，"清理粪便"的约占 58.9％，"生病处理"的约占 11.3％，"其他"的约占 7.2％。学生们最害怕

的就是处理小动物的粑粑和尿，新陈代谢是正常现象，教师需要引导他们在正常卫生保护后要不怕脏臭。

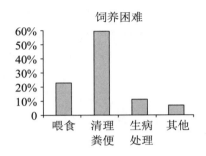

饲养困难

④你对兔子的印象？——选择"可爱"的约占 54.2%，"气味难闻"的约占 38.7%，"脆弱"的约占 6.9%，"其他"的约占 0.2%。在第一直觉感觉可爱的同时，大部分同学都比较听家长的话或因为自己饲养经验不足造成气味难闻。

⑤你想担任爱心饲养员吗？——选择"愿意"的约占 48.9%，"不愿意"的约占 17.8%，"无所谓"的约占 33.3%。这说明并不是人人都愿意参与，无所谓的值得思索。

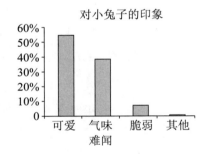

对小兔子的印象

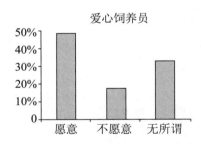

爱心饲养员

⑥你是否同意小动物们来教室？同意的约占 88.9%，不同意的约占 4.4%，无所谓的约占 6.7%。这反映绝大部分同学愿意并期待活动的实施。

⑦你喜欢的活动方式？参观听讲解的约占 28.9%，互动体验游戏的约占 64.7%，其他的占 6.4%。大部分同学建议活动采用互动体验游戏的教学模式，在课程设计中应注意适当增加一些游戏和活动。甚至有同学提出了很多建设性意见，如寄养、设计服装大赛等。

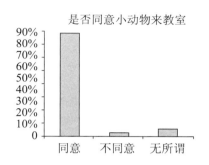

是否同意小动物来教室

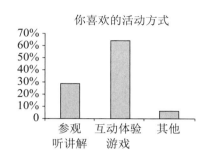

你喜欢的活动方式

调查结果显示学生饲养小动物的经验很少，同时很期待和小动物有接触的机会。无论是学校领导，还是各学科老师都很支持"疯狂动物城"活动的开发和实施。

2. 目标设计

结合小学科学课程标准的要求，充分利用科学教室内各种动物的教育资源，开发一系列有特色、有参考和推广价值的活动，让学生们在快乐、自主的学习氛围中，发现动物和自然之美，理解保护动物、保护环境和保护大自然的重要意义。养成从小爱科学、爱思考、爱钻研的良好的学习习惯，为将其培养成中国特色社会主义建设的接班人奠定坚实的基础。

（二）活动实施与评价

1. 活动形式

以科学、综合实践活动整合课时，课内外相结合。依据教学目标和调查结果，采用"讲授—体验—探究"的教学模式，适当增加部分游戏或活动帮助学生理解相关内容。

2. 活动评价

根据活动目标，除了让学生能掌握一定的动物知识之外，还要培养他们的观察、分析、合作等能力，更要培养他们保护动物和生态环境的意识和珍爱生命的意识，为此采用了闯关赛、成果袋、学生自评、教师评价等方式。无论是哪种方式的评价都以活动目标作为依据，包括知识、能力及情感、态度和价值观。

3. 内容组织及效果

【任务一】小动物写真集

活动目标：通过观察积累动物的相关知识，知道生物与非生物具有不同的特点；

对自然现象保持好奇心和探究热情，乐于参加观察、实验、制作、调查等科学活动，并能在活动中克服困难，完成预定的任务。

活动过程：

（1）出示一些教室内小动物的可爱图片，展示给学生欣赏。

（2）选拔爱心饲养员照顾校内动物，鼓励所有学生给自己养的小动物拍照片，可以拍它们的各种造型，可以拍它们的生活情景……并将这些照片做成"小动物写真集"。

（3）借助校园直播系统、展示栏等平台，让大家互相展示，交流分享。

活动效果：活动目标基本达成。在此过程中，学生有机会亲身接触动物，收获欢乐的同时，积累知识，增长能力。（案例分享：过敏男孩戴手套都要摸摸小兔子；终于圆了动物梦的小女孩；大大咧咧的男孩也能细心。）

学生与动物快乐相处

【任务二】画画动物名片

活动目标：通过观察描绘小动物的特征，理解动物能适应环境，它们通过获取植物和其他动物的养分来维持生存。

活动过程：

（1）出示一些动物的创意名片，展示给学生欣赏。

（2）鼓励学生给自己养的小动物制作一张名片，画上可爱的小动物，再配上一段介绍。

（3）将有创意的动物名片贴在展板上，让全校同学浏览。

活动效果：活动目标基本达成。学生纷纷抓住动物的特点设计出创意名片。（案例分享：平时默默无闻的小女孩制作了小仓鼠翻翻书。）

学生制作的小仓鼠翻翻书

【任务三】我的动物朋友

活动目标：初步运用分析、综合、比较、分类、抽象、概括、推理、类比等思维方法来观察动物，发展学习能力、思维能力、实践能力和创新能力，以及运用科学语言与他人交流和沟通的能力。

活动过程：

（1）每天观察小动物，研究小动物。

（2）将自己的观察所得以日记的形式记录下来，撰写观察日记。

（3）在每天和小动物相处的过程中，发现有趣的问题，展开研究性学习活动，撰写研究报告。

（4）用表演、寄语等形式介绍自己最喜欢的动物，表达对动物的喜爱之情。

活动效果：学生选择自己喜欢的形式介绍某种动物，纷纷留下寄语。（案例分享：动物日记、研究课题"动物离开后我们可以做什么"、学生寄语视频、介绍仓鼠的小主播。）

【任务四】动物创意用品和服装大赛

活动目标：通过观察发现小动物生活的不便之处，收集和分析信息，获取证据，经过推理得出结论，并通过有效表达与他人交流自己的探究结果和观点；能运用科学探究方法解决比较简单的日常问题。正确认识生命的价值，理解生命的真正意义，从而关注生命、尊重生命、珍爱生命、欣赏生命。

活动过程：

（1）为自己的小动物改造、设计并制作日常用品，如玩具或服装。

（2）开展创意物化大赛，让作品接受小动物实际检验。

（3）投票评选出"优秀创意"。

活动效果：完成创意物化，制作小兔厕所、自动喂食器、宠物家具、迷宫乐园等物品，有效解决了动物排泄物气味重、周末无人喂食、笼内空间不足等一系列问题。

三、活动的小结与反思

（一）取得的成果

利用科学教室内的课程资源开发疯狂动物城活动的实施，无论是学生、教师还是学校都取得了一定的成果，使学生和教师的能力得到了相应的提高，也使学校得到了一定的发展和提升，实现了"三赢"。

1. 促进了学生科学素养的提高

通过问卷调查的结果和闯关大赛的结果可以看出，本次活动为小学科学校内课程做了十分有力的补充，使学生的科学素养也有了明显的提升，基本实现了课程目标。其主要体现在以下几点。

第一，为学生拓宽了动物和生态的相关知识。学生对动物的习性有所了解，基本能理解动物与动物之间、动物与环境之间的关系。能利用所学的科学知识解释日常生活中常见的科学现象。80%的学生很喜欢动物走进科学教室，71.1%的学生认为小动物们对上科学课很有帮助。

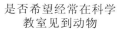

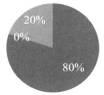

是否希望经常在科学
教室见到动物

20%
0%
80%

■愿意　■不愿意　■无所谓

小动物对上科学课的影响

9%
20%
71%

■有帮助　■有一点帮助　■没有帮助

第二，促进了学生学习能力的提高。课程实施的过程中，通过探究、体验过程，提高了观察、分析、研究、语言、交流等能力。82.2%的学生很满意老师的教学方法，77.8%的学生表示很喜欢参加课程设置的游戏和活动，这说明这种教学模式有利于学生学习能力的培养。

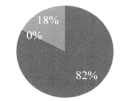

对教师教学方法的态度

18%
0%
82%

■接受　■不接受　■无所谓

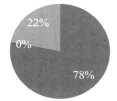

对互动体验的评价

22%
0%
78%

■喜欢　■不喜欢　■无所谓

第三，促进了学生情感、态度与价值观的提升。本次活动关注学生的真实体验和感悟，培养了学生热爱、保护环境和生物的情怀，深刻体会到生命的可贵，同时也实现科学课程情感、态度与价值观的目标。

2. 促进了教师的专业发展

疯狂动物城活动的开发与实践研究能大大促进教师的专业化发展。首先，在本研究过程中，需要阅读大量的专著和文章，在理论的指导下，在实施过程中，注重探索，认真分析，争取创新，使自己的实践能力有了较大的提高。其次，在课程开发的研究过程中，培养了教师严谨的思维方式，也大大提高了教师教研能力和科研水平。本研究实现了教师角色的转变。校本课程赋予了学校、教师一定的专业自主权，教师不再是纯粹的教书匠，而成了课程的主动建构者，可以站在课程的高度上去审视教学，研究并制订合理科学的课程目标、教学目标和教学模式，还可以考虑

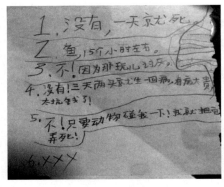

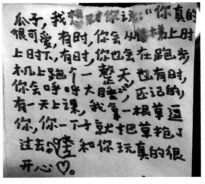

活动前问卷　　　　　　　　　　　　　　活动后问卷

并组织有效的课堂教学。

3. 促进了学校办学特色的形成

每所学校都有自己独特的文化历史背景、内在条件和外部条件。在城市环境中将动物作为课程资源引入校内，加强了学校教学文化建设，促进了学校办学特色的形成。同时本活动也为其他学科乃至其他的学校活动开发提供了范例。

（二）反思和今后努力的方向

本活动的开发和研究确实取得了一定的成果，但同时也遇到了一些困难和急需解决的问题。在建设规章制度、开发资源包、教学模式和评价体系等方面要做进一步研讨和细化。

关于进一步的研究方向，从纵向来看，可以从两个方面深入研究。第一，认真反思第一轮活动实施中暴露的问题，并在第二轮的活动实施中加以修改和完善，形成比较成熟的活动体系；第二，进一步研究活动的推广问题。从横向来看，小学科学的内容除了动物知识外，还包括植物、物理、化学、地理等知识，可以进一步进行相关内容的活动开发，充实学生的知识，培养学生的素养，促进学生的发展。

案例五　始于心、成于行，画出最美同心圆
——家校共育，发现教育同路人

北京理工大学附属中学　李娜

2018 年 3 月，我接到一个来自边疆地区的长途电话。打电话的人是一位戍边军

人，他也是我任教班级的同学小童的父亲。从电话中，我了解到，小童的父亲常年驻守边关，14年来，和小童在一起的日子也就几个月。整个交谈中，小童的父亲流露出对孩子和家庭的愧疚与牵挂，只希望能更多地参与孩子的成长，尽管他在千里之外。挂断电话，我的心里沉甸甸的，想起小童明理懂事，想起他的父亲积极乐观，甘愿奉献，想起在14岁主题班会时他写给小童的满满七页的长信，我的内心充满了感动与敬意。小童说，父亲对他的影响是极大的。父亲长年不在身边成为历练他的积极的教育影响。这份教育影响非常值得转化为更大的教育力量，引领更多的人。

5月底，班级准备召开"崇尚英雄，精忠报国"主题班会。此次班会旨在发现身边的英雄，弘扬英雄精神。对于这个主题，选取让学生觉得真实、信服的教育素材尤为重要。这时，小童的父亲常年驻守边关、保家卫国的故事出现在我的脑海。小童的父亲正是新时期的英雄，他的故事就在孩子们的身边，无疑更能走进、打动孩子们的心。作为一名英雄，作为一位父亲，小童父亲正是我们最需要的鲜活、有力的榜样。

带着敬意与期待，我及时与小童的父亲取得了联系。正在外值勤的小童父亲激动不已，表示非常愿意参与到这次班会中来。就这样，带着对此次班会的憧憬，我们和远在千里之外的小童父亲一同准备起来。在随后的一周里，我与小童父亲多次沟通，细细商讨，反复斟酌如何呈现他的戍边故事。小童父亲由于工作原因无法来到班会现场，但是他精心为孩子们录制了一段视频。

在当天的班会上，小童深情地给我们讲述了他的父亲的故事：

我的爸爸是一位军人，在我还上小学的时候，我就很少见到他了。他开始在很远的一座小城市工作，后来被任命驻守边塞，那里方圆百里了无人烟。因为距离的问题，我们一年也见不了两次面。

爸爸对我说，他很想我和妈妈，可是为了祖国，为了千家万户，他要努力工作，守卫我们。爸爸知识渊博，喜爱读书，一看到好文章总会发给我看；头脑清晰，不惧困难，干什么都有条不紊；责任感强，从不言放弃。这些对我都是一种鞭策和鼓舞。我觉得爸爸的爱很深沉、内敛，最煽情的一句话也不过是：儿子，不论你遇到什么事情，爸爸都会站到你的身边，保护你，支持你。他也真的做到了，当我有困惑时，他总是第一时间为我解答。

我觉得爸爸挺伟大的。他工作特别忙，不但管理着单位的各种事情，还关心几百名战士，哪个战士家里有困难，他都会竭尽所能地去帮助，还要随时处理各种突发状况。爸爸腰上有伤，但为了以身作则，他每天都坚持与战士们一起训练，样样带头。他工作的地方的里屋就是宿舍，无论何时有公务，他都会及时处理。

这就是我的父亲，他虽不在我身边，却时时刻刻在精神上支持我，鼓励我。

除了内心的激动与自豪，这段讲述给小童的内心带来了无比强大的力量。当看到爸爸在远方录制的视频时，他的眼眶湿润了。虽未曾谋面，但是视频中的小童父亲让我们感到如此亲切。他对我们说：

同学们好！我们驻守的地方离你们很遥远，许多同学都没有去过。我们这里，年平均气温只有 0 ℃，最低气温－30 ℃。一年 365 天，风季占到 80％的时间，最大的风力达到 10 级。虽然自然环境不怎么样，但是我们这里的官兵信念坚定，斗志昂扬；虽然我们远离家乡，非常想念亲人，但军人的责任担当，国家的安危荣誉，让官兵们放下了思念，以苦为乐，忠诚奉献。能替祖国守卫这片土地，能为祖国的和平与安宁贡献力量，我们真的很自豪。

同学们，少年强则中国强。你们是祖国的未来，是新时代的接班人，希望你们刻苦学习，提高本领，把祖国将来建设得更加美好。相信，不远的将来，我们一定会为你们而骄傲，祖国也一定会因为你们而骄傲。

大漠孤烟，草木同眠，爬冰卧雪，戍边卫疆。许多同学用"震撼"形容当时的心情。短短 5 分钟的视频，让我们通过画面看到了当代军人的坚韧与奉献；聆听小童父亲对孩子们的期盼让我们理解了他们为何坚守；倾听小童父亲对小童的教导让我们感受到了父爱如山。

就这样，边疆与北京，父与子，守护与和平，祖国的今天与明天紧紧地联系在了一起，家国情怀与奉献精神深深地扎根学生的心灵。

班会虽然结束了，但是这次班会令在场的每一位老师和同学都很难忘。内心的触动不仅提高了同学们的认识，更在成长的许多方面带来潜移默化的影响。越来越多的同学参与班级志愿值日小组，乐于奉献；农训中，他们不怕吃苦；学习上，他们更加主动、踏实。这一学期放暑假前，班里的一位同学拿着一封沉甸甸的信找到

我："老师，我们给小童爸爸和他的战友们写了一封信。"接过孩子们的信，我的内心无比欣慰与感动。在信中，孩子们这样说：

亲爱的叔叔：

　　您好！

　　我们是小童的同学。此刻，也许您还驻守在边塞，远离亲人。在此，我们首先向您和所有保卫祖国的解放军叔叔们致敬！感谢您通过视频给我们带来的介绍、勉励和祝福。短短的几分钟却永远地印在我们的心里。

　　5月底，我们召开的"崇尚英雄，精忠报国"主题班会上，同学们一起追忆革命先烈，重读赵一曼和左权两位抗战英雄的家书，还分享了中国女排、英雄机长刘传健以及汶川抗震小英雄们的故事。当我们听了小童介绍您的报国故事，看到您精心为我们录制的视频时，同学们都受到了震撼，十分激动，心中有种说不出的崇拜、感恩和鼓舞。虽然班会已经过去一个多月了，但是那一天的每一个故事，您的每一句勉励，我们都深深地记在了心里，不会忘记。

　　从小在和平年代长大的我们，对于英雄有着熟悉却又陌生的感觉。可能，同学们更习惯于在新闻报道、文学作品中去寻找英雄轰轰烈烈的壮举。但是，这次班会让我们对于英雄、对于英雄精神有了新的更深刻的认识。其实，在伟大祖国飞速发展、日益强大的进程中，有太多无私奉献，甘做一颗颗螺丝钉的无名英雄，例如，您和无数军人，战斗在科研、医疗战线上的可爱的人们等。在充满爱的社会中，也有太多奋不顾身、舍己救人的无名英雄们，是他们用爱，用双手挽救生命，传递人间大爱。我们真正懂了，英雄，就是普通的人拥有一颗伟大的心！立足本职，兢兢业业，勤勤恳恳，不畏艰难，勇攀高峰，就是英雄精神！

　　身边有这么多可爱可敬的英雄，我们怎能不感到幸福，怎能不发愤努力，报效祖国？正是因为有了您这样的无名英雄，我们才得以安心学习。回首两年的初中生活，我们在老师的带领下，开展了丰富多彩的实践活动，不断开阔视野，增强本领。而这一切离开了您和所有为国奉献、守护我们的人们都是无法实现的。我们唯有努力学习，报效祖国，才是不负你们的付出。

　　6月11日凌晨，我们一起来到天安门广场观看升旗。望着鲜艳的五星红旗徐徐升起，我们想到了无数革命先烈，想到了为祖国发展奉献一生的人，想到了您，想到了许许多多像您一样付出的人，由此我们更懂得了未来要走的路！

　　叔叔，在我们同学们的眼里，你们保家卫国，坚定不移的背影是最美的，也是最温暖的。正因为有了你们，才使我们的祖国更加繁荣昌盛；正因为有了你们，才使我们健康成长，安心学习。虽然我们不能跟你们一起站岗；虽然我们无法在酷热大漠中学会坚强，但是我们会用自己的一颗赤子之心为祖国添砖加瓦，贡献自己的力量。就从现在开始，从身边的小事开始，做好学生的本职，成就更高、更好的自己。

　　都说流星可以有求必应，我们愿意在夜空下等待，等待那颗被感动的流星，带上我们美好的祝福，飞遍世界各地，把我的祝福播撒给你们——解放军叔叔，愿所有的快乐，所有的幸福，所有的温馨都伴随你们一生！

　　此致

敬礼！

北京理工大学附属中学八年级（7）班全体同学

2018 年 7 月 10 日

　　不久前，我偶然听到班里的一位同学和小童聊天。他问小童："你以后也会去当兵吗？像你爸爸那样。"小童说："嗯，会的。"这位同学又说："挺好的，我想我也会的。就算当不了兵，也要做那样的人。"

　　我想这就是教育。教育不是要求和被改变，而是唤醒、传递一种源自内心的力量。这次班会将"英雄就是普通的人拥有一颗伟大的心"的种子根植于孩子们的心中，激励他们在生活中奋力前行。

　　感动于这次"刚刚好"的家校合作成就了这次宝贵的教育契机。在一次次与小童爸爸的磨合中，我深切感慨，遇到一位拥有教育情怀和热情的家长是多么幸运，这才能使隐形的教育素材被挖掘出巨大的教育力量；能够与一位关心孩子成长的同路人一起努力是多么幸运，在鼓励与信任中，我备受鼓舞；身边有这样一位伟大的普通英雄是多么幸运，让我们能够享受平安与幸福。

　　教育需要发现。在"发现教育"的过程中，学校与家庭更紧地团结在一起，老师与家长更深地参与在一起，教育影响更久地作用在一起。

　　真实、鲜活的教育不仅为家庭和学校教育画出最美的同心圆，也让我们在合作中发现了教育的同路人。家校合作，始于心，成于行，我们将继续努力发现！

二、发现课程

（一）实施"发现课程"的缘由

我提出"发现课程"，是为了贯彻落实北京市、海淀区的要求，切实执行市、区教委有关课程设置与实施的各项要求，进一步深化我校义务教育阶段课程改革，提升学校的课程建设与创新能力，并最终促进学生全面而有个性的发展，同时切实稳妥提升学校的办学品质，并逐渐使"发现教育"理念及发现素养落地、生根、发芽、开花。

（二）发现课程的内涵和外延

1. 指导思想

第一，认真贯彻执行国家、北京市和海淀区的各项要求，保证我校的课程设置与实施的各项工作达标。

第二，以学生的成长为本，认真、全面地分析学情，充分挖掘学生潜能，最大限度地满足学生的发展需求。

第三，以国家课程的校本化实施为基础，以文件中有关课程设置的新增与改动的内容为重点与突破口，以三级课程建设为抓手，以教育信息化资源为辅助手段，遵循教育规律和学生成长规律，结合学情与校情，强化质量指标要求，科学进行我校义务教育阶段课程改革。

第四，"发现教育"主张：发现·发掘·发展。让每个学生成为最好的自己；让每位老师成为最优的伯乐；让理工附中成为最大的舞台。教育就是唤醒人的发现。

第五，在总结我校课程建设成果的基础上，结合学校的办学特色和培养目标，统筹办学资源，在课程改革过程中充分发挥自主权和能动性，努力实现课程创新。

第六，积极探索九年一贯制育人模式以及课程整合，充分依托和利用我校集团化办学的优势，努力构建小初、初高中衔接课程。

2. 课程结构与设置

2016年8月，在"十三五"开局之年，为了适应课程变革，结合学校的整体育人目标，我们提出了"发现教育"理念，本着继承和发展的原则，我们在原来"钻石型"课程体系的基础上，进一步丰富和完善，构建了"钻石型"发现课程体系。

其中，"学科基础类课程"围绕教材的校本化处理，实现教学与学习方式，作业形式以及学生评价的变革。"学科拓展类课程"以学科实践活动课程为主体，依托学科实践活动课程的研发，由学科知识的拓展转向丰富学生的学习体验，更好地开发学生潜能。"PSC活动类课程"（P：Practice，学科、社会实践；S：Service，志愿服务；C：Creativity，创造）为研究型课程，围绕学校的培养目标研发活动主题，彰显"人文奠基，理工见长"的办学特色。"人格养成类课程"旨在前三类课程的基础上，通过系列课程的浸润、熏陶与滋养，提升学生精神、气质层面的发展，养成人格。

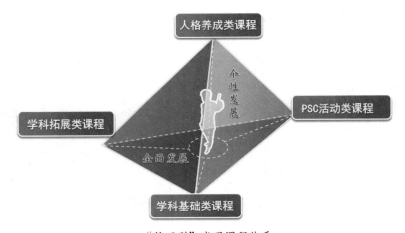

"钻石型"发现课程体系

（三）课程实施

1. 国家课程校本化实施

在学科基础类课程中，国家课程的校本化实施是我校课程建设的核心与重点。在坚持国家课程标准的前提下，学校根据自身特色与条件，将国家课程转变为适合

本校学生学习与发展需求的创新性实践，主要包括教材的校本化、教学方式的综合与个性化运用、差异性评价等多项行动策略。

学校通过国家课程校本化，研发适合的课程，以此为核心，带动教学方式与学习方式的变革与创新，创生特色作业，丰富评价体系，并在此过程中形成教育教学各个环节的良性互动，形成学校课程可持续发展生态圈。

（1）教学与学习方式变革

教学与学习方式变革旨在实现教育教学中旧的三中心向新的三中心的转变，实现科学发展。旧的三中心是指教材中心、教师中心和课堂中心，而新的三中心是指学生中心、课程中心和活动中心。

国家课程校本化实施要依据学生学情、学力和现实发展需求，通过启发、引导、讲授、探究等综合、开放式的教学方式，带领学生融入学习过程，并使之成为学生主动探究、体验与发现的过程。为此，我校围绕"减负增效"积极探索，变革教学与学习方式。

北京理工附中初中部"减负增效"教学与学习模式系列

主题	教学方式变革	学习方式变革
"人文奠基"——初中语文系列课程	围绕学生兴趣，通过设计、组织自主阅读，亲子共读，参与实践活动，自主写作实施课程	自主学习，在活动中感受、体验、探究、发现，习得知识，培养能力
寓教于乐，打造"神奇化学牌"	自主研发教具，设计游戏等学习活动，寓教于乐	在游戏过程中学习、研究，习得知识
"减负增效"——初中数学教与学模式	教学与实际生活紧密结合，引导学生探究	在活动中探究，开展"数学论坛""数学好声音"活动落实"合作学习""同伴学习"
"翻转课堂"——初中地理教学模式探索	转变传统课堂教学模式为线上线下协同教学	变被动学习为主动学习，学生通过课下观看微课视频自主学习，课上交流问题与讨论

（2）作业变革

作业是检验日常教育教学实效的重要方式。为真正落实"减负增效"的教学与学习，我校义务教育阶段各学科积极研发学科"发现"作业。其特点如下。

适合性。"发现"作业既要适合本学科、本学段教与学的内容与特点，又要具有针对不同能力层级学生的适合性。为此，我校各主要学科自主设计校本作业，并尝试运用分层作业。

活动性。"发现"作业的设计打破作业题的单一形式，避免题海战术，力争设计"任务单"式的生成性作业，使学生在活动之中，有体验、有感受、有思考地完成作业。

实践性。"发现"作业要有意识地围绕生活与学习的实际问题设计，引导学生学以致用，将学习与实践相结合。

理工附中"发现"作业举例表

学科	学段	"发现"作业
语文	小学	手抄报、每日新闻摘录、编制"素材本"
	初中	班级接力日记、语文实践活动小报
英语	小学	制作英语小小书"My book"、单词书"My word book"
	初中	制作英语小报、英语剧排演、英语电影配音排演
数学	小学	数学小报、数学日记、数学小制作：陀螺、风车、华容道等
	初中	数学小课题研究报告、数学画、数学思维导图
生物	初中	生物模型制作、绘制生物图、制作孢子印、制作发酵食品、设计食谱、模拟父母的护蛋日记、养蚕、植物栽培
物理	初中	物理小制作：刻度尺、天平、杠杆抽水机等；体验作业：科技小报、科普阅读接力等

（3）学生评价变革

关注学生的成长与发展过程，采用多元化的学生评价，实现评价内容、评价主体、评价方式以及评价功能的多元化。

学生评价简介

学生评价	说明
评价内容	参考"中小学教育质量综合评价指标框架",多维度全面评价学生
评价主体	教师、学生自评,生生互评,学生家长评价
评价方式	建立《学生成长档案》,收集能反映学生学习与成长过程和结果的资料
评价功能	发挥平时评价的形成性和诊断性功能,学期、学年末评价的总结性功能

2. 学科实践活动课程的实施

第一,"爱自己""爱学校""爱北京""爱祖国"为学校的课程主题;

第二,"养成教育""健康成长"等为各主题下的主题课程;

第三,实线连接方框为与学科联系的主题课程群,虚线方框为待开发的课程;

第四,图左边为办学特色;

第五,图右边为学生的形象气质。

(1)小学"综合实践活动课程"

思想品德学科

学段	学时	课程内容
一年级	8	好习惯早养成(各项常规教育)
二年级	8	热爱集体(形成良好的集体)
三、四年级	8	心理健康教育
五、六年级	8	走进圆明园
七年级上	1+1+1	创建新集体
七年级下	3	做个好公民
八年级上	3	世界文化游园会
	3	文明礼仪短剧展演
八年级下	1+1+1	模拟法庭展示
	3	法眼看社会

大气　沉毅　担当　男生英俊　　　　内秀　友善　文雅　女生淑雅

理工见长

人文奠基

科目＼主题	伟大祖国	铭记历史	传统文化	家乡变化	人与自然	长河课程	发现校园	健康成长
社会实践研究性学习等	观看升旗			发现明日中国	社区服务		校园环境我负责	星光自护
物理	走进中国科技馆			指尖上的传统科技		船模设计	测量工具使用学习	健身器材中的物理
化学	走进地质博物馆宝石资源				关爱环境空气质量	河水水质检测	探秘教室空气	食堂营养学
生物	走进自然博物馆				教学植物园实践	昆虫世界	植物栽培实践	设计食谱
数学	中国数学家与数学猜想			九章算术中的方程组	整理和描述数据	利用树叶的特征分类树木分类	测量旗杆的高度	
英语	中外文化交流			介绍中国传统文化节日	英文介绍北京古迹	美丽中国	英文介绍校园	
语文	"悠悠古韵、现代京声"茶话会			参观故宫博物院建筑艺术	参观首都博物馆民俗风情	参观圆明园之多彩四季	走近长河之景物抒怀	美、善、藏在身边诗文朗诵
地理				北京城市功能变化及分布	走向旷野	绘制长河绿地园	画校园部分平面图	
历史		走进圆明园	博物馆中的节日文化			长河历史	编撰校史馆	
思想品德	抗战纪念馆						创建新集体	文明礼仪

伟大祖国　铭记历史　传统文化　家乡变化　人与自然　长河课程　发现校园　健康成长

爱祖国　　爱北京　　爱学校　　爱自己

初中"综合实践活动课程"示意图

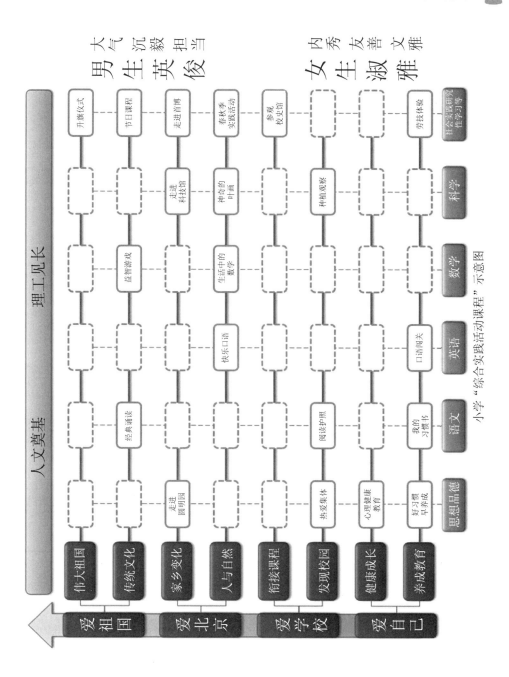

小学"综合实践活动课程"示意图

语文学科

学段	学时	课程内容
一、二年级	16	经典诵读（完成阅读护照）
三、四年级	16	经典诵读（完成阅读护照）
五、六年级	16	经典诵读（完成阅读护照）
七年级上	6	参观圆明园——多彩四季
	6	参观首都博物馆——民俗风情
	2	"美，就在身边"诗文朗诵会
七年级下	6	参观故宫博物院——建筑艺术
	6	参观动物园——动物世界
	2	课本剧展演
八年级上	6	参观长城，结合教材"长城专题"
	6	参观国家博物馆 结合教材"爱国情怀""书法专题"
	2	"最是书香能致远"读书交流会
八年级下	6	中国科技馆——事理说明
	6	参观植物园——咏物抒怀
	2	"小议学习"年级辩论会
九年级上	3	"走近长河"系列活动——览物抒怀
九年级下	2	"悠悠古韵，琅琅今声"赛诗会
	2	"喜剧，还是悲剧？"观看《威尼斯商人》写观后感

数学学科

学段	学时	课程内容
一、二年级	14	生活中的数学＋益智游戏——七巧板、华容道
三、四年级	14	生活中的数学＋益智游戏——魔方、九连环
五、六年级	14	生活中的数学＋益智游戏——鲁班锁、数独

续表

学段	学时	课程内容
七年级上	1	生活收支账目，理财
	1	代数的由来
	1	数学家的故事
	1	天元术和四元术
	1	韦达对方程的贡献
	1	丢番图的功绩
	1	方程模型解决问题
	1	盈不足问题
	1	制作立体模型，剪五角星
七年级下	1	逻辑体系的奇迹
	1	三种几何的并存
	1	印刷线路板问题
	1	设计房间的户型图
	1	数学史选讲：三次数学危机
	1	位置的革命——笛卡儿
	1	九章算术中的方程组
	1	不等式模型解决问题
	1	整理和描述数据
八年级上	1	从欧拉的数学直觉谈起
	3	制作全等三角形
	1	中国数学家与数学猜想
	1	BBC纪录片《维度》
	3	走进科技馆

续表

学段	学时	课程内容
八年级下	1	BBC 纪录片
	2	数学与物理学的革命
	2	制作平行四边形
	1	魔术中的数学
	3	利用树叶的特征对树木分类

英语学科

学段	学时	课程内容
一至六年级	8	快乐口语
七年级	3	通过迪士尼经典电影学英语
	3	用英语介绍校园
	3	走进英文原声电影之美国动画
八年级	3	英文短剧表演
	3	用英文介绍北京文化古迹
	3	用英文介绍传统文化节日
	3	英文电影配音

小学科学学科

学段	学时	内容
一、二年级	4	走进科技馆
三、四年级	4	奇妙的叶画
五、六年级	4	种植观察

（2）初中"综合实践活动课程"

初中物理学科

学段	学时	课程内容
七年级上	3	科普讲座
七年级下	3	科普馆参观
八年级上	3	华夏文明之旅
八年级下	3	科普讲座及实践
九年级上	3	科技馆参观——电磁专题

初中化学学科

学段	学时	课程内容
七年级	3	校园中的化学
八年级	3	走进地质博物馆

初中地理学科

学段	学时	课程内容
七年级上	3	绘制校园的部分平面图
七年级下	3	绘制长河绿地文化图
八年级上	3	奥林匹克公园定向越野
八年级下	3	参观北京城市规划馆

初中历史学科

学段	学时	课程内容
七年级	6	走进圆明园
八年级	6	"博物馆中的节日文化"

初中生物学科

学段	学时	课程内容
七年级上	3	走进"北京教学植物园"
七年级下	3	走进"南海子湿地"
八年级上	3	走进"北京动物园"
八年级下	3	走进"自然博物馆"
校内实践活动：植物栽培（占 2 学时）； 绘制生物图、模拟父母养育子女之护蛋行动、生物模型制作、养蚕、设计食谱、制作孢子印、制作发酵食品等（随堂，随年级活动进行）。		

3. 综合实践活动课程的实施

（1）"爱自己"之"养成教育"课程

	主题 1：好习惯早养成
养成教育	主题 2：我的习惯书
	主题 3：口语闯关
	主题 4：劳技体验

（2）"爱自己"之"健康成长"课程

	主题 1：校园食品健康
	主题 2：给自己的健康打分
	主题 3：调查或设计校园、家庭食谱关注饮食习惯
	主题 4：关注安全用药与适当医治、正确对待传染病
健康成长	主题 5：了解生殖健康、安全献血、器官捐赠等医学公益活动
	主题 6：阳光成长
	主题 7：做父母的影子
	主题 8：今日我当家
	主题 9：星光自护

（3）"爱学校"之"发现校园"课程

发现校园	主题1：测量校园
	主题2：校园中的化学
	主题3：植物栽培
	主题4：画校园的部分平面图
	主题5：循迹校史馆
	主题6：校园环境我负责志愿服务
	主题7：用英文介绍校园
	主题8：热爱集体

（4）"爱学校"之"长河课程"

长河课程	主题1：河水水质检测
	主题2：昆虫世界
	主题3：校园与周边的生物学
	主题4：校园周边长河系列课程
	主题5：绘制长河绿地图
	主题6："走近长河"系列活动

（5）"爱北京"之"人与自然"课程

人与自然	主题1：教学植物园实践
	主题2：利用树叶的特征对树木分类
	主题3：定向越野
	主题4：关爱环境——空气质量
	主题5：走进"自然博物馆"

（6）"爱北京"之"家乡的变化"课程

家乡变化	主题1：北京城市功能变化及分布
	主题2：北京与奥运
	主题3：用英文介绍北京文化古迹
	主题4：爱家乡社区服务

（7）"爱祖国"之"传统文化"课程

传统文化	主题1：参观国家博物馆
	主题2：参观故宫博物院
	主题3：参观长城
	主题4：发现明日中国
	主题5：用英文介绍中国传统文化节日

（8）"爱祖国"之"铭记历史"课程

铭记历史	主题1：走进圆明园
	主题2：参观抗战纪念馆

（9）"爱祖国"之"伟大祖国"课程

伟大祖国	主题1：观看升国旗
	主题2：走进中国科技馆
	主题3：走进地质博物馆

4. 地方与校本课程的实施

（1）义务教育阶段

我校的校本课程建设紧密围绕学校的培养目标，旨在综合校内外教育资源，依据学生的发展需求，开发适合的课程。校本课程的申报有严格的程序，申报教师需要填写申报表，认真撰写课程实施方案。与此同时，为指导学生选课，我校研发了《学生选课指导手册》。当前，我校按照"钻石型"发现课程体系的课程类别开发了百余门校本课程，其中多门课程现已成熟，成为学校课程研发的固化成果。

学校校本精品课程举例表

	学科基础类课程	学科拓展类课程	PSC 活动类课程	人格养成类课程
爱自己	法律与生活（刑法）	化学世界探秘；舌尖上的化学；魔幻数学	化学工坊——肥皂的制作；用几何画板做数理实验；英语戏剧表演；车辆模型；高中数学建模	探索人道法；咖啡文化；电影课堂——话电影绘人生
爱学校	通过迪士尼经典电影学英语	校园周边古迹寻踪	学生志愿者、解说员培训；手工制作校历书签	关注气象，热爱生活——"彩虹气象站"
爱北京	名作推荐与阅读	我为大自然写日记	手工制作——小小世界 DIY；科学探究小项目	
爱祖国	陶艺、书法、中国画、民族器乐	传统文化节日的内涵、指尖上的传统科技、走近文化名人、走进科幻文学、气象与战争	中国传统装饰品制作；天文观星与宇宙探奇	楹联赏析；中国茶文化

（2）高中校本通用选修课程

《普通高中艺术课程标准（2017 年版 2020 年修订）》指出，高中艺术课程是培养学生具有较高艺术素养的必修课程。《关于加强和改进普通高中学生综合素质评价的意见》文件提出要深入推进素质教育。《关于深化考试招生制度改革的实施意见》文件指出，自主招生主要选拔具有学科特长和创新潜质的优秀学生。

为进一步落实国家层面对人才培养的需求，践行北京理工大学附属中学任志瑜校长提出的"发现教育"主张暨理工附中路线图，发现学生的优长，发掘学生的潜能，发展学生的素质，促进学生个性发展。2018 年 9 月，我校开始开设"艺术＋科学"通用选修课程。该课程面向高一、高二学生，包括陶艺、古筝、合唱、武术、散打、汉服、扎染、素描、钢琴、舞蹈、演唱、电脑设计、化学竞赛、物理竞赛 14门课程，学生每人可任选 1 门课程，上课时间为 40 分钟，每周二下午第 8、9 节，授课教师 14 位（其中外聘教师 2 位），教材自编，大约 800 人参加通选课学习。这为高一、高二同学打开了一扇通往艺术与科学的大门，构建了唤醒学生发现的平台。

高一开设艺术通选课，教师根据课标要求、结合自己的特长开设，教师也可以在开设一段时间后，同其他教师进行调整。开设课程的教师和班级分别是：吴莎 1、2 班；高翔 3、4 班；刘伶童 5、6、9、10、11、12 班；孙博书 7、8 班；黑俊颖 1、2 班；李子豪 3、4 班；周慧晶 5、6 班；苗秀才 7、8、9、10、11、12 班。

高二开设艺术通选课，每组两课时联排。

1、2、3、4 班为第一组，任课教师分别为：化学刘老师、马老师、叶老师，历史周老师、音乐吴老师、杨老师，美术王老师。

5、6、7、8 班为第二组，任课教师分别为：化学刘老师、叶老师、张老师，物理邓老师，音乐高老师，美术李老师，武术杨老师。

9、10、11、12 班为第三组，任课教师分别为：化学刘老师、马老师、张老师，物理周老师，音乐孙老师，美术黑老师、周老师。

理工附中"艺术＋科学"通选课程统计表

序号	课程名称	计划人数	周二第8节 高一 1-6班	周二第9节 高一 7-12班	周三第8节 高二 1-7班	周三第9节 高二 8-13班	教师	上课地点
1	陶艺	18	18	19	20	18	美术黑老师	陶艺教室
2	古筝	20	13	15	20	14	音乐曹老师	音乐教室
3	汉服艺术	15	12	15	13	16	美术周老师	悲鸿画轩
4	合唱	50	12	5	32	27	音乐孙老师	音乐教室
5	素描	15	19	17	17	12	美术李老师	平房5号＋槐轩阁
6	形体与舞蹈	20	19	9	12	11	舞蹈吴老师	舞蹈教室
7	电脑美术设计	20	18	19	22	19	美术李老师	计算机教室
8	古典与流行	15	11	8	8	5	音乐吴老师	金帆乐团
9	演唱表演	15	11	16	12	13	美术高老师	槐轩阁二楼
10	工艺—扎染	20	13	17	22	14	美术见老师	佰艺坊

续表

序号	课程名称	计划人数	周二第8节高一1-6班	周二第9节高一7-12班	周三第8节高二1-7班	周三第9节高二8-13班	教师	上课地点
11	武术套路	20	——	11	8	7	武术谭老师	槐香亭—习武厅
12	散打	16	14	15	15	12	武术杨老师	操场—二楼露台
13	化学竞赛班	35	35	28	35	18	化学刘老师	教学楼一层127
14	物理竞赛班	20	15	10	14	7	物理邓老师	教学楼三层340

（3）阅历课程

2016 年年底，教育部等 11 部门印发了《关于推进中小学生研学旅行的意见》，要求各地将研学旅行摆在更加重要的位置。在此背景下，在学校"发现教育"理念下的"钻石型"发现课程体系的框架下，开发了阅历课程。

高中阶段以国内 5—6 日研学为主。让学生感受祖国大好河山；走进中国科学院，感受科技前沿；拓展课堂内容。"读万卷书，行万里路"。学生在阅历课程游学期间，学习参观当地名校、博物馆、历史景点等，真正做到了学和游的结合。

2017 年，学校首先在高一年级开设阅历课程，共开展人文、科技、红色基地探访、研究实践活动等 9 条线路。同时高一年级新增冰雪研学课程、多彩阅历课程，阅历课程线路达到 12 条。

2017 年阅历课程 9 条线路

序号	参加年级	活动时间	线路	主题
1	高一	春季	大连	璀璨星海最美大连
2	高一	春季	南京	秦淮烟雨六朝遗梦考古思今千秋几何
3	高一	春季	杭州、绍兴	高山仰止江南地文韬武略少年心
4	高一	春季	安徽	赏安徽之锦绣观天下之善安
5	高一	春季	厦门	集美村观君子八德鼓浪屿听海琴重奏
6	高一	春季	深圳	发现之旅——海洋生物之旅·大亚湾
7	高一	春季	成都	发现之旅——人文之旅·成都
8	高一	春季	秦岭	发现之旅——珍稀动物之旅·秦岭
9	高一	春季	青海湖	发现之旅——生态之旅·青海湖

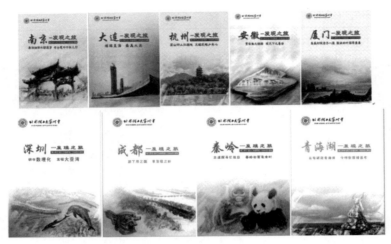

学生手绘阅历课程——《发现之旅》手册封面

2018年，开设12条线路，其中"理工实验班"国外阅历课程登上日本《朝日新闻》头条，2018年在中国教育学会研学旅行课程建设研讨会上，学校研学旅行手册分获高中组一等奖和初中组三等奖，部分内容入选海淀区《研学旅行学校指导手册》。

学校阅历课程——《发现之旅》手册

2019年，结合北京市教育系统庆祝新中国成立70周年"我和我的祖国"爱国主义主题教育活动，理工附中新推出发现之旅阅历课程中国系列4条线路等共10条研学旅行线路。

《发现之旅》线路介绍

初中阶段主要以京内一日研学为主。其目的是弘扬中华优秀传统文化，结合义务教育和综合实践活动的目标，配合学校发现课程的梯度要求发展。已经开发的成熟的阅历课程项目有：北京植物园发现之旅、中国科技馆发现之旅、恭王府、北海发现之旅、长城发现之旅和颐和园发现之旅。2018年5月，东校区七年级学生赴安徽，开启初中阅历课程。小学部五年级师生首次开启赴韩国国际研学交流活动，学校研发的阅历课程从高中扩展至初中、小学。

《发现之旅》行前早发现

（4）强基计划课程

2020 年 1 月，教育部公布《关于在部分高校开展基础学科招生改革试点工作的意见》（简称"强基计划"），明确从 2020 年起，原有高校自主招生方式不再使用，以"强基计划"取代。为了适应招生方式的转变，更好地选拔科技创新人才，我校成立"强基计划"工作小组，建立各学科竞赛队，强化学科竞赛课程建设。

为此，我校在高一、高二开设了强基计划课程。高一对全年级学生开放，分化学生物一组、物理数学一组，第一学期，奇数班开设化学生物、偶数班开设物理数学，第二学期对调，目的在于选拔人才、发现学生特长。高二时配合通选课对年级部分学生开设强基课程，以学生选课为主，目的在于在强基计划中，让学生能够脱颖而出。

①创新人才的选拔。

利用我校集团化办学的优势，建立从初中培养和发掘数学、物理、化学、生物、信息学科好苗子，特别是数学尖子生的机制，强化早培计划和留优秀生源计划。在七年级、八年级着重挖掘和培养好苗子，在初中对理科拔尖学生开设高中数理化和高中学科竞赛课程。

针对"竞赛强基班"，利用高一正式开学前的暑假，通过衔接班提前让部分有竞赛意向的学生，特别是数学、物理拔尖（参考中考成绩和面试成绩）的学生接触竞赛内容，并进行阶段性考核，对每一位学生负责，以规避部分学生盲目选择的风险，选拔出真正适合竞赛和强基计划的学生。

②教练队伍建设。

聘请大学教授、知名竞赛教练授课、开设专题讲座、请学长当助教，以身宣讲，充分调动学生的主观能动性，培养自学能力。

面向全国招聘金牌教练，培养本校教练（博士、硕士等青年才俊），建构教练组梯队（老中青，传帮带），发挥学科组团队优势（正高、特级、学科带头人、学科骨干的集体优势）。对外广招竞赛人才，对内深度挖潜，"请进来、走出去"，加大对竞赛教练的培养力度和进一步完善竞赛奖励机制，激励教练有所作为，同时给学科竞赛教练减负，创造教练全身心投入竞赛培训的工作环境，不断鼓励教练组和调整完善工作机制，目标明确（三年目标、五年目标等，一定要提出具体、鲜明的目标和宗旨），任务驱动（如给竞赛教练和强基班具体指标）。

③强基计划课程的实施。

成立各年级段的强基班（不超过 40 人），配备最优班主任、科任老师和最强竞赛教

练结合通选课和选修课的形式开班授课。周末和节假日进行集训、强化提升。配备心理教师，规划生涯和学业，有配套学科常规课、大学先修课、学科竞赛课和德育课程。

建立各年级段的数学、物理、化学、生物、信息竞赛队，各竞赛队积极参加各级各类竞赛，锻炼队伍。

建立各年级段、各学科（理科为主）每学期举行校级学科竞赛活动的机智，激励和发现学科拔尖学生及创造良好的学术氛围；周末进行拔尖学生的强基、竞赛内容的培训，同时开展基础薄弱学生的基础补弱班（分层辅导、整体提升）。强基实验班要始终坚持高考和竞赛并重，始终强调全面发展和创新、进取！

④条件能力建设。

进一步加强特色实验室、大学先修实验室的投入和开放使用力度、结合翱翔计划和后备人才计划，共同进一步完善科学实验基地（互赢共享）、实验器材和进一步加大理科专业、文学、社科、艺术等书籍的投入。

各学科组逐渐建立学科活动基地，有大量的专业、人文、社科书籍和实验器材（平时可以放到柜子里，需要时可以随时取出，中午可以开放，不定期或定期举行学科沙龙活动，并在周末举行培训或全天刷题班活动。

借力学而思、质心、清北高校等竞赛培训基地，做赛前集训。走出去、遍访名师，参加大学先修等课程和实验基地，提升本校竞赛学生的竞争实力。

5. 小初衔接综合课程

自 2014 年成立北京理工大学附属中学小学部以来，研发衔接课程，提高教育教学效率，实现整体育人的思想一直指导着我校的课程自主创新实践。

当前，我校积极开发了"小初衔接综合课程"，旨在充分利用学习时间，引导毕业年级的小学生从学习方法、学习环境、学习能力以及心理适应等多方面顺利过渡，进入初中。

小初衔接综合课程

主题	内容
走进中学校园	参观中学校园，参观校史馆
体验中学生活	从文明用餐开始

续表

主题	内容
感受中学活动	从志愿者活动了解超市中的商品
了解中学课程	走进博物馆，走进中学课堂
适应中学学科教学模式	写好一手中国字、英文书写要规范、电影欣赏写影评

6. 课程评价

依据我校的课程特点，我校课程评价的原则有以下几点。

第一，科学性，即开设的课程是否科学，体现学科或领域的特点与规律。

第二，适用性，即学校开发的每一门课程是否符合相应学段学生的身心发展特点。

第三，发展性，即课程是否能够发挥促进学生潜能开发的作用。

第四，多样性，即课程的内容、课程结构与课型是否多样、灵活。

我校课程评价主要从以下三个方面进行评价。第一，对课程资源和课程方案（教材）的评价，主要由课程专家、学校领导、学科教师以及学生作为评价主体。第二，对学生学业的评价，对学习效果进行过程性评价，侧重评价学生的兴趣培养与潜能发展，在评价时依托我校"学生成长档案平台"。第三，对教师实施课程的评价，注重了解教师的教学态度、教学方法、教学水平等。

我校将通过座谈会、问卷调查、组织听课等方式进行调研。依据调研的结果，学校组织相关部门对课程进行综合评价。

7. 课程实施的组织管理

学校课程实施的组织管理包含明确办学理念、目标等指导性问题以及课程实施、管理等操作性问题。为使学校课程研发与实施顺利进行，我校设计的课程实施组织管理结构如下。

我校成立了学校课程建设领导小组，作为课程建设集体研讨、决策的机构，负责办学理念、目标、课程开发的总体方向、总体规划等指导性意见的制定。

学校课程管理部负责指定具体的课程开发方案，收集教师申报课程的《课程纲要》，安排课表，编制学生名单和成绩记录册，组织有关人员开展课程文化研究以及三级课程研究，为课程研发提供科研性支持。

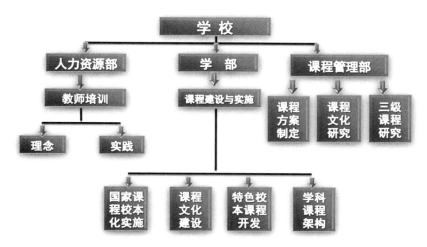

学校课程建设管理组织图

学校人力资源部负责组织教师培训，从课程理念、开发课程以及课程实施各环节对教师进行培训与指导。

各学部（小学、初中、高中）负责组织本学部教师研发课程、国家课程校本化实施、课程文化建设以及各类各门课程的具体实施，并对实施过程中的具体问题给予协调与指导。

8. 课程资源与保障

（1）依托宏观政策

国家及市区各级教育部门有关《义务教育课程设置实验方案》的文件精神为我校实施该课程计划提供了政策保障。

（2）优质的师资力量

我校高度重视教师校本培训工作。教师校本培训扎实有效，成绩显著，使教师的专业素养不断提升。经过多年的发展，我校现有一支"敬业、爱生、博学、善导"的优秀教师队伍，其中包括特级教师 10 名，市区级学科带头人以及骨干教师 93 名，另有外籍教师 3 名。在专任教师中，具有研究生学位、双学位的教师占 96％。学校涌现出一大批全国及北京市优秀教师、优秀教育工作者、北京市"紫金杯"班主任。

此外，我校还拥有一支由高校、科研院所的专家、教授组成的导师团。他们的引领能够保证课程发展的科学性与领先性。

（3）丰富的教育资源

我校的校内校外教育资源丰富。学校建有一流的天文实验室、气象教室、机器人实验室、生物分子实验室及"咖啡舒吧""茶艺教室"等多个专业教室，设有先进的信息数字网络实验室，校园网信息点千兆到桌面，拥有丰富的图书资源，并与中国科学技术协会、中国气象局、中华人民共和国生态环境部、世界自然基金会、北京气象局、北京天文馆、北京科技馆、北京理工大学、北京师范大学、中国兵器科学研究院、中国兵器工业第二〇八研究所、北京学生管理活动中心等多家单位建立了长期联系。他们为学校提供培养学生所需的实验室，建立实践基地，如我校与北京理工大学智能机器人研究所建立了学生培养基地。丰富的教育资源为我校的课程开发与实施奠定了坚实的基础。

（4）保证课程开发的投入

我校全力支持课程开发与实施，成立"校本课程研发"领导小组，由校长亲自挂帅，还为课程建设提供资金保障。通过申报特色课程建设项目经费，学校对各类课程建设活动，如聘请专家指导、师资培训、资料配置、校本课程印刷、课程成果交流宣传等给予相应的资金支持。

三、发现课堂

（一）"发现课堂"的内涵和外延

基于我提出的"发现教育"主张，我们进行了"发现课堂"的相关研究。我们组织学科主任共同听评课，提出了一些疑问和改进的建议。我亲自主持召开了三次专题研讨会，就反馈上来的问题，一一进行了研讨解决。我们构建了"发现课堂"的核心要素及其量表。

1. "发现课堂"的基本内涵

"发现课堂"是我校致力建设发展的一种新型课堂，是指以自主、民主、创新为基本理念，以学习组织形式多样化、教学形式多元化、智能化为载体，以充分培养

学生优长和发掘学生潜能为目的，真正促成学生快乐成长，发现自己具有生命活力的课堂。

一是关注、发掘教师的发现智能。让学校的每一位教师都能够积极主动创造性地发现，在教学、生活中通过发现，引领学生发展，提升自我素养。

二是发掘学生的潜能，培育"发现素养"。通过自我和他人的发掘，循序渐进地实现真正开发每个学生的潜能，同时，培育发现的意识、发现的能力和发现的品质。

三是达成师生自我价值的实现。由于"发现课堂"具有交互性、挑战性和创新性，教师工作变得更具有生机活力，教书育人的价值能够极大化地得以实现；同时，学生学习变得更具有宽度、深度和灵活度，自我优长与潜能得到极大化地释放。

2. "发现课堂"的基本要求

师生共同努力把课堂营造成发现问题、分析问题和解决问题的场域。这个场域是有生机的，如同一锅沸腾的汤，各种食材裹挟翻滚融为一体；这个场域是有边界的，关键看你有没有勇气和决心突破边界参与其中；这个场域是有规则的，制订并遵守规则，能保证课堂教学的优质高效。这些都基于师生目标相同，配合默契，互相支持帮助。

3. 核心要素的基本含义

事物中起主导或中坚作用的必不可少的因素。

4. "发现课堂"的核心要素

"发现课堂"的核心要素——问、思、论、察、效，就是在"发现课堂"中起主导或中坚作用的必不可少的因素。

5. "发现课堂"核心要素的具体内涵

（1）问：优质问题，机智层进

问——主要倡导教师充分发挥有意识、有设计地启发与引领能力。优质问题，是指基于教学目标的问题，能激发兴趣，有思维容量，难度适中，引导揭示学科本质。机智层进，是指掌控课堂的教学艺术，能有效处理课堂突发事件。例如，教学过程中敏锐准确地捕捉学生的思维亮点或优质问题，及时恰当发掘或追问，使预设的优质问题链能够在适当的时机，由浅入深、环环相扣地逐个提出，使新知识、新技能和更优解决问题的策略动态生成。

（2）思：静心探究，独立见解

思——主要倡导教师积极培养学生的思维与探究能力。静心探究，要求教师在课堂上一定要给学生充分的思考时间和产生自己想法的空间；"探究"应该适用所有学科，可以是对文本的阅读、对图表的琢磨、对公理的领悟，也可以是动手实验等。独立见解，应该成为每一位学生经历过"发现课堂"的重要标志，因为在前面静心探究的前提下，对所学习的内容应该有与众不同的认识和看法；同时，逐渐形成独立思考的意识、习惯和品质。

（3）论：对话交流，深度发掘

论——主要倡导教师主动培养学生的表达与推理能力。教师的重点讲解要精辟透彻、条理清晰，指导学生课堂表现要适时到位；学生的提问展示要紧扣内容、保证质量，听评同学汇报交流要专注投入、客观公允。对话交流，要面向全体，完整充分有逻辑地表达，思想碰撞，多元互动，特别关注鼓励生生对话。深度发掘，全体对所学内容的理解程度或对研讨问题的认知水平呈现"螺旋上升"的良性态势。

（4）察：察觉察悟，揭示本质

察——主要倡导教师尽量培养学生的洞察与领悟能力。这是"发现课堂"五大核心要素的"中指"。察觉察悟，学生面对文本材料、实验现象或学科问题，能够通过阅读、标画、观察、操作、质疑、思辨、演算、证明等步骤和程序，迅速有效地筛选、挖掘、提取、整合出关键信息，形成自己正确而独到的观点和切实可行的解决问题的思路和方法。即产生基于独立思考和讨论共识的新感觉、新发现、新领悟。揭示本质，教师带领学生"披尽泥沙始见金"，通过前期的问、思、论，发现了问题关键，领悟了知识方法的内涵，提升了学科核心素养的水平。教师应该"不愤不启，不悱不发"，在必要处适当指导点拨，精准揭示课堂所学内容的本质；努力避免"满堂灌""满堂问""满堂合作"与"满堂自问自答"。

（5）效：达成目标，发现素养

效——主要倡导教师强化培养学生的目标和效能意识。达成目标，是指很好地实现本堂课应有的教学目标，包括知识、方法、能力、学科素养、学科价值等。发现素养，秉持和培育善于"察·悟·掘"的发现意识与素养。力争让听课者走出课堂后留下这样的深刻印象："理工附中的老师和学生都很善于发现，具有一般人难有的捕捉信息与把握机会的能力"；我发现理工附中的课堂具有"问题引领—动态生成—善于发现—把握本质"的特征。

这五个要素及其内涵是"发现课堂"的特质和标志。体现出这五个要素及其内涵的课堂才是具有理工附中特色的"发现课堂"。但五个要素及其内涵不是"发现课堂"固定的教学流程，也不是一堂课一定要面面俱到、平均用力。因不同学科或不同教学内容所呈现的方式及风格，应该体现出相对侧重的要素及其内涵。特别是每一位教师、每一堂课，只要在某一或某些要素上体现的充分而优质（当然全面呈现更好），就表明这节课和这位教师具有了"发现课堂"的特色和教学风格。

需要特别说明的是，"发现课堂"的五大核心要素适用于所有学科的课堂教学，包括体育、音乐和美术学科的课堂。第一次解读会后，这三科的部分教师反映说，这些学科有特殊性，"发现课堂"的核心要素不适合指导这些学科的课堂进行教学优化。其实不然，因为每个学科的课堂本身都蕴含问、思、论、察、效五大核心要素，只不过是显现程度不同而已。

例如，体育课上教学跨栏，就可以问"同学们以前学过跨栏吗？""跨栏需要什么专门设备？""跨栏用的设备是什么材质和尺寸？""两个栏之间相隔多远，为什么？""跨栏的动作要领和注意事项有哪些？""过跑道栏前不敢跨怎么办？"这样一问，每个学生必然会有自己的思考和求知欲。这时可以请学生们观察跑道上跨栏设备的材质、结构、尺寸，然后请他们说说自己看到和想到的内容，这就是论。对学生说对的，教师要及时肯定，说错的要及时纠正，教师在解释结构原理、摆放规则和动作要领时，就是在引领学生察觉察悟，就是在揭示本质。教师应该边讲解边示范，请同学们仔细听讲、认真观察、理解要领。然后学生分组练习，教师巡视观察，发现榜样，纠正错误，请同学们观察推荐跨的好的同学，然后进行动作示范，介绍经验，分享心得，接着同学之间"结对帮扶"提升教学质量。这就是既"达成目标"又培育"发现素养"的效。再如，音乐课上教唱中华人民共和国国歌《义勇军进行曲》，可以提出以下问题：作品的词、曲作者分别是谁？他们在什么情况下创作了这首歌曲？这首歌曲为什么能成为国歌？歌词的内容要点和主题是什么？乐曲的旋律节奏和风格有何特点？学生们一定会阅读相关材料，思考探究问题的答案。一段时间后，请同学们畅所欲言，互相补充，彼此质释，这就是论。孩子们分析出的歌词主题和乐曲的表现力，以及教师的小结提升就是察。学生们饱含真情"用心"唱响国歌，并且在今后每次参加升旗仪式时都这样唱，这就是效。依此类推，又如美术课上教授素描球体，怎样布局定位？怎样勾勒轮廓？怎样去分明暗？需要哪几种硬度的铅笔？怎样根据需要正确选用铅笔？这都是问。问是思的起点，每个学生都会有自己的想法。等学生们开始动笔画的时候，教师巡视观察，请表现优秀的学生展示作品，讲解思路，其他同学评论。边画边交流，引导学生们观察觉悟"素描球体"构图、拉线、投影的规律和技巧，这就是察。结果学生们能画出符合基本要求且富有个性的球体，并在过程中能发现优秀作品的可取之处和自己画作的缺点、不足，然后取人之长，补己之短。这就是效。

由此可见，体育、音乐和美术学科的课堂，同样具有"发现课堂"的五大核心要素。只要学科教师认识到位，勇于尝试，精心设计，"发现课堂"的核心要素同样适合指导体育、音乐和美术学科的课堂进行教学优化。

总之，课堂是学生在校学习、生活的场域，是学校育人的主阵地。课堂教学改革是学校教育综合改革的核心内容。我校要坚定不移、大张旗鼓地推进"发现教育"的理论研究与实践探索，在坚持"发现·发掘·发展"原则，积极探究"发现课堂"教学改进的过程中，致力于建设一种"让师生的智能得到全面的发现，让师生的潜能得到充分的开发，让师生的思维得到充分的训练，让师生的自信得到充分的培养，让师生的人格得到充分的尊重，让师生的幸福得到充分的保障"的新型课堂文化。

6. "发现课堂"核心要素量表

（1）使用目的

引导教师从单纯的学科知识教学和机械的学科能力训练中超脱出来，透过知识表象看到学科本质，真正理解"学科核心素养"应该如何落实在日常课堂教学中，从而帮助学生从单纯的知识学习、记忆做题中解脱出来，增强学科能力和学科素养，同时培育"发现素养"，进而提升"学生发展核心素养"，完成"立德树人"的根本任务。

（2）"发现课堂"核心要素量表（修订试用稿）

时间		地点		课题		教师	
要素	内涵	解读		对象	得分	典例记录	
问 （35分）	优质问题 （20分）	基于教学目标的问题，能激发兴趣，有思维容量，难度适中，引导揭示学科本质		教师			
	机智层进 （15分）	"刺中穴位捻提插"，敏锐准确地发现思维亮点，及时恰当深入追问					
思 （15分）	静心探究 （8分）	有充分思考的时间和个人想法存在的空间，鼓励质疑问难、小组合作、动手操演		学生			
	独立见解 （7分）	形成"独立思考与探究"的意识、习惯和品质，获得相应的学习成果					
论 （20分）	对话交流 （12分）	要面向全体，完整充分有逻辑地表达，思想碰撞，多元互动		师生			
	深度发掘 （8分）	全体对所学内容的理解程度或对研讨问题的认知水平呈现"螺旋上升"的良性态势					
察 （15分）	察觉察悟 （8分）	基于独立思考和讨论共识的新感觉、新发现、新领悟					
	揭示本质 （7分）	"披尽泥沙始见金"，发现关键，领悟内涵，提升学科核心素养					
效 （15分）	达成目标 （9分）	很好地实现本堂课应有的教学目标		学生			
	发现素养 （6分）	秉持和培育善于"察·悟·掘"的发现意识与素养		师生			
总体 点评	亮点特色： 突出问题： 改进建议：						
						听课评价人：	

备注：为建设好富有理工附中特色的优质"发现课堂"，请您贡献独到的"发现"、智慧与行动。

（二）教学案例

根据我们的"发现教育"和"发现课堂"的设计理念，我们遴选我校教师的系列教学案例、教学设计和教师评课，同广大教育工作者分享，希望通过系列"发现教育"成果的展示，反映出我们想传达的"发现课堂"理念。

高中化学刘聪博士的教学案例充分利用科学史和项目式学习等当前最新的教育教学改革的理念来设计教育教学过程，充分发掘学生的自主学习能力。

初中历史薛玉老师展现了年轻教师探索"发现课堂"，体现问题意识，让课堂活化，充分体现"发现课堂"的五要素思想，让学习在课堂上真实地发生。

高中语文林琳老师的教学案例充分体现了"整本书阅读"的理念，介绍了我校高中语文教学的探索和实践。

高中化学刘莹博士在教学案例里充分体现了当前 STEM 的教学设计理念，具有很好的示范性，并充分体现了"发现素养"培养的整体思路。

教学案例一：基于化学史和项目式学习的教学设计

——以"青蒿素分子的结构测定"为例

北京理工大学附属中学化学学科组　刘聪博士

一、教学主题内容及教学现状分析

教学主题内容选自北京师范大学编写的"新世纪"鲁科版（山东科学技术出版社出版）高中化学新教材，选择性必修《物质结构与性质》第三章的微项目——"青蒿素分子的结构测定"。该微项目选材新颖，时代感强，能增强学生的民族自豪感，对学生所学过的研究有机物的一般思路和方法有应用与提升的作用，让学生对 X 射线衍射的简单应用有所了解，可以凸显先进仪器在科学研究中的功能价值。同时引导学生把电子密度图转化成三维坐标，让学生根据坐标亲自动手摆放原子模型、根据键长信息确定键的位置和种类，具有很强的挑战性。

该微项目教学适合在学生学习化学选修《有机化学基础》、物理《光的衍射》、数学《空间坐标》及化学选修《物质结构与性质》之后进行，具有很强的综合能力要求。

二、教学思想与创新点

了解人类探索物质结构的过程，认同"物质结构的探索是无止境的"观点，了解从原子、分子、超分子等不同尺度认识物质结构的意义。认识物质的空间结构可以借助某些实验手段来测定，通过这些手段所获得的信息为建立物质结构模型或相关理论解释提供支撑。知道原子光谱、分子光谱、晶体 X 射线衍射等是测定物质结构的基本方法和实验手段。

初步认识物质的结构与性质之间的关系，知道物质结构的研究有助于发现具有预期性质的新物质，以及为设计与合成这些新物质提供理论基础。认识研究物质结构有助于了解材料的结构与性能的关系，对优化物质的结构、改善材料性能具有重要的意义。了解生命科学中许多重大问题的解决均需要物质结构相关理论与分析测试技术的支持。

本课选取与现代生活及科学前沿密切相关的案例，将青蒿素分子结构的测定放在历史的大背景下，从越南战争时期社会的需求到屠呦呦团队对青蒿素的分离提纯，再到为了研究药理，改进药效并合成青蒿素，需要对其分子结构进行确定，于是，分子结构测定的必要性和价值就突显出来了。课程中再现了科学家研究过程中遇到的困惑与解决方法，从"三谱"到晶体 X 射线衍射技术的应用，完全模拟了科学研究的过程。最后放眼当下，指出晶体 X 射线衍射技术的局限性（需培养完美晶体），从而联系到获诺贝尔奖的"冷冻电子显微学技术"。本节课既有宽度、广度，又有深度，既有给学生系统了解科学研究的机会，又有对挑战性任务的深度体验。让对新技术有兴趣的学生带着进一步的求知欲去主动了解相关领域的知识，起到了抛砖引玉的作用。

三、教学目标

（一）宏观辨识与微观探析

1. 知道几种常见现代仪器手段在物质结构测定中的基本用途。能够根据核磁共振等方法得到的有机物结构信息初步推测分子结构。

2. 知道晶体 X 射线衍射的基本原理，认识晶体 X 射线衍射技术在确定晶体原子坐标、辅助结构测定中的重要意义。

3. 初步尝试借助简单的泡沫板及竹签模型动手将微观青蒿素转换至宏观尺度，实现分子结构的可视化。

4. 能够通过键长信息与原子间距离相比对确定青蒿素分子中的成键类型。

（二）证据推理与模型认知

1. 掌握研究物质立体结构的一般思路方法。

2. 了解有机分子改进的一般思路。

（三）实验探究与创新意识

1. 体会现代技术手段——质谱、红外光谱、核磁共振、X射线衍射对于科学研究的推进作用。具有基于通过质谱、红外光谱、核磁共振等方法得到的数据进行科学推理的研究意识。

2. 认识到当前的科学认识具有暂时性，科学在不断发展进步。体会化学科研的发展离不开现代技术手段的支持。

（四）科学精神与社会责任

1. 了解鉴定有机物结构的意义和作用。

2. 用越南战争时期的社会需求和屠呦呦团队分离提纯青蒿素的科学史实培养学生面对现实困难任务勇挑重担的态度。

3. 在探索青蒿素结构过程中，培养学生严谨求实、认真探索的科学态度，提升学生的民族自豪感。

4. 能认识到化学已经发展成为实验和理论并重的学科，能认识物质结构的研究及其理论发展对化学学科发展的贡献。

四、教学流程

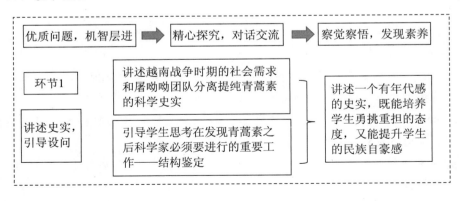

环节2	设计方法测定青蒿素分子结构	学以致用，将所学的结构鉴定方法应用于青蒿素。意识到核磁共振等方法面对复杂有机物时存在局限性
初步测定青蒿素分子结构	根据文献资料提取青蒿素分子结构信息	
	利用已知信息尝试写出青蒿素分子结构	

环节3	通过弹簧衍射实验了解电磁波和光的衍射，体会衍射图案与衍射物结构之间存在对应关系	通过类比初步体会X射线衍射的原理，获取解析青蒿素分子结构的新方法
寻找新方法测定青蒿素分子结构	类比核磁共振等已知方法，理解X射线衍射的基本原理	

环节4	分析青蒿素电子密度图中存在的问题，思考解决方案	锻炼学生的动手能力和团队合作意识，初步体会到青蒿素分子结构的立体性
初步搭建青蒿素分子模型	分组合作，根据青蒿素的三维坐标信息，利用泡沫模型将青蒿素中所有的碳原子和氧原子的位置摆放出来	

环节5	分析青蒿素球棍模型中存在的问题，寻找确定化学键位置的方法	鼓励学生迎难而上，激发对科研的热情，体会喜悦感与成就感
确定青蒿素分子结构	分组合作，根据键长信息确定青蒿素中化学键的种类和位置，确定青蒿素的分子结构	

环节6	分析青蒿素分子结构确定的意义，包括对分子稳定性的解释，对结构改性和全合成的指导意义	前后呼应，总结结构鉴定的意义。体会科学探究永无止境
确定青蒿素分子结构的意义	追寻X射线衍射的发展足迹，发现它的局限性，体会新兴的结构鉴定方法	

五、教学实录

环节一：讲述史实，引导设问

教师：2015年10月5日17时30分，"诺贝尔生理学或医学奖"获奖名单揭晓，来自中国的女药学家屠呦呦获奖，以表彰她对疟疾治疗所做的贡献。她也是首位获得诺贝尔科学类奖项的中国科学家。把时间拉回到1964年，越南战争爆发，疟疾肆虐，寻找有效的抗疟剂药被中美两国提上日程。1969年1月，北京市中医研究院加入5·23计划，39岁的屠呦呦被任认命为科研组组长。屠呦呦从东晋葛洪《肘后备急方》阐述青蒿的用法得到了启发，"青蒿一握，以水二升渍，绞取汁，尽服之"，悟出可能不宜高温加热的道理，并考虑到有效成分可能在亲酯部分，遂改用乙醚提取，于1971年10月在去除了酸性成分的中性提取物中首次提取得到青蒿素纯品。

一个关键性问题：如果你是屠呦呦，接下来你准备做什么呢？【问】

学生：①研究如何大规模生产；②在青蒿素的基础上改进；③确定青蒿素的结构；④研究青蒿素的药理。【思】

教师：这些都是屠呦呦需要做的工作，但首要的是测定青蒿素的分子结构，因为这是开展其他工作的基础。【察】

环节二：初步测定青蒿素分子结构

教师：如果你是屠呦呦，你会选择哪些方法来测定青蒿素分子结构呢？选择这些方法的目的是什么呢？【问】

学生：①用燃烧法和质谱获得青蒿素的分子式；②用红外光谱检测青蒿素分子中的官能团；③用核磁共振检测青蒿素分子中氢原子的种类和各类氢原子数目之比。【思】

教师：屠呦呦正是通过这些方法获得了青蒿素分子结构的部分信息，请大家分析相关文献资料，将这些信息提取出来。

学生：获得的信息有：①分子式为 $C_{15}H_{22}O_5$；②含有六元环内酯、过氧基（—O—O—）和三个甲基；③没有碳碳双键或三键。【思】

教师：①实验：模拟科学研究过程，用碘化钾淀粉溶液验证过氧基（—O—O—）的存在。②根据这些信息，你能尝试写出青蒿素的分子结构吗？【问】

学生：在试写的过程中逐渐发现问题：①无法确定青蒿素的分子结构，能够写出很多个同分异构体；②根据分子式可得知青蒿素的不饱和度为5，已知的六元环内酯提供两个，由于没有碳碳双键或三键，剩下的3个不饱和度只能通过成环获得，而哪些原子成环现有信息无法确定。【论】

教师：科学家也遇到了同样的困难，北京、上海的专家写出很多同分异构体，然而无法确定最终结构。

环节三：寻找新方法测定青蒿素分子结构

教师：研究物质常用的方法有化学实验、质谱、红外光谱、紫外光谱、核磁共振氢谱、碳谱……这些方法的共同点是用其他物质或工具作用于我们研究的物质并获得反馈信息，再通过这些信息分析推测待测物的结构。既然用现有方法获得的信息不足以准确测定青蒿素分子结构，我们还能否找到新的工具呢？这时，晶体 X 射线衍射法出现在科学家的脑海里。【问】

教师：（根据学生实际知识储备，介绍伦琴射线、光的衍射实验、晶体的结构特点）借助宏观的弹簧衍射实验使学生了解电磁波和光的衍射，体会衍射图案与衍射物结构之间存在对应关系，并让学生认识到这是一种功能强大的测定晶体结构的方法。

北京、上海的研究人员共同协作，获取青蒿素晶体，通过仪器测定和理论计算获取青蒿素分子的电子密度图，朝着青蒿素分子结构测定迈进了重要的一步。

环节四：初步搭建青蒿素分子模型

教师：请同学们观察青蒿素的电子密度图，你觉得这幅图存在哪些问题？【问】

学生：①原子数目不够；②这个图是平面的，不能获得原子位置的三维信息。【思】

教师：原子数目少的原因是氢原子电子密度小，在早期的 X 射线衍射中显示不出来。又因为该图是从一个方向照射青蒿素晶体得到的，所以这只是一个平面信息

图。如何解决这些问题？【问】

学生：①确定了碳原子和氧原子的位置，最后根据有机物成键规律，把氢原子补上就可以了。②需要从不同角度照射青蒿素，获得这些原子的立体信息。【思】

教师：科学家正是按照这两条思路，获得了青蒿素分子中碳、氧原子的三维坐标信息。为了把这些信息更明确地表示出来，科学家们想出了一个好办法，就是用三维坐标模型将这些原子的位置摆放出来。请同学们按照学案上放大后的坐标信息，模拟科学家的实验过程，借县助泡沫小球将青蒿素分子中所有碳、氧原子的相对位置在空间摆放出来。【论】

小组活动——初步搭建青蒿素分子模型

环节五：确定青蒿素分子结构

教师：现在我们已经把所有碳、氧原子的相对位置摆出来了，我们得到青蒿素的结构了吗？还存在哪些问题？【问】

学生：没有得到青蒿素分子结构，因为化学键的位置还没有确定。【思】

教师：如何确定青蒿素分子中化学键的种类和位置呢？【问】

学生：一般来说，同一种化学键的键长数值在有机物分子中相差不大，可以利用键长信息来确定哪些原子之间形成化学键，形成哪种化学键。【思】

教师：请借助已有的青蒿素结构信息和学案上的键长信息，确定青蒿素分子中碳、氧原子间的化学键位置，最后补齐氢原子，画出青蒿素分子的结构简式。【论】

小组活动——确定青蒿素的分子结构

环节六：确定青蒿素分子结构的意义

教师：在1976年青蒿素分子结构被确定之后，科学家们成功解释了其结构的稳定性，多次对青蒿素结构进行改进，并且在1986年成功完成了青蒿素的全合成工作。可以说，没有青蒿素分子结构的测定，科学家就很难完成后续的一系列研究工作。通过这两节课的学习我们一起重走了青蒿素结构的发现之旅，同学们有哪些收获呢？【问】

学生：①深切感受到了科学家的艰辛历程，以及遇到困难永不退缩的决心；②体会到了有机物结构的立体性；③体会到了晶体X射线衍射技术在测定物质结构中发挥的重大作用。【效】

教师：从1976年青蒿素分子结构确定到现在已经过去了40多年，随着科技的发展，晶体 X 射线衍射技术更加成熟，一些复杂有机物，如海葵毒素、某些重要的蛋白质都是通过该方法鉴定的。然而，晶体 X 射线衍射并不是万能的，它的缺点就是必须培养待测物的单晶，而很多蛋白质的单晶很难培养，为了解决这个问题科学家们不断开辟新的方法，比如近年来发展起来的冷冻电子显微学技术不需要培养单晶也能检测出蛋白质的结构。总之，科学探究是永无止境的。【效】

六、教学效果与反思

（一）专家评价

北京师范大学王磊教授、魏锐教授以及正在北京师范大学访问的澳大利亚科廷大学毛里齐奥·摩克林教授对这次大胆而有益的尝试给予了高度的评价。

北京师范大学王磊教授：这次课是成功且有益的尝试，从物理的衍射引出化学结晶，实现了跨学科、跨模块。鲁科版化学教科书设计项目式学习使用真实、复杂、跨学科的内容，以动手实践、亲身体验的形式落实了核心素养。

北京师范大学魏锐教授：时代性知识如何引入中学教学是很重要的一个问题。高端备课，对老师们来说都是痛苦的，但从痛苦到兴奋，再到学生的兴奋，我们的痛苦是值得的。选择功能性的、有价值的内容作为教学内容，也是落实核心素养给我们提出的挑战。

毛里齐奥·摩克林教授：很难想象一个如此复杂的问题能够呈现在中学课堂上。老师们为这节课做了大量的准备工作，我特别钦佩。特别是教师的一个关键性问题：如果你是屠呦呦，接下来你准备做什么呢？把学生带入到这个非常有意义的学习过程中。

（二）学生感受

1. 屠呦呦等科学家从提纯青蒿素到测定青蒿素结构的漫长过程，让我们体会到原来科学家在研究过程中会遇到这么多困难。

2. 当课堂上经过重重困难终于确定了青蒿素的分子结构时，忽然发现，原来我们也能像科学家一样解决问题！

3. 晶体 X 射线衍射法功能很强大。

4. 我们学习的知识方法很有用，在这么高端的科学研究中都能用上。

5. 分子结构研究太重要了，只有知道药物的分子结构，才能进一步研究药理，进行药的改性和全合成研究。

教师反思：

1. 知识性的问题少给提示，较难的项目活动多给提示

在实施项目式教学的过程中，给予学生何种程度的提示是老师们考虑最多的问题之一。项目活动是课堂的核心环节，提示不充分，学生完成时间太长；提示过多，项目的意义和价值又难以充分体现。本课第二课时的核心环节是两个学生活动：搭建青蒿素分子模型与确定化学键位置。这两个活动对学生来说都很陌生，难度也较大，如果不给出足够多的提示，不仅会消耗大量的课堂时间，也会打击学生的积极性。考虑到这两个活动的核心价值在于使学生在搭建模型的过程中体会有机物结构的立体性，我们在项目过程中给出了详尽的操作提示，让学生省去了熟悉模型的时间，而把主要精力投入在体会结构和搭建结构上。最后整体的时间把握和课堂效果都恰到好处。

2. 通过项目活动收获惊喜，收获快乐

由于平时多使用结构简式表示有机物，很多学生逐步形成了一种思维定式，认为有机物结构大多是平面的。直到他们在这次课上通过模型搭建的项目活动，亲手将青蒿素的碳、氧原子在空间摆放出来之后，才惊讶地发现有机物的结构是如此高度立体化的。项目式活动在锻炼学生动手能力的同时，也常常会给学生带来意想不到的欢乐和收获。比如，有的学生逐个测量原子间距，对比键长数据，却无法确定哪些位置成键，而焦急万分；而有的学生先整体把握，找出四个环的位置，再利用键长数据完善结构，顺利解决问题，收获了满满的成就感。课后访谈中，他们也不惜赞美之词，对这次课堂体验给予了"有意义""快乐"甚至是"震撼"这样的评价之词。

教学案例二：用问题激活思维，让学习在课堂上真实发生
——"引领时代的思考"教学实录

北京理工大学附属中学历史学科组　薛玉

在课堂上，学生思维的活动才是最高层次的学生活动。如何才能把学生的耳朵叫醒，激活他们的思维，让学习在课堂上真实发生呢？我在"引领时代的思考"一课的教学中进行了一些探索和尝试。

一、教学内容分析

本课的内容为启蒙运动，属于思想史的内容，较为抽象，传统的教学设计往往

从背景、内容、影响等方面着手，逐一展开，层层解析。九年级的学生虽然已经有了初步的抽象思维能力，但是启蒙思想家的一些主张对于他们来说依然很难理解。鉴于此，我在进行教学设计时更多思考的是学生会怎么想，他们思考的逻辑是怎样的，我希望我的教学能够将学生带入历史情境，让学生身临其境地像启蒙思想家一样去思考问题、解决问题。为此，我把教学设计的顺序也相应地调整为按照启蒙思想的内容、背景、传播和影响依次展开。

二、课堂实录片段

（一）用生动的故事创设历史情境，激活学生思维

思想史的内容相对比较枯燥，如何导入能够激发学生的兴趣，让学生快速进入历史情境呢？这个问题困扰了我很久。后来，我无意中看到了伏尔泰和贵族争论的故事，觉得很有趣，几经辗转，终于在伏尔泰《哲学书简》（商务印书馆 2016 年 8 月版）的引言中找到了故事的一些细节，并用动画的形式将其在课件上呈现了出来。首先由 18 世纪法国流行的戏剧《俄狄浦斯王》引出名噪一时的伏尔泰，再由伏尔泰的名声大噪引出他和贵族罗昂之间的故事。

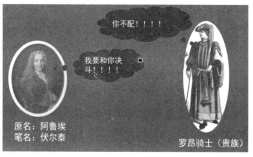

讲完故事之后，通过提问"为什么罗昂会觉得伏尔泰不配和他决斗？"引发学生对当时社会现状的思考。结合对当时法国社会背景的回忆，学生可以得出当时社会存在等级制度、人权不平等的结论。面对这样的现状，伏尔泰在《哲学通信》中曾提出质疑："难道农民的儿子生来颈上带着圈，而贵族的儿子生来腿上带着踢马刺吗？"九年级学生在语文课上刚学过《陈涉世家》，伏尔泰的这句很容易让他们联想到"王侯将相，宁有种乎"。这里我要给学生指出陈胜的这一问和伏尔泰的这一问所带来的不同影响，陈胜的口号是来发动农民起义的，伏尔泰在提出这样一个质疑之后还要去思考，既然这样是不合理的，那应该怎样呢？这就是理性的思考了，从而引出天赋人权、人人平等的思想主张。

（二）借助材料，问题引导，让学生像启蒙思想家一样思考

在当时的法国，不仅是不平等的，人民还受到专制王权的压迫。学生在学案上会读到以下材料，并需要从材料中概括出当时的人民面临着怎样的窘境。

材料一

在连年的战争、饥荒、穷困、宗教迫害和赋税重压以后，法国人民希望有一个关心人民幸福而不是好大喜功的国王……

战争结束以后，法国又算了一次账：亏空惊人。……要想改革财政，就必须向特权阶层征税，必须损害上流社会，取消既得权益……不论是谁，不论是否贵族，都要按收入纳税。必须弥补亏空，偿付因战争而再度增长的债务利息。……法官们气急败坏，贵族们焦急不安，而人民，归根到底是人民，承担了全部新税。

——皮埃尔·米盖尔《法国史》

以下是这一部分的课堂实录：

学生：当时法国人民面临经济方面的问题，因为材料中说："法国又算了一次账：亏空惊人"，也就是说当时应该是处于一种经济危机的状态。

教师：经济危机了，或者财政亏空了，国家怎么办呢？

学生：那就向人民征税。

教师：对，我们再看一下第一段，在这之前，人民已经经历了哪些事情？

学生：战争、饥荒、穷困、宗教迫害和赋税重压，人民已经被剥削了很多了。还要纳税。贵族们虽说焦躁不安，但是还承担得起，人民本来就已经很惨了，还要再去纳税，就会更惨。

教师：好，请坐。这位同学说得很好。那是谁这么霸气，贵族的利益他都敢侵

犯呢？是谁在贵族之上呢？

学生：教士。

教师：有教士，中世纪教会的力量很大，在当时的法国，国王的力量也很大，有权征税的是国王。关于教权的问题，有兴趣的同学，咱们可以课下再讨论。当时法国的国王特别霸气，路易十四说："臣民没有权利，只有义务。"路易十五说："国家的权利和利益全部掌握在我手中。"当路易十六的一个政策被质询其合理性的时候，他说："当然合法，因为我是这样希望的。"为什么当时这些君主能够这样滥用权力，甚至凌驾于法律之上呢？因为他们相信："我们君主的权利是上帝授予的！"这就是所谓的"君权神授"。

可以看出学生能够通过材料看到当时法国人民所面临的窘境。通过教师的引导和补充材料，学生知道当时的君主都信奉"君权神授"理论。接下来，按照启蒙思想家的思路，他们对"君权神授"提出了质疑。"君权"是"神授"的吗？启蒙思想家们通过以下论证对"君权神授"进行了否定。

按照教会的观点：亚当是世界上第一个人。

亚当拥有统治世界的权力吗？

即使有，这种权力可以被继承吗？

即使可以被继承，谁是合法继承人？嫡长子吗？

即使嫡长子是继承人，谁可以证明自己是亚当的嫡系子孙？

既然不能，那很抱歉，"君权神授"不成立。

既然"君权"不是"神授"的，那么君权是从哪来的呢？由此一问引出对"社会契约论"和"人民主权说"的阐述。这是启蒙思想的难点之一，如何帮助学生更好地理解这两个概念，也是颇让人苦恼，最终，我决定用动画的方式，尽可能用贴近学生生活的表述，向学生解释这两个概念。

教师：我来给大家推演一下这样一个过程。在很久很久以前，人生活在地球上，但人的本性是趋利避害的，我们要追求利益的最大化，会发生什么事情呢？你想象一下，假如是在教室里，每个人都追求自己的利益最大化，"老师，我现在想睡觉，请关灯，你不要讲了"，要不就说"我这桌子上书放不下了，你那桌子拿来给我用一用"，如果每个人都追求自己的利益最大化，会发生什么事情呢？

学生：会打架。

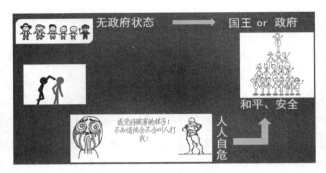

教师：打架，会发生矛盾，会发生冲突，那发生了矛盾和冲突之后，打了一架，就会有胜的和败的，这时候强者处于一个强势的地位，弱者就会人人自危，以强凌弱的社会就出现了，此时强者也是有危险的，万一来了更强的呢？所以就出现了人人自危，谁都不安全，谁的利益都得不到保证，那怎么办呢？后来大家协商，"我们每个人都让渡出去自己的一部分权利，暂时放弃一小部分权力，我们把这一部分权力交给一个权威的力量，一旦有了矛盾冲突，就让他来解决"。在教室里面，这个人是谁呢？

学生：班主任。

教师：对，班主任。那么大到一个国家，一个社会的话，姑且把它称为国王或者政府，这就是最初人类社会从无政府状态到有政府状态产生的一个过程，也是从人人自危到相对来说和平安全的状态的过程。根据我刚才讲的这些，现在我们再回去想，既然君权不是上帝授予的，那君主的权力是从哪里来的？谁给的？

学生：人民。

教师：对，人民给的。这就叫作人民主权。为什么人们会愿意让渡出去自己的一部分权力呢？你为什么会愿意让渡出去？

学生：希望有一个和平安全的环境。

教师：我们愿意让渡权力的前提是什么？是这个权威的力量能够保证我们的利益，保证我们的安全，这是我们之间达成的一种协议，就像一种契约一样，在这种契约之上，产生了国家，这叫作社会契约。你让出一部分权力，我来管理你们，我们都遵守这样的契约，就能维持一种和平安全。但是，随着时间的推移，当这个政府或者国王不能够维持我们的利益了，甚至是损害了我们的利益，就像刚才我们讲的那些法国的国王一样，这个时候民众可以怎么做？

学生：推翻他。

教师：为什么民众可以推翻他？

学生：因为权力是人民给的，所以现在人民就可以把他推翻。

教师：推翻之后呢？

学生：再建一个呗。

教师：再建一个政府。那请问你如何保证再建的政府不会发展成一个暴政的政府？

学生：法律管着。

学生：共和国。

学生：领导者的权力互相制衡，不能让他们一个人独大。

教师：好，不能让一个人独大，要让他们的权力互相制衡，这就是权力制衡。而且刚才同学提到用法律来限制权力，这也是对权力的一种制约。不能一个人独大，我们就可以把权力分开，这就是分权的思想。

通过这一师生对话的过程，学生不仅理解了"人民主权说"和"社会契约论"，而且能够顺其自然地分析出"分权""制衡""法治"等思想，这些正是当初启蒙思想家们为了解决当时的社会问题而想出的办法。学生们和启蒙思想家的不谋而合，其实不是偶然的，因为学习本课的时候，学生已经学完各国的资产阶级革命了，对于分权制衡和法治的思想已经有了一定的了解，因此在这才能呼之欲出。这也为后面讲启蒙思想的影响埋下了伏笔。

（三）执果索因，将学生思维引向对背景的分析

在讲完启蒙思想的内容之后，教师话锋一转，说出学生可能存在的疑问：在法国封建专制制度的束缚下，为何能产生这些与专制格格不入的思想呢？这就是启蒙运动的背景了。

在法国封建专制制度的束缚下，为何能产生这些与专制格格不入的思想呢？

法国的海外贸易有了惊人的发展，在1716到1787年之间增加了五倍。……"手工工场"工业和手工业发展很快……行会受到了过分严厉的规章的制约，尽管如此，法国工业还是取得了明显的进展。

——【法】瑟诺博斯《法国史》

资本主义经济发展

法国到处是小城市，在这里一切精神生活和社会生活都由中产阶级领导。……他们过着相当优裕的生活，……并且有足够的知识可以稍微了解一点哲学家的思想。他们时常受佩剑贵族和长袍贵族的屈辱，因为这些贵族把他们摈逐于上流社会之外，而不平等的税收制度使他们的利益受到了损害，所以他们已经准备着反抗特权和法律的不平等。

——【法】瑟诺博斯《法国史》

资产阶级力量壮大   资产阶级利益遭到侵犯

通过对以上两段材料的分析，学生可以得出当时法国资本主义经济的发展，使资产阶级力量不断壮大，同时资产阶级的力量受到了侵犯，因此他们准备反抗专制王权。但是他们如何能突破专制王权的束缚呢？被专制王权压制了这么久，他们为什么会突然开始质疑呢？他们是受到牛顿的启发，从而引出科学革命带来的理性的思考。

学生已经具备了一定的物理知识，对于牛顿也并不陌生，因此可以由牛顿的成就引出理性的概念，再将刚才的思考过程与理性相结合，帮助学生理解理性的含义。对"君权神授"的质疑，对"人民主权"和"社会契约"的阐述，都是理性思考的结果。

至此，依然无法给出"启蒙运动"的概念，因为毕竟这些都是思想家的观念，要形成一场"运动"，需要思想在民间的普及，才能引起启蒙思想的传播。

（四）顺势而为，"启蒙运动"的概念呼之欲出

伏尔泰等人的这种理性的思考在最初的时候只有思想家能够做到，普通民众可不是这样的。孟德斯鸠在《波斯人信札》中对当时民众的状态有一段经典的描述："这个国家的国王是一个伟大的魔术师，他甚至能够把他的权威灌输进臣民的脑子，让他们也替他的需求着想。如果他要打一场艰苦的战争却没有钱，他只要钻进他们的脑子里告诉他们一张纸可以当钱，他们立刻就相信了。"

因为看到群众这种蒙昧的状态，所以当时的思想家们才致力于启蒙思想的普及，狄德罗在给伏尔泰的信中就曾说道："不给任何迷信者、盲从者、无知者或愚昧者、罪人和暴君以容身之所。"那么当时法国有哪些社会条件有利于他们这些思想的传播呢？

通过对这两段材料的分析，可以了解启蒙思想传播的条件和途径。以下是相关

> 一些有识之士在外省和巴黎成立了一些研讨思想的团体，往往称为"学院"，大小资产者都在那里聚会，设立文学或科学奖金，以促进研究和创作。在十八世纪的法国，思想交流比货物流通快得多。城市里有漂亮的图书馆、阅览室，至少也有可以在那里看报的咖啡馆。巴黎还有文学沙龙，有名的和无名的作家都在那里炫示才华。
>
> ——【法】皮埃尔·米盖尔《法国史》

> 在这个世纪里，受教育率增加了一倍……伏尔泰的短篇小说和让-雅克·卢梭的教化小说被几十万读者所阅读。印刷成为当时最具经济活力的行业……
>
> ——王克明译《理性时代：法兰西》

的教学实录，可以看出学生能够对史料进行分层梳理，比较全面地提取有效信息。教师借此机会可以渗透史料研读的方法。

学生：材料一中说，"一些有识之士在外省和巴黎成立了一些研讨思想的团体，成为学院。"我觉得这肯定就是学院最初的地方。他们设立了文学或奖学基金，这样是来促进研究和创作的。然后，还有下面的一句"思想交流比货物流通快得多"，这是描述思想交流的过程，"还有文学沙龙，有名的和无名的作家都在那里炫示才华"，等于是大家的作品拿到一起来看，这样大家相互借鉴，大家看到的东西就会更多。这就是交流。

教师：在什么里面交流呢？在文学沙龙里面交流，还有哪些场所是可以用来思想交流的呢？

学生：还有那个图书馆、咖啡馆、阅览室。

教师：对，这些都可以促进思想的传播。在第一段材料里面，我们看到有学院、图书馆、阅览室、咖啡馆，还有文学沙龙，沙龙是什么呢？在中世纪的法国，沙龙最早的意思是会客厅，文学沙龙就是当时的一些知识分子聚集在私人的住宅里，在人家的客厅里去谈论文学，谈论科学，谈论这些思想主张。当时沙龙在法国非常流行。好，我再找一位同学来看一下第二段提供了哪些信息？有哪些有利于思想传播的条件？

学生：首先，受教育率增加了一倍，也就是说受教育的人多了，他们对知识应该了解得更加广泛，更加多。其次，伏尔泰的短篇小说和让-雅克·卢梭的教化小说被几十万读者所阅读，就是说他们两个本来就是思想比较开阔的人、和比较成功的人，然后他们的小说又被几十万读者所阅读，也就是说思想已经传到大众那里去了。最后，更有利的就是印刷成为当时最具经济活力的行业，也就是说，印刷比较方便，这样思想才能传播得更远。

教师：印刷跟思想传播中间，印刷什么呢？

学生：书。

教师：他们的著作。好，请坐。这两位同学都说得特别好。两位同学的回答有个明显的特点，就是基本上对每一句都进行了分析，而且层次特别清楚，这是我们阅读材料的基本功。

通过对材料的分析，启蒙思想的传播过程已经基本呈现出来了。思想的传播需要载体，即思想家的著作。当时的思想家，如孟德斯鸠，他开创了一种哲学小说的体裁，将晦涩难懂的哲学道理以小说的形式呈现出来，这样大家就爱看了，也更容易看懂了。这种民众喜闻乐见的形式，也成为他的思想能够传播的重要原因。其他的载体有报纸，以及言论的口口相传。除了载体，还要有传播场所。例如，图书馆、阅览室、咖啡馆、文学沙龙和学院，除此之外，还有一些附属的能够促进思想传播的条件，一个是受教育率的提高，另一个是印刷业的发展。有了这些条件之后，思想得以在普通民众中传播，甚至上流社会也开始接受这些思想家的思想。这样一场思想传播的过程形成了一场思想解放运动，如下图所示。

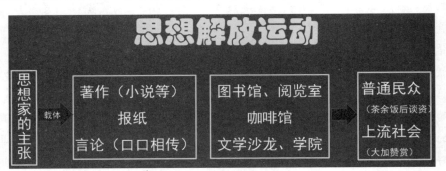

到这里，"启蒙运动"的概念已经呼之欲出了，因为是发生在法国，因此我首先给出法语的"启蒙运动"，其中有一个词的含义是"光明、智慧"，再给出英文的"启蒙运动"，有"点亮"的含义，最后再给出中文的"启蒙运动"，通过这种方式使学生自然而然地理解什么是"启蒙"。

三、教学反思

佐藤学曾经说过，教师在讲课的过程中，"竭力以自己的身体语言和情感去与学生的身体动作和起伏的情感共振"①，在这样的教室里，无论是"讲授者"，还是"倾听者"都会觉得非常幸福。我非常希望能够达到这样一种师生都觉得幸福的状态，这也是我设计本节课的目标之一。要达到这样一种状态，就需要将学生的思维激活。

激活学生思维的有效办法是提问。用问题引导学生思考，用层层深入的问题将学生的思维逐渐打开。提问也是有技巧的，如果提的都是没有营养的问题，倒不如不问。本课的设问包括两种：一种是不需要学生直接给出答案，主要作用是引起学生思考，引出下一部分内容的问题；另一种是针对材料的设问，需要学生通过分析材料给出答案。除此之外，针对学生的回答，随时追问，在师生问答对话中将学生的思考向更深层次推进。

本堂课由于导入比较新颖，一开始就将使学生兴趣盎然地投入学习之中，之后的每一部分内容的引出，都是从学生思考问题的角度出发。整堂课上，学生的思维都处于激活状态，始终跟随教师的引导，积极思考，在阅读史料和聆听讲解的过程中，自然而然地对历史有了切身感悟。学生的全情投入让我很受鼓舞，下课之后还有不少同学围过来和我继续探讨，有一种意犹未尽的感觉。

真正的历史学习，结论不应该由教师直接给出，而是由学生通过阅读史料和聆

① ［日］佐藤学：《静悄悄的革命——课堂改变，学校就会改变》，23 页，北京，教育科学出版社，2014。

听讲解，自己生成。在研读史料的过程中，还要有意识地进行方法的渗透和指导，并尽可能地让学生将自己的思路以可视化的形式呈现出来，教师再对此进行适当的指导点拨，帮助学生突破难点。由"问"而引入，激活学生的"思"维，通过师生对话交流，在"论"的思维碰撞中，深度学习自然而然地发生，学生在领悟知识方法内涵的同时（"察"），也提升了学科核心素养的水平（"效"）。

教学案例三：《装在套子里的人》（第二课时）教学设计及思考

北京理工大学附属中学高中语文学科组　林琳

一、教学设计

（一）整体思路及背景简介

高中新课标要求，通过语文学习，应使学生思维得到发展与提升，即学生通过语言运用，获得直觉思维、形象思维、逻辑思维、辩证思维和创造思维的发展，以及深刻性、敏捷性、灵活性、批判性和独创性等思维品质的提升。

而对于小说的阅读，课标要求反复阅读品味，深入探究，欣赏语言表达的精彩之处，梳理小说的感人场景乃至整体的艺术架构，厘清人物关系，感受、欣赏人物形象，探究人物的精神世界，体会小说的主旨，研究小说的艺术价值。

在新课标背景下，对于经典短篇小说的教学，需要集中语言任务、思维及审美任务、文体知识学习任务、文化和思想探究任务等多维教学内容于一体，并借助对短篇小说的学习带动学生对整本书阅读的兴趣，并努力提升阅读的有效性。

另外，过去讲这篇小说，多需借鉴沙俄专制的历史背景，而此时学生的思维惯性会立刻发挥效力。本课希望在不提历史背景的情况下，通过课堂的有效设计，让学生发现并思考一个古往今来中外社会都存在的深刻问题。

（二）教学内容分析

契诃夫的《装在套子里的人》是必修五第一单元的一篇小说。这一单元与必修三第一单元（小说单元）相呼应，建构了包括情节梳理、人物和主题等的深度探究多重任务。而必修三第一单元中鲁迅的《祝福》与本单元中契诃夫的《装在套子里的人》在主题上更有呼应和印证的意义，是中外短篇小说的典范。

契诃夫以夸张的笔法呈现的别里科夫形象，可以瞬间"俘虏"学生的心，那滑稽的形象让学生忍俊不禁。但在教学中，除了勾勒出主人公外在的形象外，把握他深层的形象特征和意义才是教学中要解决的问题。而另一重要任务便是分析呈现这一形象的视角和表达立场，在故事和人物被"娓娓道来"的过程中，我们尤其需要关注叙述者所展现的思想和态度，这些共同构成了小说的主题。

（三）学习者分析

高一（2）班是一个理科班，同学们对社会文化知识的积累不多，阅读经典小说也比较有限。但学生思维比较活跃，分析问题的能力比较强，有积极探究的意愿。

为了获得更好的教学效果，解决符合学情的问题，设置更加有效的最近发展区，我在第一课时，请学生首次阅读后先提出自己感兴趣的问题，并进行小组讨论，解决一部分可以解决的问题，留下仍然重要而不能完全理解的问题。

这些问题将成为研究文本的起点，也成为这节课研读文本时将要达成的目标。

（四）学习目标设计

语言的建构与运用：分析生动的小说语言，把握作者语言与人物语言分别传达出来的深刻含义，对小说中生动的描写细致揣摩，品味出人物的性格和小说的主题。

思维的发展与提升：以动态的、思辨的视角审视作品，不拘泥于表象的整理，研究作者潜藏在文学作品中的深层思考。

审美鉴赏与文化传承：学习这篇小说，既能感知小说大师精湛的构思和文笔，更能深刻领会很多人身上具有"套中人"的性格，更能理解"奴性"在人类发展和社会进步过程中发生的可怕而又消极的作用。

（五）单元整体教学设计

我们对本单元的教学资源做了大胆的调整。将这一小说单元的教学紧跟必修三小说单元之后进行，目的是通过集中研读《祝福》《装在套子里的人》《林教头风雪山神庙》几篇经典小说：一是形成对古今中外小说的初步印象；二是使学生建构小说的文体形态意识，获得对小说的审美感受；三是辅助记叙文写作（故事创作部分）教学。另外，把《林黛玉进贾府》《老人与海》《边城》这三篇小说节选融入整本书阅读的过程中。

（六）本课时教学活动设计与评价设计

1. 单课时教学活动过程设计。

① 阅读文本，集中问题。

②梳理情节。

③围绕一个核心问题展开对人物形象的分析和对内容理解。

④在主人公形象分析基本结束后，做更深一层的主题探究。

⑤引入相关资料，帮助学生深刻体会主题。

2. 课堂学习评价设计。

①对学生发现问题和发现解决问题方法的能力给予关注和评价。

②对课堂讨论的参与情况给予关注和评价。

③对发言的准确度、开放度、深刻性等方面做出评价。

④对问题研究过程中的"紧抓文本"的素养给予关注和评价。

（七）板书设计

装在套子里的人

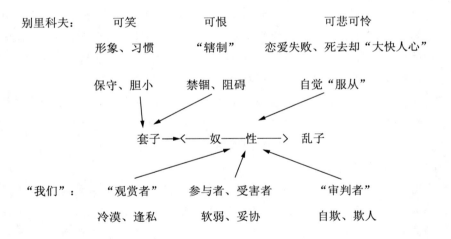

（八）教学实施

一、勾连第一课时，引入新课

上一节课阅读《装在套子里的人》，同学们提出了自己关心的并难以解决的问题。我们把问题聚焦一下，得出如下一些疑问。

（1）为什么学校甚至全城会被像别里科夫这样的人辖制了足足十五年？

（2）"套子"指什么？别里科夫所说的"乱子"又指什么？

（3）别里科夫为什么死？这一情节设置会带给读者哪些思考？

（4）"我们"是"套中人"吗？为什么别里科夫死后一个礼拜还没过完，生活又回到了旧样子？

（5）柯瓦连科的作用是什么？

那么这节课，通过我们的分析，看看能不能解决大家的疑惑。

二、线索性问题：你认为别里科夫是一个可____、可____、可____、可……的人。请结合文本加以解读。

可笑：

表——穿着、用具、生活习惯、举止都把自己装在"套子"里。（滑稽可笑）

里——

"仿佛要为自己制造一个套子，好隔绝人世，不受外界影响"——逃避现实

"现实生活刺激他，惊吓他，老是闹得他六神不安。也许为了替自己的胆怯、自己对现实的憎恶辩护吧，他老是歌颂过去"——胆小、保守

"可是千万别闹出什么乱子"——害怕"乱子"——最突出的特点。

（追问：别里科夫所谓的"乱子"是指些什么事？）

"在别里科夫这类人的影响下，全城的人战战兢兢地生活了十年到十五年，什么事都怕。他们不敢大声说话，不敢写信，不敢交朋友，不敢看书，不敢周济穷人，不敢教人念书写字……"

"乱子"是美好、自由、充满人性和爱的事情）

小结：套子，具有逃避现实、胆小、保守、拒绝美好、自由事物等特点，它与"乱子"从某种意义上具有对立的一面。

可憎、可恨：

"我们这些教师都是有思想的、很正派的人，受过屠格涅夫和谢德林的陶冶，可是这个老穿着雨鞋、拿着雨伞的小人物，却把整个中学辖制了足足十五年！可是光辖制中学算得了什么？全城都受着他辖制呢"——辖制、阻碍、禁锢

可悲、可怜：

恋爱失败、死了却"大快人心"。

（1）那么，别里科夫怎么会死了呢？

①漫画事件——"他脸色发青，比乌云还要阴沉""嘴唇发抖"。

②骑车事件——"别里科夫脸色从发青到发白""似乎心里乱得很，不肯再往前走，回家去了""从他的脸色分明看得出来他病了"。

③摔下楼梯事件——

A."我的举动素来在各方面都称得起是正人君子"（撇清"漫画事件"这一乱子）

B."您骑自行车，这种消遣，对青年的教育者来说，是绝对不合宜的"（认为没有被政府明确允许的自由、快活的事情带有"乱子"的性质）

C."说不定有人偷听了我们的谈话了，为了避免我们的谈话被人家误解以致闹出什么乱子起见，我得把我们的谈话内容报告校长"（告密——"辖制"真正发挥效力的地方）

D."这样一来，全城的人都会知道这件事，还会传到校长耳朵里去，还会传到督学耳朵里去。哎呀，不定会闹出什么乱子！"（自己居然成了制造"乱子"的人）

（2）如此说来，别里科夫是"摔死"的吗？他究竟是怎么死的？（讨论）

①这一次，别里科夫的遭遇与过去十五年相比有什么不同？

过去无论是非对错，"我们"都受到别里科夫的"辖制"而从不反抗，这一次，柯瓦连科选择了反抗。

②阅读《小公务员之死》，试发现二者的死因有什么相同之处？

发生在他们身上的事都不具有"杀伤力"，但他们都出于某种恐惧而死。这种恐惧来源于对某种高于他们的统治力（制度、官僚秩序等）。当他们已经形成对这一统治力的绝对顺从时，即使这种统治力没有直接发挥作用，他们也会主动维护这一统治秩序。这一种特性，可以被称之为"奴性"。

三、哲学家说："每个人都是他人的一面镜子。"如果说别里科夫是一面镜子，他"照出"了什么？

1. 在这篇小说中，一直是由以"我"为叙述者，代表"我们"这个立场进行叙述的。通过别里科夫的形象反观"我们"，那么"我们"具有怎样的特点呢？

①在"我"描述滑稽可笑的别里科夫形象时，能看出"我们"是站在"观赏者"的角度的，对于这样的别里科夫，大家虽然不认可、不接受，但也只是丑化、调侃，从来不愿帮助和改变他，可见"我们"的自私和冷漠。

②在"我"描述可恨可憎的别里科夫时，说"我们这些教师都是有思想的、很正派的人，受过屠格涅夫和谢德林的陶冶"别里科夫"却把整个中学辖制了足足十五年!""全城都受着他辖制呢!"。这说明"我们"什么特点?

链接材料一:《装在套子里的人》非课内部分的一段节选。

他有一个古怪的习惯——到同事家串门。他到一个教员家里，坐下后一言不发，像是在监视什么。就这样不声不响坐上个把钟头就走了。他把这叫作"和同事保持良好关系"。显然，他上同事家闷坐并不轻松，可他照样挨家挨户串门，只因为他认为这是尽到同事应尽的义务。我们这些教员都怕他。连校长也怕他三分。

能看出"我们"其实完全有能力去反抗别里科夫，但是我们没有，可见"我们"面对这样一种力量时，轻易选择了软弱妥协；因为怕"被告密"，我们轻易地被"降服"了。所以说"我们"既是这桩迫害之事的受害者，同时也是参与者。

③对于可怜可悲的别里科夫，"我们"把十五年的死气沉沉全归罪于别里科夫，如今别里科夫死去了却"大快人心"，觉得别里科夫"死有余辜"，"我们"似乎又充当了"审判者"的角色。

2. 追问:为什么"可是一个礼拜还没过完，生活又回到了旧样子，跟之前一样郁闷、无聊、乱糟糟"?

当别里科夫处于困境时，"我们"的意志突然强大起来，开始"欺人"，可是当"我们"又回到了老样子，就暴露出"自欺"的特点。也就是说，我们的境况不是由别里科夫造成的。

验证与认知推进:

链接材料二:《装在套子里的人》非课内部分结尾处的一段节选。

兽医伊万·伊万内奇说:"自己受到委屈和侮辱而隐忍不发，不敢公开声明站在正直自由的人一边，反而自己也弄虚作假，面带微笑，而这样做无非是为了混一口饭吃，为了有一个温暖的小窝，为了做个不值钱的小官罢了。"

3. 追问:分析到此，你对"套中人"这一形象的理解有什么新的发现呢?

"我们"其实与别里科夫一样具有"套中人"的特点，甚至具有更大层面的"奴性"。

验证与认知推进:

下面是社会学家对"奴性"的基本阐释，看看你对"套中人"有什么新的发现?

链接材料三：

奴性的三大特征：一是缺乏独立思想；二是缺乏平等精神，三是对权力顶礼膜拜。

缺乏独立思想的人，难以具备正常的逻辑思维，阻碍了理性的发展，容易受到蛊惑而被人操纵；没有思想自由的环境，就不可能有独立的思想。

缺乏平等精神，体现在既不能平等对待别人，也不敢平等看待自己。突出表现在奴性的两面性：在强者面前奴颜婢膝，在弱者面前趾高气扬。

对权力顶礼膜拜，表现为平民阶层的官本位意识，主要体现在对官的羡慕和敬畏，这种敬畏于是产生了对官所代表的秩序规则的自觉维护。

从社会学研究者对于"奴性"的总结中，我们轻易就能发现这些"奴性"的特点全部发生在故事里，发生在别里科夫和"我们"身上。"我们"不仅是"套中人"，而且病症似乎更加严重和可怕，这也是抑制社会进步的力量！

四、这么可怕而又根深蒂固的"奴性"真的无药可救了吗？文中还有哪一类角色，是我们没有充分关注的？

华连卡、柯瓦连科来自外省，追求自由和美好的事物，勇于反抗。

验证与认知推进：

链接材料四：《装在套子里的人》非课内部分的一段节选——

华连卡的弟弟柯瓦连科，从认识别里科夫的第一天起就痛恨他，不能容忍他。

"我不明白"他耸耸肩膀对我们说，"不明白你们怎么能容忍这个爱告密的家伙，这个卑鄙的小人。哎呀，先生们，你们怎么能在这儿生活！你们这里的空气污浊，能把人活活憋死。难道你们不是教育家、师长？不，你们是一群官吏，你们这里不是科学的殿堂，而是城市警察局，有一股酸臭味，跟警察亭子里一样。不，诸位同事，我再跟你们待上一阵，不久就回到自己的田庄去。我宁愿在那里捕捕虾，教俄罗斯的孩子们读书认字！"

柯瓦连科对"奴性"世界敏感、厌恶、排斥，他向往自由、美好的生活。

五、契诃夫在自己的日记中写道："世界上没有一个地方像我们俄罗斯这样，人们受到权威的如此压制，俄罗斯人受到世世代代的奴性的贬损，害怕自由……我们被奴颜婢膝和虚伪折磨得太惨了。"当时处于沙俄专制统治下的俄罗斯人民"奴性"十足。时至今日，你的身边有没有"套中人"？当下，我们学习《装在套子里的人》

的意义是什么？（开放性讨论）

　　拥有独立的思想

　　树立和培养独立健康的人格

　　……

　　六、作业：结合我们学过或读过的鲁迅先生的《孔乙己》《祝福》《阿Q正传》等作品，试着去发现这些作品与《装在套子里的人》在内容上有哪些相似之处？

　　二、教学思考

　　基于发现课堂的标准，对该课进行教学设计。"发现课堂"的理念和标准主要体现在以下几个方面。

　　第一，以效定问。

　　首先，教学的问题来源于学生。第一课时，首先请学生阅读文章，提出他们感兴趣的问题，指出疑惑之所在。当学生提出问题后，通过小组合作的方式，就会将简单、浅易或者无价值的问题消化掉或排除掉，最后会集中在一些有价值的问题上。例如，为什么学校甚至全城会被像别里科夫这样的人辖制了足足十五年？"套子"指什么？别里科夫所说的"乱子"又指什么？别里科夫为什么死？我们是"套中人"吗？为什么别里科夫死后一个礼拜还没过完，生活又回到了旧样子？……有趣的是看似学生提出很多问题，但这些问题会非常集中，成为这节课必须解决的问题。尊重学生的已有认知是"发现课堂"实现"效"的前提，教师不去主观判断教学目标和重点，制订它们需要依据两个标准：一是文本的特点，二是学情的需要。这里，教师首先要发现学生的需求在哪里，也就会让教学的效果更易于落地。

　　第二，优质问题，机智层进。

　　一旦发现了教学的目标，就需要有效设问。在这堂课的设计中，教学从以下两个主问题展开。

　　第一个主问题：你认为别里科夫是一个可＿＿＿、可＿＿＿、可＿＿＿、可……的人。请结合文本加以解读。这个问题的设计基于几点考虑：一是激发并尊重阅读者的有效参与。"可"是什么意思，就是"令人"的意思，也就是请大家探讨"这个角色你怎么看"，而不是作者要你怎么看。读者读完文章，当然会在头脑中勾画出自己心中别里科夫的形象，这时就需要提供一个平台让大家把对这一形象的认知呈现出来。二是激发学生充分分析文本。当一个个"可＿＿＿"的感受被体会出来时，我们一定需要学生说出这一感受的文本依据，这样就能起到让学生回归文本的作用，同时培养学生的分析概括能力。三是这一问题可以作为一个线索性的问题，中间自然就会生成其他问题，譬如"'套子'指什么？别里科夫所说的'乱子'又指什么？"再比如，"别里科夫为何而死？这一情节设置会带给读者哪些思考？"这些问题会在别里科夫形象浮出水面的过程中逐渐呈现，一并解决。

第二个主问题：哲学家说，每个人都是他人的一面镜子。如果说别里科夫是一面镜子，他照出了什么？《装在套子里的人》这篇文章不仅意图塑造别里科夫的形象，更引导人们去发现别里科夫周围的人们是如何自觉又不自知地扮演着"套中人"的角色，而这就意味着"套中人"是一个具有社会性的普遍问题，这也意味着这篇文章潜藏了一个巨大的探究空间，所以在解决了这个问题后，就有了"思维提升""文化认知"的新的教学层级——探究"套中人"形成的深层原因。这一部分是本节课的教学难点，如果不借助第一阶段的问题做铺垫，学生分析就会空乏，理解形式化，更不易察觉作者的创作匠心，而当第一个主问题解决之后，第二个主问题就有了抓手。

第三，思、论、察、效的互相作用，互为生成。

在这节课的教学中，教师组织学生进行了不受干预的"思"和受到干预的"思"。前者，就是让学生自主发现问题的过程，前面已经说过；后者，则是在解决问题的过程中，由思维低阶问题铺垫出高阶问题，引导学生去探索文本背后的答案。

比如，"别里科夫是'摔死'的吗？他究竟是怎么死的？"因为前面带着学生梳理了发生在别里科夫身上的三个事件，所以学生就感觉到存在压垮别里科夫的某根"稻草"，这时问题聚焦成功，就需要学生去思考"那么这个'稻草'是什么？"学生自然就会回到文本中去发现，然后把他们最初的朦胧的"别里科夫为何而死"的问题，扎扎实实地落实到去小心求证"死因"上去了。

线索是庞杂而散乱的，似乎需要一点合作才能"破案"。于是教师及时使用"论"的手段。所谓"论"，即"对话交流"，这里就是让学生去发散阅读，汇集力量，查找线索，并验证这些线索是有价值的。诸如，有人发现"这样一来，全城的人都会知道这件事，还会传到校长耳朵里去，还会传到督学耳朵里去。哎呀，不定会闹出什么乱子！"这是别里科夫的行事准则，然而这几天自己经历的这些事几乎无一不是触犯了这一准则的，这让别里科夫非常焦虑和不安。还有人发现，过去别里

科夫常以"传到督学耳朵里去"作为要挟，没有人会抵悟他，现在这个柯瓦连科用踢他下楼的方式反抗了他，这几乎颠覆了他的所有经验认知，是他无论如何也接受不了的。经过讨论，真相逐渐清晰了，但很多学生还是理解不了，"别里科夫这就死了？太夸张了吧！"

此时会发现课文的内容仍旧是有限的，学生的认知基础使他们也很难自我发现到这个现象背后的深刻根源，所以教师需要再做一次"发现"——可以提供给学生用来进行思维加工的资料，让学生再去"察觉察悟"。这一课中使用了多次资料链接，就是起到这个作用。

所谓"察"，就是培养学生的洞察与领悟能力。本节课教师前面的引导既是完成"形象"认知，也是筛选、提取、整合关键信息的过程，但是因为这些信息在学生头脑中并没有经验储备，以至于学生不知道如何排列、组合和加工信息，达到"领悟"的阶段。所以教师需要提供相似性信息，以帮助学生寻找这类信息的"类型"意义，即"典型性"。这里教师提供了《小公务员之死》，这篇文章是契诃夫基于相似的意图创作的又一篇短篇小说。教师请学生查找共性，于是学生开始"洞察与领悟"这类滑稽荒唐的故事背后，一个冰冷的社会现实——他们身上都存在着一种叫作"奴性"的特点。

在第二个主问题的解决过程中，教师再一次借助了引入材料的方法，这就像我们希望学生做一个思维实验：一是需要学生认识他们将要使用的材料；二是需要给学生提供完备的材料；三是提供实验方法。当万事俱备，学生就有了"察觉察悟"的机会。也就是说，学生能不能发现，能发现什么，这些都是需要教师用心去准备和设计的。从"察觉察悟"的内容角度，可以形成学生对文化的理解、认知，从"察觉察悟"的过程角度，可以实现学生思维水平的发展、提升。

那么"发现"得怎么样呢？当然还是需要检验的，更是需要将这些"发现"的成果用更加成熟、科学、系统的方式凝练地呈现出来。所以教师引入了社会学家的理论，请同学们将"模糊"的"实验结果"明确下来。这个认知的进阶过程，也是学生思维加工能力形成的过程，是语文素养形成的过程。需要说明的是，这样的学习过程在课堂上其实是示范式的，所以还需要通过相似的训练去巩固"战果"。因此，教师留了比较作品、完成认知的作业，以期获得完整、有效的学习能力的进阶，这也恰恰反映了发现课堂教学对"效"的终极追求。

这节课的每个阶段都力求以发现课堂"问、思、论、察、效"的标准进行设计，并在实施的过程中验证发现教育的意义。

教学案例四：化学反应与能量复习课

北京理工大学附属中学化学学科组　刘莹博士

一、教学目标

（一）宏观辨识与微观探析

1. 进一步学会从焓的认识层次上理解物质本身具有能量，物质的种类、数目、状态决定焓的大小。

2. 发现宏观和微观两个层面对焓变的认识的关联，会利用键能定量估算焓变，加深对盖斯定律的理解。

3. 通过思考和交流，使学生学会主动从宏观—微观两个角度，分析物质本身具有能量以及化学反应伴随焓变。

（二）变化观念

1. 进一步学会从焓变的认识层次上理解化学变化及物理变化中的能量变化。

2. 发现物质本身能量与变化中能量的关系。

3. 培养从能量视角分析化学反应，通过定量计算和实验测定获知化学反应中的能量变化的能力。

4. 通过层层追问，使学生学会主动从物质—能量两个视角认识物质及变化。

5. 通过独立思考和充分的讨论，使学生学会从多个不同角度系统分析化学反应中的能量变化。

6. 进一步形成正确的化学能量观，主动从能量视角看化学反应。

二、教学内容

环节一：导入，发现化学反应的多个认识角度

情境素材及优质问题/追问：

【情景素材】课前给学生们分面包吃。板书方程式：

$$C_6H_{12}O_6 + 6O_2 = 6H_2O + 6CO_2$$

【问】面包与黑板上的方程式有什么联系？

学生活动、静心探究/对话交流。

【思】学生们通过思考提出自己的想法，并归纳提炼认识角度。

揭示本质、达成目标。

【察】从面包在人体内发生的一个化学反应入手，让学生认识到从不同角度认识反应。发现认识化学反应的角度：物质—能量，宏观—微观。

环节二：辨析物质本身和变化中的能量概念，发现物质本身能量与变化中能量的关系

情境素材及优质问题/追问。

【层进追问】

1. 一片面包没有被吃掉，它本身是否具有能量？

2. 面包本身具有的能量是什么能？

3. 化学能、内能、动能、势能、键能、焓这些能量概念分别是什么意思？如何分类？

4. 这些能量概念中，哪一个与化学反应中的能量变化有直接关系？

5. 反应前物质总焓与反应后物质总焓不相等，是否与能量守恒相矛盾？

学生活动、静心探究/对话交流。

【思】分析物质本身具有的能量形式。（学生们给出不同的答案：化学能、键能、动能和势能等）

【论】对能量相关的迷思概念进行辨析和分类。

思考和讨论焓与焓变的含义和关系，体会焓变的作用。

揭示本质、达成目标。

1. 认识到物质本身具有能量。

2. 发展物质本身的能量宏观—微观认识。

3. 辨析易混淆的能量相关概念。重点认识到键能不是物质本身具有的能量。

4. 区分物质本身具有的能量和化学反应过程中的能量。

【效】发现物质本身能量与变化中能量的关系。焓变将反应中的能量变化与物质本身的能量联系起来。

环节三：发现化学反应中的能量变化的系统分析方法

情境素材及优质问题/追问。

【情境素材】1 片面包含有 21 g 碳水化合物，折算成葡萄糖约为 25 g。

25 g 葡萄糖可以让你步行 25 min，让你上一节 50 min 的课。

【问】如何知道 25 g 葡萄糖能到底提供多少千焦的能量？请尽可能多地设计可行的方案。

【资料】在学案中给出标准摩尔生成焓的信息：

……物质本身具有的绝对焓不可测，于是人们给物质定义了相对焓，叫作标准摩尔生成焓，这样就可以直接用标准摩尔生成焓来比较物质焓的大小或者用于焓变的计算了。

学生活动、静心探究/对话交流。

【思】阅读信息，独立思考设计方案。

【论】与小组同学交流讨论方案。在学案上写出简要的方案，为全班交流讨论做准备。

可能的方案有：

1. 利用标准摩尔生成焓计算焓变，并作图表示出反应前后物质的总焓的相对关系，结合图示对方案和计算方法加以解释。

2. 利用键能计算出焓变，并作图表示断键和成键过程中能量的变化，结合图示对方案和计算方法加以解释。

3. 设计实验，直接测定 25 g 葡萄糖燃烧释放出的热量，并结合简要的装置图加以说明。

【论】全部对各小组的典型方案进行讨论。

揭示本质、达成目标。

【察】发现化学反应中的能量变化理论结合实验的、物质到能量的、定性到定量的、宏观到微观的系统关联。

【效】着重加深对化学反应中的能量宏观结合微观的理解，以及实现从定性到定量的认识。

环节四：定量计算焓变

情境素材及优质问题/追问。

【问】分组利用给出的标准摩尔生成焓或键能数据计算该反应的焓变是多少？

标准摩尔生成焓数据

物质	$\Delta H_f^{\theta} /$ （kJ/mol）
$C_6H_{12}O_6$ （s）	-1260
O_2 （g）	0
H_2O （l）	-285.8
CO_2 （g）	-393.5

键能数据

物质/ （1 mol）	键能之和/ （kJ/mol）
$C_6H_{12}O_6$ （s）	9441
O_2 （g）	498
H_2O （l）	930
CO_2 （g）	1606

【小结】从宏观和微观角度都可以定量计算焓变。只是一个从宏观状态的能量出发，另一个从微观断成键的过程出发。

知道该反应的焓变，利用焓变进一步求算出 25 g 葡萄糖提供的能量，即反应热。

学生活动、静心探究/对话交流。

【论】计算、展示交流、得出计算结果。发现两种计算得出的焓变值存在的一些差异。

揭示本质、达成目标。

【察】

1. 理解并学会定量计算焓变。

2. 进一步发现焓变与反应热的关系。

环节五：发现物态变化和反应环境也引起焓变

情境素材及优质问题/追问。

【问】用焓差和键能两种方案算出的焓变数值分别是－2816 kJ/mol 和－2787 kJ/mol，请分析解释存在一些差异的原因是什么？

【信息】2015 年 2 月，科学家首次观察到化学键的形成过程。

氧原子和一氧化碳被激活后，开始碰撞并形成过渡阶段——CO＋O $\xrightarrow{\text{催化剂}}$ CO_2，旧键未完全断裂，新键未完全形成。

键能的定义：常温常压下，将 1 mol 理想气体分子 AB 拆开为气态原子 A 和 B 的焓变。

【小结】化学键的变化是引起反应体系能量变化的主要因素，但并不是全部。物态变化和体系环境（温度压强）对于体系能量也有影响，这也是我们在热化学反应方程式中将物态和环境这些因素外显的原因。所以利用键能计算焓变是一种估算。

学生活动、静心探究/对话交流。

【思】阅读信息，思考老师提出的问题。

学生主要提出两种可能的解释：

1. 研究表明化学反应中存在过渡态，即反应中化学键并没有完全断裂，所以利用键能计算的焓变不准确。

2. 键能的定义中条件是常温常压，对象是气态分子，而葡萄糖氧化反应中的物质并不全都是气态物质，物态的变化和反应条件也会引起焓变，所以键能计算出的结果不完全准确。

【论】讨论两种解释：根据盖斯定律可知，化学反应的能量变化与过程无关，故没有完全断键并不影响用键能计算焓变。第一种解释不合理。

揭示本质、达成目标。

【察】1. 深化对盖斯定律和键能的理解。

2. 现物态变化和反应环境（温度、压强）对于体系能量也有影响。

【效】深刻理解微观键能与宏观焓变的关系，认识到利用键能计算焓变是一种抓住主要因素（反应中化学键的变化）的估算。

环节六：总结

物质本身具有焓，化学反应伴随焓变。能量的变化是以物质变化为基础的。

　　我们对能量的认识是一个逐步发展的过程，初中时我们知道物质具有能量，化学反应伴随能量的变化，高中必修从物质和能量的角度，从微观和宏观上定性地解释化学反应中伴随能量的变化。选修阶段引入焓变的概念，可以进一步定量计算焓变，认识到物质本身的焓与焓变的关系、键能与焓变的关系，在焓变这一核心概念的统摄下，实现对化学反应中的能量变化更多角度、更系统的认识。

　　学生活动、静心探究/对话交流。

　　【察】和教师一起总结本节课的内容和提升点。

　　揭示本质、达成目标。

　　【效】1. 认识到焓变是一个统括性的衡量体系能量变化的核心概念。

　　2. 体会到能量观逐步构建的过程。

　　课后访谈：

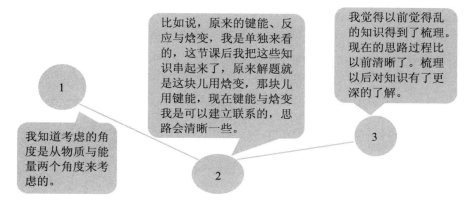

　　从访谈中可以了解到，通过本节课的学习，学生加深了从物质—能量两个角度看待物质和变化的认识，从微观与宏观上对化学反应的认识建立了关联，对本章的学习有了更系统的认识，很好地实现了本节课应有的教学目标。

　　前后测数据：

　　前测与后测的测查点几乎一致，只是前测和后测的某几道题目的方程式稍做了改变，以便知道学生对于同类题型的变式能否很好地进行判别，后测试卷是对前测试卷的略微变形。

　　从前后测整体的结果来看，在所有的知识点考查方面，实验班都比对比班的提

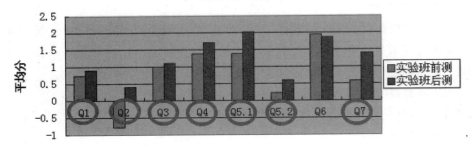

实验班平均分表

题号	Q1	Q2	Q3	Q4	Q5.1	Q5.2	Q6	Q7
Sig(双侧)值	0.126	0.000	0.360	0.022	0.001	0.002	0.780	0.000
均值差值	-0.150	-1.181	-0.100	-0.325	-0.658	-0.318	0.071	-0.806

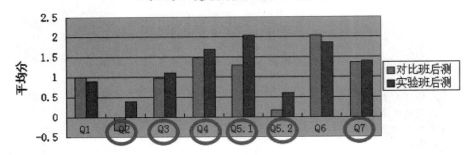

对比班与实验班后测平均分表

题号	Q1	Q2	Q3	Q4	Q5.1	Q5.2	Q6	Q7
Sig(双侧值)	0.64	0.001	0.199	0.166	0.000	0.000	0.505	0.873
均值差值	0.100	-0.733	-0.130	-0.215	-0.730	-0.418	0.164	-0.036

升显著，尤其是在看问题的角度和思路方面，知道从宏观和微观、定性和定量的角度来对能量进行分析。虽然学生之前或多或少地接触过这几个角度，但都是散乱的、不成系统的。这节课经过教师的系统整理和讲解，学生的视角和分析能力都有了提升，甚至已经开始自觉地运用各种角度分析问题。

（三）教学设计

我们遴选了 4 个教学设计，作为发现课堂的教学设计理念代表。

初中物理李敏老师、高中物理李维老师等都在教学设计里边体现了当前 STEM 的教学设计理念，具有很好的示范性，并充分体现了发现素养培养的整体思路。

初中数学刘艳老师根据学校开发的"发现课堂"五要素对自己的课堂进行了认真的剖析，很好地诠释了"发现课堂"的思想和理念。

高中地理孙冠芳老师是年富力强的、具有丰富经验的教师，她通过对当前最新的"核心素养"的理解深刻，将地理学科的"地理实践力"思想同"发现课堂"理念进行了很好地结合，具有积极的借鉴意义。

教学设计一：探究玩具电动机转动的奥秘

北京理工大学附属中学初中物理组　李敏

一、初识玩具电动机

环节一：情境引入

情境：教师播放自录视频，视频中的小孩提问：我的玩具车为什么会动啊？它没吃饭为什么会动？

学生从电动机结构、能量、力的角度回答。

活动意图说明：从实际问题出发，明确主题；提取学生已有的知识，接地气，有趣味性，调动学生的积极性。

环节二：三极电动机的组成部分

情境：教师播放自录视频，视频中有拆卸玩具车中电动机的全过程。

教师：玩具电动机家族成员有谁呢？

学生：线圈、磁铁、电刷（代表电源正负极）。

教师补充：称为定子、转子。

活动意图：创设情境，自主构建新知；拆电动机是一个真实问题，让学生对电动机有更多直观具体的认识，从生活走向物理。

环节三：玩具电动机原理、能量转化，转动条件

情境：教师将从玩具电动机拆卸下来的电动机与滑动变阻器串联在电路中，演

示三级转子通电后处于磁场中开始转动。

教师：玩具电动机动起来的条件是什么？

学生：电流、磁场。

教师：能从力的角度分析转动的原理吗？

学生：通电导体在磁场中受力转动。

教师：能从能量转换的角度分析转动的原理吗？

学生：电能转化为机械能。

教师追问：电能只转化为机械能吗？

学生：还有内能。

教师追问：电能转化为机械能后，能量的转化和转移停止了吗？

学生：转子转动与空气和轴承摩擦将机械能转
化给了内能。

教师补充：由于电流做功，电能转化为机械能，
转子和风扇做功将机械能转化为内能。

活动意图：让学生感觉到真实，易于接受；能
量转化的补充，还原真实。

环节四：影响电动机转速、转向的因素

教师：在这个电路中，如何改变玩具电动机的转速呢？

学生：可以调节滑动变阻器。

演示：调节滑动变阻器阻值变小，则电动机转速变快。

教师：除了改变电流，还有没有别的方法呢？

学生：可以改变磁场。

教师追问：怎么改变呢？

学生：增加磁铁的个数或者改变磁铁与转子的距离。

演示：当磁铁个数减少时，转子转速变慢；当磁铁与转子距离增加时，转子转
速变慢。

教师追问：还有哪些因素会影响转子的转速呢？

学生讨论：转子线圈的匝数、外界的阻力等。

教师：这个电路中，如何改变玩具电动机的转向呢？

学生：通过改变电源正负极接触点、磁铁磁极改变转向。

演示：当转子与电源的正负接触点改变或者磁铁磁极转向后，转子的转动方向改变了。

活动意图：增加直观感受，利用已有知识解决问题。

二、再识转动的条件——动力

环节五：探究线圈持续转动的条件：安培力是动力（非阻力、非平衡力）。

情境：教师展示一个线圈，将其置于磁场中。

教师：线圈会不会动？

学生纷纷表示满足电流和磁场的两个条件，线圈一定会动！

演示：线圈摆动并没有出现转动。

学生陷入冲突中。

教师板画，师生画受力分析简图，分析线圈运动和静止的原因。

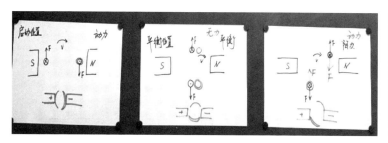

利用自制线圈、简图化抽象为具体，抓住关键，分析受力，化繁为简，可以描述受力空间的各个位置，突破难点。学生恍然大悟。

教师：对于这套器材如何想办法实现线圈持续转动？

学生思考，头脑风暴，共同讨论：当安培力成为阻力时，就要断电！去除阻力，如何实现？如何断电？绝缘漆不刮除？开关？成为动力！

教师提示：线圈一端引出端只刮平衡位置为分界半边的绝缘漆。

学生验证分组实验：自制小电动机。

器材：外有绝缘层的铜丝、粉色支架组件、5号电池（1节）、磁铁（1块）、小刀（刮绝缘漆）。

演示：人工改变电流接触点，线圈持续转动。

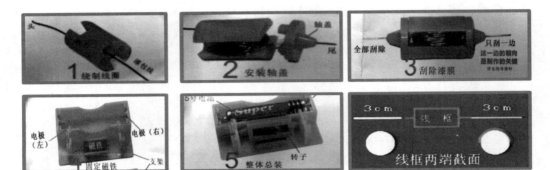

学生对两种方法进行比较。

实验		
阻力如何处理		
如何实现		
优点		

学生分析两种方法使线圈持续转动的原因都是改变电流方向，使得阻力变动力，线圈持续转动。

教师追问：满足电动机转动的条件还需要补充什么？

学生讨论：补充条件为安培力是动力。

活动意图：创设情境，引发冲突，引导思考，动手实验；学生亲自验证。无论是刮一半绝缘漆还是人工改变电源接触点都是在学生的知识范围内去解决问题，提高学生解决实际问题的能力。

三、再识结构——换向器

环节六：电动机的组成部分：换向器

师生共同分析两种使得线圈持续转动的方法的优点和缺点，提出新的解决方案自动改变电流方向。

教师播放有关换向器的视频介绍。

学生观察换向器模型，标出结构，体会换向器的作用。

学生发现：随着线圈的转动，换向器的两个铜半环与电刷交替接触。

教师：换向器的有效位置是铜环部分还是两片铜半环？

学生发现：两片铜半环。

学生实验：学生粘贴换向器模型的两个铜半环，利用学案的图片，转动换向器模型，模拟换向器工作。

器材：自制线圈模型、金色贴纸（2 片）。

1. 用两片金色贴纸代替两片铜半环，选择白色泡沫塑料正确的位置处粘贴。

2. 用贴好的模型在右图中模拟线圈的连续转动，感受两片铜半环与电刷交替接触。

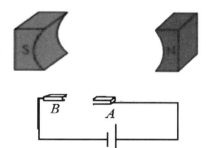

教师在原图基础上更改补充板画，师生画受力分析简图，分析换向器如何改变电流方向。

教师补充板书，补充组成部分换向器。

活动意图：观察模型，动手操作模型，理解新知；换向器的发明，超出了学生的知识范围，是创造性解决实际问题，说明了技术家的伟大。自制线圈换向器、学案平面图、Flash 动画、简图板演，化抽象为具体，突破难点。

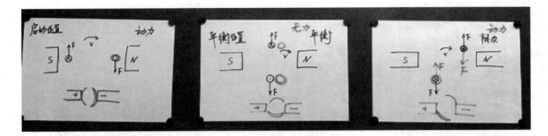

四、再识结构——三极线圈

环节七：玩具电动机的组成部分——三极线圈

情境：播放换向器的 Flash 动画。

教师：如果线圈停在平衡位置，线圈能不能自行启动？

学生发现不行。

教师追问：玩具电动机靠什么结构实现在任意位置的自行启动？

学生观察玩具电动机三极转子并分析，体会三极线圈在实现玩具电动机在任意位置自行启动的作用。

教师板书，补充三极转子、三片换向器。

学生动手操作玩具电动机，排除电动机故障，体会转动条件，改变转速、转向等。

活动意图：知识迁移，在动手体验中巩固本节课所学的知识。

环节八：小结

教师：回到课前的问题，玩具电动车为什么会动？

学生补充本节课新的收获：电动机的结构、换向器的作用和电动机转动的条件，结构上有三极转子；三片换向器的作用是自动改变电流方向；条件应增加持续动力。

师生共同体会：科学很伟大，技术同样伟大。换向器是科学与技术结合解决问题的范例。通电线圈在磁场中受力会转动，这是一个科学发现，换向器就是一项技术发明。如果没有科学，线圈就不会转；如果没有技术，线圈就不会持续转动。科学家的发现很伟大，发明家的创造同样伟大。唯有科学与技术完美结合，才能造福于人类。

活动意图：总结所学，升华课堂；前后呼应，逐渐补充，知识由浅入深，最后

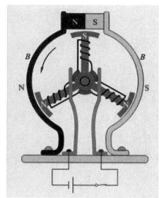

形成本节课的知识框架。从本节课中体会科学与技术的联系，体会科学技术对人类的作用。

板书设计：

14.6 直流电动机——探究玩具电动机转动的奥秘

1. 电动机的结构：

| 转子 | 定子 |

电刷（三极）线圈　磁体　换向器

2. 条件：电流　磁场　安培力是动力

3. 原理：通电导体在磁场中受力转动

4. 能量转化：| 电能——→机械能 | ——→内能

　　　　　　　　　　↘
　　　　　　　　内能

5. 转速（电流大小、磁场强弱、匝数、阻力），转向（电流方向、磁场方向）

6. 安培力受力分析

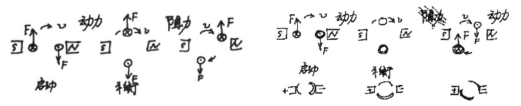

教学设计二：几种常见的磁场

北京理工大学附属中学高中物理学科组　李维

一、教学目标

（一）知识与技能

1. 知道什么是磁感线，知道典型磁场的磁感线的分布情况。

2. 会用安培定则判断直线电流、环形电流和通电螺线管的磁场方向。

3. 知道安培分子电流假说是如何提出的，会利用安培假说解释有关的现象。

4. 理解磁现象的电本质。

5. 了解自然界的螺旋现象。

（二）过程与方法

1. 利用电磁驱动小火车激发学生探索的兴趣。

2. 通过模拟实验体会磁感线的分布情况，培养学生的空间想象能力。

3. 由电流和磁铁都能产生磁场，提出安培分子电流假说，最后都归结为磁现象的电本质。

4. 通过学生自己制作电磁驱动小火车，探究电磁驱动小火车的奥秘。

（三）情感、态度与价值观

通过讨论与交流，培养探究物理的兴趣。

二、教学重点

会用安培定则判断电流周围磁感线的方向，理解安培分子电流假说。

三、教学难点

使用安培定则判断电流的磁场方向。

四、教学用具

电磁驱动小车、条形磁铁、蹄形磁铁、直导线、环形电流、通电螺线管、小磁针若干、实物投影仪、iPhone 手机、磁场强度传感器、学生电源。

五、教学环节

环节一：引入新课，激发学生的学习兴趣，创设问题情境，引发学生思考

【情境展示】今天老师给同学们一个不带车轮的小车，用

7号干电池一节、钕磁铁四块、缠绕好的金属丝螺线管，将电池两边的磁铁放置好极性。将带有磁铁的电池从一端放入螺线管内，从另一端滑出。

【问】电池为什么能动呢?

【思】学生们通过思考提出自己的想法。

【察】

1. 有磁铁，所以应该和磁力有关。

2. 电池运动中金属丝螺线管提供的轨道起到了重要的作用。

3. 金属丝螺线管提供了磁力。

4. 通过磁场发生相互作用。

学生的认识层次逐渐递进：磁铁间的力→金属丝螺线管提供磁力→磁场。

那么它们之间的磁力相互作用是通过什么发生的呢? 引入研究内容：几种常见的磁场。

环节二：与电场线类比，定义磁感线

【问】我们可以用什么方法形象地研究磁场呢?

【思】与原有"场"的知识相联系，采用类比方式进行思考和学习。

【察】与描述电场的方式类似，可以用磁场线来描述。

【问】在磁场中如何研究磁场的方向?

【思】我们可以在磁体周围放上很多小磁针，小磁针 N 极受力方向，可以显示该点的磁场方向。

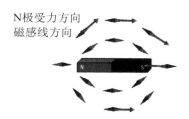

我们将这些小磁针顺次连起来，连成一条曲线，曲线上每一点的切线方向就是该点的磁场方向。

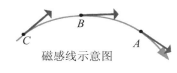

磁感线示意图

【追问】如何反映磁场的强弱程度呢?

【思】与电场线类似，可以用疏密程度反映场的强弱。

【察】磁感线密集的位置磁场强；磁感线稀疏的位置磁场弱。

【追问】磁感线是不是客观存在呢?

【思】假象曲线；但是可以模拟。

环节三：磁铁的磁场

（实物投影）显示出条形磁铁、蹄形磁铁周围的小磁针的分布情况。

【问】观察下图磁铁周围磁感线的分布情况，有什么特点？

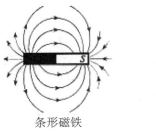
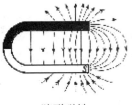

条形磁铁　　　　　　　　蹄形磁铁

【思】两极周围的磁场强，在条形磁铁外部磁场方向从 N 极到 S 极。

磁感线与电场线不同，磁感线是闭合曲线，在磁场内部磁场方向从磁铁的 S 极到 N 极。

环节四：通电直导线的磁场

通过实验观察，总结出右手定则（安培定则），并从不同角度描述通电直导线周围的磁场。

依据奥斯特实验，我们知道通电导线周围有磁场，那么通电直导线周围的磁场是如何分布的呢？下面我们通过实验来观察（用 iPhone 手机实现电脑屏幕与实验同步）。

直导线通电前，小磁针 N 极的方向与直线方向大致一致，如左图所示。

直导线通以从下到上的电流后，小磁针发生转动，稳定时小磁针的指向如右图所示。

【问】通电直导线周围磁场如何分布？

【思】【论】

①圆形；以通电导线为圆心的一组同心圆。间距逐渐增加。

②磁场在直导线周围都有。

③距离直导线越近的位置磁场越强，越远的位置磁场越弱。

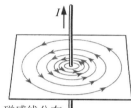

磁感线分布

规律：直线电流磁场的磁感线是一些以导线上各点为圆心的同心圆，这些同心圆都在跟导线垂直的平面上。

【追问1】根据我们画出的磁场情况，直线电流的方向跟电的磁感线方向之间的关系如何判断？

【思】【论】

尝试用左手，或者右手比画、讨论可行的方法：

磁场在不同的位置方向不同，是"转圈"的→四指可弯曲；电流是直的→可用拇指表示。

结论：右手。

拇指可以表示电流方向，四指表示磁场方向。

【总结安培定则内容】

用右手握住导线，让伸直的大拇指所指的方向跟电流的方向一致，弯曲的四指所指的方向就是磁感线的环绕方向。我们称为安培定则（也叫右手螺旋定则）。

【追问2】如果从导线上方俯视观察，导线及周围磁场是如何分布的？

在本上画，板演，讨论电流的表达方法：电流正对我而来，看的好像是箭的头，用"·"表示电流方向，如果看到电流离我们而去，

看到的是箭的尾，用"×"表示电流方向，在周围画上圆圈表示导线，如右图所示。

磁场强弱的表达方法：周围的磁场就是一组以导线为圆心的同心圆。

【追问3】通电直导线磁场分布的主视图（左图）

磁场的方向：磁场垂直纸面向里，用"×"表示，磁场垂

侧视图

直纸面向外，用"·"表示。

提示：磁场不加圆圈，注意磁场强弱不同，疏密程度不同，离导线越远，磁场越弱。

环节五：问题递进式教学，由微元法解决环形电流周围的磁场

【问】如果我们将通电直导线一点点掰弯，变成环形的通电导线，那么环形导线中心处的磁场方向如何呢？（右图）

【思】【论】

将导线分成一段段的线段，使用右手螺旋定则，分析出每小段电流在内部产生的磁场是垂直纸面向里的，那么环形导线内部的磁场可以看成是很多直导线磁场在内部的合磁场，所以内部磁场方向：垂直纸面向里（左图）。

【察】

通过"化曲为直"的方法，将环形导线的磁场转化为通电直导线的磁场，通过"微原法"这一思维方法，渗透微积分思想。

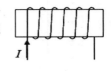

【追问】有没有更简单、可动手操作的方法，可以直接判断出环形导线内部的磁场方向呢？（右图）

【思】【论】

右手：弯曲的四指和环形电流的方向一致，伸直的大拇指所指的方向就是环形导线中心轴线上磁感线的方向，如左图所示。

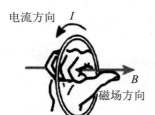

电流方向　　*I*

B
磁场方向

总结环形电流的方向：让右手弯曲的四指和环形电流的方向一致，伸直的大拇指所指的方向就是环形导线中心轴线上磁感线的方向。

环节六：在环形电流的基础上进一步深入至通电螺线管的磁场

【问】如果把一个个环形导线串联在一起，组成一个螺旋管，给螺线管通以如右图所示的电流，那么螺线管内部的磁场是什么方向呢？

【思】【论】

学生回答可以先用右手定则判断螺线管中一圈环形电流的内部磁场，整个螺线管内

部的磁场就是由这样的磁场叠加求合,从而可以判断出螺线管内部磁场方向水平向右。

【察】

以环形电流为基础,利用微元思想,找到通电螺线管内部的磁场方向。

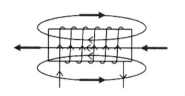

【追问】在螺线管外面的磁场方向如何?

整个磁场分布情况如左图所示。

总结螺线管磁场的分布特点。

外部的磁场:与条形磁铁外部的磁感线相似,一端相当于南极,一端相当于北极。

内部的磁场:通电螺线管内部的磁感线和螺线管的轴线平行,方向由南极指向北极,并和外部的磁感线连接,形成一些环绕电流的闭合曲线。

【思】【论】

磁感线是闭合曲线,外部和内部相应的磁感线组成闭合曲线。

【察】

以环形电流为基础,利用微元思想,找到通电螺线管内部的磁场方向。

【追问】如何将电流方向和磁场方向结合在一起,判断通电螺线管内部的磁场方向?

【思】【论】

可以用安培定则来判定,即用右手握住螺线管,让弯曲四指所指的方向和电流的方向一致,大拇指所指的方向就是螺线管内部磁感线的方向(大拇指所指的方向与螺线管内部的磁场方向相同)。

环节七:右手螺旋定则能够解决所有通电导线磁场方向的判断,由学生介绍神奇的螺旋现象,加深感性认识的同时,感受自然的神奇。

我们在判断电流产生的磁场方向时,使用了右手螺旋定则,在自然界中有很多螺旋现象,接下来请李斯特为大家介绍有趣的螺旋现象。

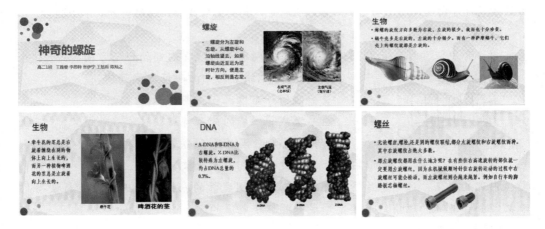

　　自然界中看到的右旋或左旋，可能与物质微观结构的右旋与左旋有关，它从深层次反映了自然规律的某些性质。目前人类对它的认识还很肤浅。

　　【察】自然界有很多神奇的螺旋现象，目前我们还没有找到这些螺旋现象形成的原因。科学研究仍有广阔的空间，我们大有可为。

　　环节八：通过对比通电螺线管的磁场与条形磁铁的磁场，由学生介绍安培分子电流假说，揭示磁现象的电本质

　　展示通电螺线管的磁场与条形磁铁的磁场的分布情况，你能提出哪些问题？

　　【思】【论】

　　分布情况有哪些共性？

　　通电螺线管可与条形磁铁等效吗？

　　各有何优点？

　　为什么会相似？

　　【察】

　　观察到通电螺线管的磁场的分布情况与条形磁铁周围的磁场的分布情况相似。

　　【思】

　　1. 在分子、原子等物质微粒内部，存在着一种环形电流——分子电流，分子电流使每个物质微粒都成为微小的磁体，它的两侧相当于两个磁极，这就是分子电流假说。

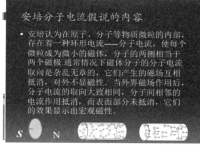

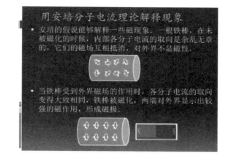

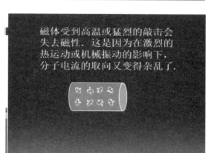

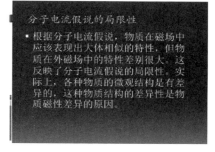

2. 用安培假说可以解释磁现象，安培分子电流假说揭示了磁现象的电本质。

【问】听完介绍安培分子电流假说的内容和意义是什么？

【思】敬仰科学家所取得的成就。

补充：罗兰的实验

1876年美国科学家罗兰的实验：把大量的电荷加在一个橡胶圆盘上，然后使圆盘绕中心高速转动，在盘的附近用小磁针来检验运动电荷产生的磁场，结果发现小磁针果然发生了偏转。

介绍法国科学家安培

安培最主要的成就是1820—1827年对电磁作用的研究：①发现了安培定则；②发现电流的相互作用规律；③发明了电流计；④提出分子电流假说；⑤总结了电流元之间的作用规律——安培定律。电流的单位以他的姓氏命名。世人称他是电动力学的先创者。

环节九：通过观察和实验介绍匀强磁场的特点

我们在电场中学习过匀强电场，如何定义匀强磁场？

【思】

磁感应强度的大小和方向处处相同，这个区域的磁场叫匀强磁场。

【问】匀强磁场磁感线的特点是怎样的？

距离很近的两个异名磁极之间的磁场可认为是匀强磁场。

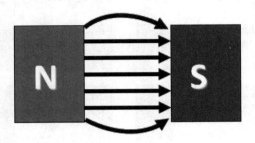

实验演示通电螺线管内部磁感应强度：

使用数字化传感器，探测螺线管内部磁感应强度的分布情况。将传感器探头匀速插入通电螺线管内部，并匀速拔出，电脑记录数据并连线如图所示。

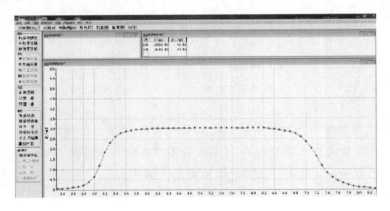

【思】

纵轴反映通电螺线管内部磁感应强度，横轴表示时间，可见在不考虑螺线管边缘时，螺线管内部磁感应强度不发生变化，为匀强磁场。

【察】

通过观察实验数据，发现通电螺线管内部不仅有磁场，还是强度方向不变的匀强磁场。

环节十：学生再实验，挖掘电磁驱动小车的运动原理

学生实验：组装电磁驱动小车，分析运动原理。

我们学习研究了几种常见的磁场，同学们一定也很想探究出小车运动的原因，下面请同学们分组组装一个电磁驱动小车，试着分析小车运动的原因。

【思】【论】

电池两边的磁铁不是放上去就一定能动，为什么？改变电池的正负极，没有作用，由此可见，关键在磁铁的极性。

进一步讨论实验，磁铁极性之间的关系。

【察】

1. 电磁两边的磁铁之间是相互排斥的。

2. 小磁铁如果不和线圈接触便无法运动。

3. 在两边小磁铁相互排斥的情况下，电池在线圈中可能受到明显阻力；此时调转电池的正负极方才能动。

作业：以小组为单位，分析出小车运动的原因，提交一份报告。

【效】以小组为单位，共计收到 9 份报告，所有小组均认识到小车由线圈通电后所形成的磁场施加给两个磁铁的力作为前进的动力，掌握了通电螺线管所形成磁场的判断方法，并能够画出相应的示意图或者图示。在这个问题上，具备了应用物理知识解决实际问题的能力，提高了物理核心素养。

电池小车工作原理分析

马可兴　胡睿智　奇天成　周家辰

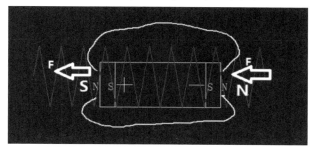

由于金属线圈和电池的正负极接触，在线圈上形成从左到右的电流。根据右手螺旋定则，此时的线圈产生的磁场情况可以类比通电螺线管。若线圈的方向可以使

右端为 N 极，左端为 S 极，根据磁极间的受力性质，电池右端的磁铁受到向左的斥力，电池的左端受到向左的吸引力。这两个力同时推动电池向左前进，移动到下一个位置时，由于电池的位置发生变化，线圈磁场的位置也发生变化，继续推动电池前进。连贯起来看，电池就在金属线圈中不断前进了。

关于电磁动力小车的原理

吕晋宁　龙谊　张伊宁　张雅涵

本实验的原理与"磁铁同极相斥、异极相吸"现象有关。当吸附着磁铁的电池进入铜线圈后，在铜线圈所形成的磁场中，与电磁体之间的相吸、相斥，造成了电池的移动。再直白一点来说，就是正极、负极的电流沿着铜线移动，与电池上的磁铁相互牵引、排斥，成了那只看不见的手，推动着电池顺畅地奔跑前进。

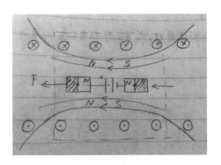

电磁小车原理

黄宇皓　李思特　魏婧怡　封明珠

物体的运动状态发生改变，一定是受到了力的作用。从实验所用的器材上看，电池运动的动力应该是磁场力。

1. 通电螺线圈产生磁场。

要想让电池运动，电池两端的磁铁必须要与铜线圈接触。也就是说，磁铁在这个实验中的作用有两个：一是产生磁场，与另一磁场发生相互作用；二是连接线圈使电池和线圈形成一定的回路以便产生电流。电池两端的磁铁与线圈 A、B 两点接触，电池、磁铁与线圈形成回路，产生电流。根据安培定则，通电螺线圈内部磁场的方向向右。两接触点为螺线圈的边缘，产生非匀强磁场，而磁铁恰恰处于此非匀强磁场中。

2. 等效模型。

磁铁中，各分子电流绕行方向相同，相邻的分子电流方向相反，效果相互抵消，只有磁铁外侧面的各段分子电流没有抵消，致使整个磁铁侧面就像通电螺线管一样，形成了一层环形电流。所以我们可以把条形磁铁等效看作通电螺线管，满足安培定则。

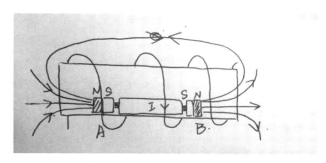

条形磁铁分子磁矩及等效模型

3. 小车受到磁力的方向。

电池两端所吸附的磁铁都等效于通电螺线管。在等效螺线管上分别取一个环形电流，这两个环形电流都处于螺线管产生的非匀强磁场中。在环形电流上取一段电流可以看作一段很短的直导线。根据左手定则知，电池正极的等效环形电流受力呈向左汇聚状，电池负极的等效环形电流受力呈向左发散状。两个环形电流受到的合力最终都是向左的，所以电池能够向左运动。同样，电池正极的等效环形电流受力呈向右发散状，电池负极的等效环形电流受力呈向右汇聚状，合力最终向右，所以电池向右运动。

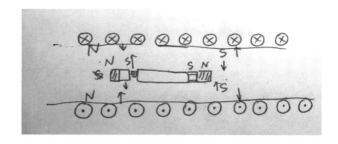

教学设计三：等腰三角形复习一

北京理工大学附属中学初中数学学科组　刘艳

　　长期以来，数学传统课堂教学普遍存在学生习惯性接受教师所讲内容，忽视学生思考、感悟、提升的过程。其中复习课尤为明显。有些教师不重视复习课，在复习课上只需做题即可。有些教师在复习课上习惯于罗列知识，每个知识点串一遍定义、定理、性质后，拿几道经典题一做便是复习。这样的复习方法忽略了学生的主体地位，学生参与度低，兴趣不高，复习完提升效果不明显，探索精神与创新意识匮乏。《义务教育数学课程标准（2011 年版）》明确指出：有效的数学活动不能单纯地依赖模仿与记忆，动手实践、自主探索和合作交流才是学生学习数学的重要方法。因此有效的活动非常重要，有效的活动离不开教师优质且层进的问题所引导出的学生静心且独立的思考，让学生在讨论中顿悟，从而让学生亲身发现数学学科的本质。

　　活动 1：如图，线段 OB 和直线 l，点 B 在直线 l 上，请在直线 l 上找一点 A，使得△OBA 为等腰三角形。

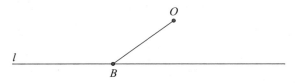

　　该活动设计思路如下：

　　1. 发现学生，提出问题。这个问题背景非常简单，摒弃了网格、三角形等背景图形中其他元素的干扰，使得学生感觉非常亲切，容易入手，提高了学习的积极性。

　　2. 发现学生，给出时间静心探究。课堂时间毕竟是有限的，任何学习必须要有学生充分地思考才能得到提升，因此该问题即使简单也作为前一天家庭作业让学生回家思考，画图，从而有时间能够静心探究。

　　3. 发现学生，在对话交流中碰撞思维。一个人的学习思维多少有局限性，聚集大家的智慧才能碰撞出火花。因此本节课一上来安排的就是让学生观察彼此所画的图形，讨论该问题的答案。课堂应该还给学生，因此在讨论后找学生展示自己所画的图形，并说出自己如何想出这些图形，画图所依据的定义、性质、定理是什么。

在学生的讨论与表达想法中深入发现学生思维层面的亮点与不足，帮助学生回忆知识、联系知识、区分知识，从而使得知识网络化。学生此时的思维还处于较低水平，想到边等时主要还是通过圆规画弧和做线段中垂线得到，展示学生画图如下。

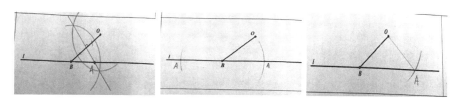

4. 发现学生，提出机智层进的问题，让学生深度发掘，从而形成独立见解。很多同学可能觉得找到 4 个点 A，这个活动就结束了。其实不然，继续提问：你是如何想到这 4 个点的，如何能够不重不漏找到所有点？这就引导学生深入思考，从而引出如何分类的问题。继续提问：能否用别的画法找到刚才出现的 4 个点 A？让学生发散思维，回忆各种知识，深度发掘，形成独立见解。学生画出的图形如下。

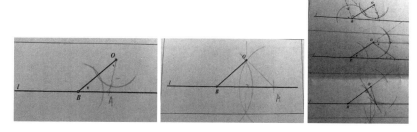

5. 发现学生，让学生在问题中察觉察悟，揭示本质。将学生所画的两个图拿出。

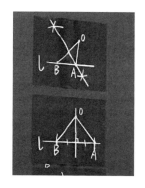

　　提问：观察这两个图形，它们有什么共同特点？从而引出两个图形都是用对称轴的思想所画。凸显本节课所要体现的数学核心知识：等腰三角形的轴对称性。此时学生的思维发展到一个新的层次。一种更宏观、更能体现等腰三角形主要特点的核心知识层次，让学生可以在后续的学习中从单纯的知识学习、记忆做题中解脱出来。

　　6.发现学生，让学生应用新发现，达到目标。提问：仿照用对称轴的画法，你能否找到剩下的点？展示学生所画图形。

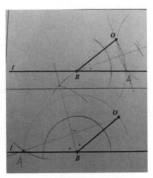

　　黑板上总结分类，凸显等腰三角形轴对称的数学核心知识。

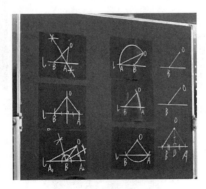

　　最后通过一道中考改编题，在活动一基础上新增作图，增加亲切感，降低背景干扰，让学生更加深入察觉并应用等腰三角形轴对称性的数学核心知识，达成目标。

　　活动 2：请按照下列操作补全图形。

　　1.在线段 OB 的左侧画∠OBA＝20°，且 BO＝BA，连接 OA。

　　2.画点 O 关于直线 l 的对称点 C，连接 OC。

3. 连接 CA 交直线 l 于点 D。

4. 求 $\angle CDE$。

与传统数学复习课一上来就按类型出题，或者一上来就拔高出难题的教学思路不同，本节课发现学生的思维层次，由浅入深，以学生为主体，给学生充分的思考时间，主张帮助学生重新发现知识间的联系，使得知识形成网络，并逐渐突破单纯知识的学习，发现数学学科核心知识，发现数学学习核心素养。

教学设计四：建设发现课堂 培养地理实践力
——以大气受热过程的影响因素学习为例

北京理工大学附属中学地理学科组 孙冠芳

地理实践力是地理学科的核心素养之一，即在考查、调查和模拟实验等实践活动中，学生能够收集和处理各种地理信息，发现问题、解决问题，具备科学精神；能够独立或合作设计地理实践活动的方案和计划；能够设计不同的地理实践活动目标，并选择运用适当的地理工具。如何在学生主体和地理实践力之间搭建连接的桥梁？"发现课堂"就是最好的场域。

"发现课堂"是北京理工大学附中致力建设发展的一种新型课堂，其基本理念是自主、民主、创新，学习组织形式多样化、教学形式多元化、智能化，目的是充分培养学生的优长和发掘学生的潜能，真正促成学生快乐幸福地成长。"发现课堂"的个性就是"发现"，由此，问、思、论、察、效成为发现课堂的五大核心要素。具体是指：优质问题，机智层进；静心探究，独立见解；对话交流，深度发掘；察觉察悟，揭示本质；达成目标，发现素养。

如何在发现课堂中，培养学生的地理实践力呢？我在"运用图表说明大气受热过程"教学中做了大胆的尝试。

大气受热过程

就整个地球大气来说，受热能量的根本来源是太阳辐射。太阳辐射能被地球大气接收与转化的过程十分复杂，大致可分为以下几个环节。

第一，太阳高度角的大小影响到达地面的太阳辐射。太阳高度角越大，等量的太阳辐射散布的面积越小，光热越集中，地表单位面积上获得的太阳辐射能量越多，太阳辐射强度就越大。反之，太阳高度角越小，太阳辐射强度就越小。

第二，大气对太阳辐射的削弱作用。由于大气对太阳辐射的反射、散射和吸收，削弱了到达地面的太阳辐射。

第三，地面反射部分太阳辐射。被大气削弱以后到达地面的太阳辐射，也不是全部被地面吸收，其中又有一小部分被地面反射回到宇宙空间。反射多少与地面性质有关。

第四，地面吸收太阳辐射，在温度增高的同时，又以地面辐射的形式把热量向外辐射。地面的海拔高度不同、热力性质有差异，则吸收太阳辐射的能力也不同。

第五，大气吸收地面辐射，在温度增高的同时，也向外辐射热量。大部分的大气辐射向下射到地面，方向刚好与地面辐射相反，称为大气逆辐射。大气逆辐射又把热量还给地面，起到了保温作用。

可以看出，大气受热过程的研究对象是近地面大气，同时涉及太阳辐射、地面这两个巨大的空间要素，地面又进行了切分——有海拔高度、热力性质的差异，同时又显示了多个专业术语，这些对于高一学生来说，是有很高的难度的。

在以往的接受式课堂教学中，教师以图片或者动画展示给学生大气的受热过程，只需学生记住"三个环节""两个作用"，之后在做题时能够区分准确运用即可。这种方式虽然高效，但学生只是囫囵吞枣地学习，对地理知识的消化吸收有限，地理能力的培养不明显，甚至出现因不懂而放弃地理学习的现象，当然更谈不上地理实践力的培养。

本人根据"发现课堂"的五大核心要素，设计了地理模拟实验，来探究大气受热过程的影响因素。地理模拟实验是地理实践力的重要表现之一，它是指使用一定的实验器材及设备，人为地把所要学习的地理事物和地理现象及其变化过程表现出来，以获得和验证地理知识的方法，具有很强的直观性、探究性和实践性。学生地理实验能力的提升具体体现为，能够设计和实施地理模拟实验并做出解释，能够解决现实真实生活中的相关问题。

具体的实施过程如下。

一、问——优质问题，机智层进

课堂伊始，我直接给学生展示一系列地理事实。因为大气的受热过程，地球上出现了一系列光照和热量差异的地理现象，也出现了人类因地制宜的多种利用方式。

比如，赤道与两极的气温差异、白天晴朗与多云的气温差异、白天内陆与沿海的气温差异、同纬度高原与平原的光照差异、杭州龙井茶园 7 月撑起了黑色凉棚、岳阳县春季建造了塑料大棚，等等。

这些地理事实，前四个是学生初中学过的自然现象（当然它们有空间尺度上的差别，也有时间跨度上的差别），后两个则是相对陌生的人类活动，它们都反映了大气受热过程的某个环节。接下来，我提出了本节课的中心问题：你们能否设计一个实验，模拟某一自然现象或者人类活动，研究出其中大气受热过程的影响因素。

这个问题是以自然界和人类社会的事例为中心，与课程标准中描述的"大气受热过程"原理联系在一起，学生通过对地理事实的分析，能够形成对地理现象的假设，接下来能设计实验进行验证，最后还要进行深入研究思考，解释实验的原理。也就是说，学生面对的是一个层层推进、有思维梯度的问题链。

二、思——静心探究，独立见解

教师提供了必备的实验用具：每个桌子上有一组实验用具。数显温度探头 2 只，锥形烧瓶 2 只，活芯瓶塞 2 只，60 W 白炽灯 1 台，秒表计时器 1 个，清理棒 1 个，实验报告 2 份。还可以提供沙子、常温水、透明塑料、白色纸、深色纸等辅助的实验用具。

为了教学公平，也为了促成学生的真实发现，教师没有指派学习任务，而是在课堂进行了随机的小组课题抽签。

学生一方面面对地理事实和老师实验用具，另一方面回顾大气的受热过程与自己在科学课程中的实验经历，要提出假设，假定自己研究的自然现象或人类活动反映了大气受热过程的哪个步骤，受到什么因素影响。这是每个学生必须参与的思考过程。

例如，探究"白天晴朗与多云的气温差异"，学生想到在其中一个烧瓶上用纸或布来遮盖台灯的光，来模拟云层对太阳辐射的削弱作用。探究"同纬度高原与平原的气温差异"，为了制造"高原与平原"，学生用书本垫高一个烧瓶来模拟高原。探究"白天内陆与沿海的气温差异"，学生在一个烧瓶装上沙子，一个烧瓶装上水，来模拟陆地与海洋的差别。

例如，"探究赤道与两极的气温差异"，有的组把台灯底座、A 杯、B 杯放在同一条直线上，A 杯距离光源近，B 杯距离光源远。有的组把台灯底座、A 杯、B 杯呈直角三角形摆放，A 杯位于直角顶点，距离光源近，B 杯与光源之间是三角形的斜边，相对距离远。

这些都是他们独立思考的结果。

三、论——对话交流，深度发掘

为了控制发现难度，教师进行了基础的学习指导，如提出实验要求：模拟实验毕竟与现实不同，为了把误差降到最小，实验设计要控制无关变量。例如，假如你的实验瓶与对照瓶接受的太阳照射一致，一定让两个锥形瓶距离台灯一样远。

接下来，就是小组的发现探究活动了。因为设计实验本身就是一个很有个性的过程，加上学习指导又相对有限，要完成这一挑战性的任务，小组内的同学必须在提出自己的独立见解的基础上，进行群策群力的讨论，达成一致意见。

课堂上每个小组都在激烈地讨论自己研究的地理现象背后的原因，并提出实验假设，提出控制无关变量，设计实验过程，讨论实验结论。学生们迅速自主进行了成员分工，有人熟悉着手里的实验用具，有人研究实验报告，有人组装实验装置，有人记录对照数据与实验数据，有人负责小组汇报。

最有思维深度的探究是：有一个探究"同纬度高原与平原的气温差异"的小组，想到大气密度对太阳辐射的削弱有差异，他们先是把一个烧瓶进行加热，当空气受热膨胀，密度下降后，再迅速盖上瓶盖，让其降至室温，以制造出大气稀薄的高原场景。把学过的物理学知识自如地运用到了地理课堂中，这是地理实践力的体现，也是科学素养的体现。

四、察——察觉察悟，揭示本质

新课标强调要让学生在现实的、富有挑战性的教学活动中体验、感悟、探究学科知识。而营造现实的、富有吸引力、有一定难度的问题情境不仅能帮助学生实现学习方式的转变，而且能让课堂充满发现本质的乐趣。

六组同学汇报都紧紧围绕大气受热过程展开，主要内容是：课题名称、影响因素、实验设计、实验过程、数据结果、反思。

探究"赤道与两极的气温差异"的小组尽管设计的实验装置不一样，但是他们得出的实验结论却是一致的：太阳高度角对近地面大气获得太阳辐射多少有影响——同等条件下，太阳高度角越大，近地面大气温度升高越快。探究"白天晴朗

与多云的气温差异"的小组，得出的结论是：云量厚薄对近地面大气获得太阳辐射多少有影响——同等条件下的大气，有云时升温慢、降温慢，晴朗时升温快、降温快。探究"白天内陆与沿海的气温差异"的小组，得出的结论是：海陆热力性质差异对近地面气温高低有影响——接受同等的太阳辐射，海洋上空大气升温慢，陆地上空大气升温快。探究"杭州龙井茶园7月撑起了黑色凉棚"的小组，得出的结论是：凉棚削弱对近地面气温高低有影响——白天，有凉棚的地点光照弱、升温慢，无凉棚的地点光照强、升温快。探究"岳阳县春季建造了温室大棚"的小组，得出的结论是：大气保温作用对近地面气温高低有影响——大气层越厚，保温作用越强，降温越慢。

发现实验成功是本节课的收获，发现实验失败也有重要的价值。探究"同纬度高原与平原的气温差异"的小组得出的实验结论是：海拔越高，气温越高。这明显和地理事实是相反的，这个疑问，引起了学生的认知冲突。事实是不能怀疑的，那么就要对自己设计的实验是否科学进行怀疑了。教师帮助学生一起思考此实验的变量控制是否完整，同学经过思考，认识到自己没有办法控制大气的保温作用这一变量。大气层在削弱太阳辐射的同时还有保温作用，我们在实验室无法排除干扰因素"保温作用"，所以无法模拟出海拔高低对近地面气温高低的影响。海拔高低对近地面气温高低的影响无法通过模拟实验来验证，这个实验不可行。重要的是我们发现了完整的地理规律：同等条件下，海拔越高，光照越强，但气温越低。

学生得出了这样的结论：

大气受热过程的影响因素

纬度因素——→太阳辐射强度

天气状况——→大气对太阳辐射的削弱作用

海拔高度——→大气对地面的保温作用

海陆热力性质差异——→地面吸热升温速度

在这一节"发现课堂"中，学生能够通过地理实验来觉察地理原理的本质，这个过程也培养了他们的地理实践力。

五、效——达成目标，发现素养

任何一个地区气温的高低，都受到大气受热过程的一个或者多个环节的影响，我们要学会过程分析和综合分析。尝试利用大气受热过程原理，解释自然地理现象与人类活动。本节"发现课堂"的最重要收获就是学生通过设计模拟实验，思考大气受热过程的影响因素，并进行分类，把抽象的理论模型具体化。

学生在"发现课堂"上理解因地制宜就在身边，他们通过动手实验发现人们利用大气受热过程的原理，设计了有效的装置和设备，来满足生产和生活的需求。茶园里黑色的凉棚是为了加强对太阳辐射的削弱作用；冬季透明的塑料大棚没有削弱太阳辐射，它是为了挽留地面辐射，增加大气逆辐射，加强保温作用。

学以致用是发现课堂"效"的表现，我向同学提出了新的思考：人类有没有着手对地面进行改造，影响地面对太阳辐射的吸收，从而干预光照或者气温？如何改造？或者有没有无意识之间引来了环境问题？

展示图片：请利用大气受热过程的原理，解释人类因地制宜改造自然的生产活动。

1. 现代中国北方果农为了使苹果着色均匀，在果树下铺设反光膜。

2. 考古人员发现，在秘鲁西部海拔超过 3800 多米的高原上，古代秘鲁农民为了抵御冻害，开挖了大量的人工水渠和水塘，在堆土建起的高台上种植作物。（这样做也是为了应对当地旱涝灾害）

3. 人类大量燃烧化石燃料，释放大量的 CO_2，导致了全球变暖。

学生们因为自己亲自做过实验了，对大气受热过程的影响因素非常清晰，所以很顺利地给出了正确的解释。

模拟实验是"发现"学科本质的好抓手，是培养"地理实践力"的好途径，大气受热过程的影响因素的模拟实验教学实现了这一目标。

附：实验报告

模拟实验：探索影响大气受热过程的因素

赤道与两极的气温差异、白天晴朗与多云的气温差异、白天内陆与沿海的气温差异、同纬度高原与平原的气温差异、杭州龙井茶园 7 月撑起了黑色凉棚、岳阳县春季建造了温室大棚   高一（   ）班

【实验目的】

1. 针对 _____ 地理现象，设计模拟实验，研究大气受热过程的影响因素。

2. 人类利用大气受热过程原理，满足生产和生活的需求。

【实验用具】

数显温度探头 2 只，锥形烧瓶 2 只，活芯瓶塞 2 只，60 W 白炽灯 1 台，秒表计时器 1 个，清理棒 1 个，实验报告 2 份。

【前期准备】

1. 讨论地理现象反映出大气受热过程的影响因素。

2. 熟悉实验用具，学会使用电子温度计（见说明书）、秒表（见说明书）。

3. 讨论并设计控制实验中的无关变量。

4. 提出实验假设。

【实验过程】

1. 两个数字探头分别插入两个烧瓶子瓶塞的孔中。

2. 打开数字探头开关"ON"，将两个探头悬在空气中，等两个显示屏温度相同时，记录温度起点——室温，按住探头显示端上的"HOLD"，使得屏幕右上角显示出"H"，保持温度起点——室温。

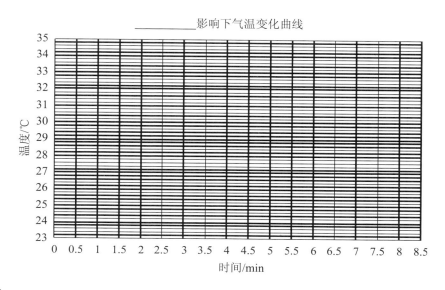

_____影响下气温变化曲线

3. _____

4. 再次按下温度计上的"HOLD"键，屏幕上的"H"消失。同时打开秒表计时器，每0.5分钟读取一次温度数据。收集 A、B 两个温度计5分钟内温度的数值，分别用两种颜色的笔，标注在下面的坐标图中。

分钟	0.5	1	1.5	2	2.5	3	3.5	4	4.5	5	5.5	6	6.5	7	7.5	8
A																
B																

5. 把记录的温度值连接成线，并注明图例。

【实验思考】

观察两条温度曲线随着时间的变化，请结合大气受热过程，用科学的地理语言解释原因。

【实验结论】

此实验反映了影响大气受热过程的因素是＿＿＿＿＿＿＿＿＿＿＿＿＿＿＿＿＿；

反思：＿＿＿＿＿＿＿＿＿＿＿＿＿＿＿＿＿＿＿＿＿＿＿＿＿＿＿＿＿＿＿＿＿

【实验汇报】

课题名称、影响因素、实验设计、实验过程、数据结果、反思。

教师评课一："发现课堂"关注"发现"的三个维度

北京理工大学附属中学化学学科组　艾涛

"发现课堂"，是我校"发现教育"的主阵地，能引导教师从单纯的学科知识教学中挣脱出来，透过知识表象看到学科本质，真正理解"学科核心素养"应该如何落实在日常教学中，从而帮助学生从单纯的知识学习记忆中解脱出来，增强学科能力和学科素养，同时培育"发现素养"，进而提升"学生发展核心素养"，完成"立德树人"的根本任务。让学生学会发现科学的本质，发现生活中的真善美。

对于"发现课堂"关注"发现"的三个维度，这里重点谈三个。

一、谁发现

首先，关注教师的发现智能，要想让学生发现，教师要善于发现。要具有思辨的作风，理科教学中的大胆假设、小心求证就是这个道理。教师不能做教书的机器，要在思考中前行，不盲从于教材、教参，不盲从于网上的各种观点。让学校的每一位教师都能够积极发现、主动发现、创造性地发现，在教学、生活中通过发现，引领学生，提升自我。

其次，厘清最终目的，要让学生学会发现。从一节课到一个阶段的课程，从中学阶段学习到终生自我学习，要让"发现素养"伴随一生。

二、发现什么

教师：发现课本知识的功能价值、发现生活中有价值的问题、发现解决问题的思路方法、发现学生的学习特点及潜能……

学生：按照教师的发现及教学预设在引导下自我发现，还可以发现预设外的问题。例如，发现自我的学习特长、科学中的美学、文学中的哲学……这样的发现格外有意义。

三、怎么发现

学生的发现依赖于教师的发现，这就要求教师在教学中要有思想、有灵魂、有方法。教师要通过设计活动教学生学会发现：要善于设计发现的课堂，教会学生发现，发现科学的美，发现科学中存在的问题，发现思考的快乐！

师生都是发现的主体，师生的发现是相辅相成的。学生对发现的需求促使教师发现，教师的发现又为学生发现提供了更好的素材。通过自我和他人的发掘，真正实现使每个学生的潜能得到充分的开发，达成师生自我价值的实现。由于"发现课堂"具挑战性、创造性和创新性，教师工作变得更具有活力和生命力，教师教书育人的价值能够极大化地得以实现；同时，学生学习变得更加具有宽度、深度和厚度，自我潜能得到极大化地释放。

对于发现课堂的五个核心要素，这里重点说三个。

一、问：优质问题，机智层进

课堂问题不能是随口问的，而是经过深入思考、精心设计的系列问题。"问"的方式多种多样，设计角度不同，学生会有不同的收获。

1. 同样的素材，一个不同的优质问题引发了学生不同角度的发现。

陈博老师、王静波老师分别运用氮及其化合物知识，选择用空气中的氮合成氮肥的素材上了两节同课异构。

陈博老师用这样一个优质问题："雷雨所产生肥料的成分可能是什么，它又是如何生成的？请你说出分析依据"来引导学生分析自然固氮的过程。学生通过结合氮元素二维图和空气的成分，进行大胆地预测，并认真思考、讨论、充分发表意见后，由教师通过不断追问使学生深入发现，研究物质性质的角度与方法。大胆假设、小心求证的科学思想就这样被学生自主发现了。

同样内容的课，王静波老师设计了这样的优质问题："假如你是一位化学科学家，在工业上要用氨气作为主要原料制备氮肥，请设计你的制备流程，并说明每一步设计的依据是什么？"在运用已建立的研究物质性质的角度进行不断地思考、展示和在教师的不停追问下，学生发现了自身的主观性和创造性，形成了对科学本质中主观性、创造性的认识。在寻找证据论证设计的可行性环节，学生自主发现获取知识需要基于实证证据、观察与推理，从而形成对科学本质中基于实证、观察与推理的认识。最后，从科学知识、科学方法、科学本质三个方面进行总结：科学知识——本节课所学的氮及其化合物性质的知识；科学方法——研究物质间转化的一般思路；科学本质的内容——主观性和创造性、基于实证、观察与推理。最终让学生认识到科学知识、科学方法、科学本质在一起才是科学的整体。

我们可以看出，同样的教学载体通过不同的设计，可以让学生有不同的发现。

2. 设置问题串，用好连续追问的方法，做到机智层进。

艾涛老师的课以航天器中的电化学问题研究为切入点，带领学生探索电化学问题解决的思路方法。在课上，艾老师设计了四个分属于客观性层面、反应性层面、诠释性层面、决定性层面的连续问题，层层递进，引导学生进行深入学习。"天宫二号"要保持正常工作，电能从哪儿来？你能根据信息写出电极反应式解释电池工作原理吗？你分析时哪类信息是你最应该关注的、分析的步骤是什么？将来如何借鉴本课解决问题的核心思路方法？通过这样的追问，学生从简单的解释航天用镍氢电池原理到形成解决电化学问题的模型，让思路方法外显出来，做到有序储存、随意提取，让整节课在发现过程中形成的思路方法能加以固化并指导今后的学习，便于将来解决复杂的问题。

二、思：静心探究，独立见解

思——主要倡导教师们积极培养学生的思维与探究能力。为了达成这个目标，教师要设置任务或情境，即用贯穿课程始终的真实问题解决，让学生经历多样化的活动形式，而不是引入课程的一个"帽子"。

情境化的教学更能够培养学生的核心素养，更能够体现知识的育人价值，也更能

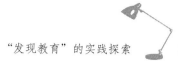

体现知识的应用价值，更能培养学生的问题解决能力，更具有驱动力和挑战性。因此明确了知识的结构，确立了知识承载的核心素养，还需要寻找承载知识的实际问题或者任务。特别是学生感兴趣的当前的热点问题，或者学生身边需要完成的实际任务。通过明确核心知识，构建知识结构框架，能够帮助教师挖掘核心知识承载的学科思想方法，明确学生核心素养的培养目标。此外，还要基于课程标准、知识结构和学生经验。可以是社会性议题和热点问题，也可以是日常生产、生活需要解决的问题，还可以是学科问题。要承载学科思想方法和学生发展核心素养，贴近社会和生活、真实且有意义、学生感兴趣、具有可操作性。好的任务应能彰显挑战性或者学科核心素养。教师要关注核心活动的开放度，避免学生的实践性和自主性过小，给学生充足的时间，让他们通过独立研究或小组合作解决问题，在过程中发现知识、方法、思想……因为学科思想方法的获得，特别是素养的培育，需要学生真正自主进行活动，仅凭教师的阐述分析或者总结提炼是不能内化为学生的能力或者行为的。

例如，刘莹老师的"SDGo净水挑战"课程是基于联合国可持续发展目标的目标6（清洁饮用水和卫生设施）设计的项目式学习课程，目标是培养学生的可持续发展意识与行动能力。学生通过了解、理解我国农村/郊县真实饮水安全的现状，产生同理心，从而激发社会责任感；同时，也培养学生的协作、创造并解决复杂问题的能力。此项目与民间环保组织联系，让学生运用跨学科的知识为应对这一挑战做出真实的解决方案，从而帮助中国某地区的居民喝上健康水。

学生对这个课题充满了兴趣与信心，而教师依据"发现课堂"的核心要素对教学环节进行再设计，在"发现教育"理念的指导下，让学生自主学习，自我发现。课上，基于水质监测涉及的化学原理及其应用方法，学生通过网络、资料等方式进行自主学习、充分讨论、小组合作实验，从而确定水的洁净状况，给出下一步处理方案。在此过程中发展学生的"核心素养"，培养学生适应终身发展和社会发展需要的必备品格与关键能力。

煤的污染与雾霾的形成密不可分，王小辉老师选择此项目进行研究，让学生在解决实际问题的过程中学习化学知识，并培养学生学习物质化学性质的思维角度。课的引入是从雾霾的成因之一——燃煤尾气入手，通过学生的讨论形成解决实际的化学思考方式，将复杂的实际问题转化为具体的化学问题。在课上，学生基于硫元素二维图对此问题进行了深入讨论、分析，通过独立思考与小组合作的方式提出许多预防雾霾、清除雾霾的合理化建议，让学生有目标、有动力地在思考中学习、在学习中发现。

三、论：对话交流，深度发掘

思维的碰撞、心灵的沟通，能解决学生内心深处平时没有机会表达的困惑。在课上，教师要善于打开学生对话交流的开关，激发学生从讨论、相互评价中自主提炼学科思想、学科本质。

甄甜丽老师的研究课以燃烧和灭火为主题，这是生活中的常识，也是渗透控制变量实验思想的良好素材。甜丽老师通过让学生分析实验、设计实验的课堂设计自主发现了这一实验思想。在整个过程中，堪称亮点的设计是："请你为黑板上每组同学的设计分类，并说出你的分类依据""不同实验方案的相同在哪里"。分类是学生分析梳理的过程，但学生很难从思想方法的角度考虑问题，所以分类之后通过问"不同实验方案的相同在哪里"是引导学生体会到控制变量最重要的地方。这个问题像一个巨型炸弹扔到了孩子们的大脑里，使他们的思维顿时活跃起来，不同的同学有不同的分类方法、不同的依据，教室里像沸腾的水一样，思想在交流、在碰撞，最后孩子们自己发现了控制变量的实验思想的运用方法。这就彻底解决了试讲时学生不知道说什么、怎么说，教师说得多、学生听得多的状况。

教师评课二："发现课堂"核心要素的实践运用
——基于"如何正确认识和处理传统文化传承与创新的关系
——以京剧为例"一课的思考

北京理工大学附属中学政治学科组   侯家锋

北京理工大学附属中学提出"发现教育"的理念，是"基于学生个体成长关键性因子（优长和潜能）的发现而实施的开发性教育"，发现教育是基于学生的成长规律，且为了学生的成长而实施的教育。总的来说，发现课堂的个性就在于发现。发现课堂的核心要素是：问、思、论、察、效。本研究通过对——"如何正确认识和处理传统文化传承与创新的关系——以京剧为例"的分析，探究课堂教学中的"发现课堂"五要素的体现和实践，以及在具体教学实践中还有哪些需要提升的地方。

一、优质问题，机智推进

设问，将课堂的很多线索串联起来，同时也是启发思维的重点。问，"主要倡导老师们充分发挥有意识、有设计的启发与引领能力。""问"的核心要素主要体现为"优质问题、机智推进。"

（一）优质问题

优质问题，"是指基于教学目标的问题，能激发兴趣，有思维容量，难度适中，引导揭示学科本质。"根基是教学目标，内涵是思维逻辑，难易度是适中，指向是学生兴趣，最终目的是学科本质。教学目标是整节课的纲领，起到提纲挈领的作用。问题设问是不能够脱离教学目标的，必须在目标的引领下开展教学设问。从目标出发，问题的内涵应该是蕴藏思维逻辑的，没有思维的问题不是好问题，所谓好问题，需要能够引发学生的兴趣，这样才能调动学生的积极性，才能使课堂有进行下去的动力。当然，问题的难度要适中：太简单，学生觉得没有意义；太难，学生难以回答。优质问题的最终目的在于揭示学科的本质，揭示学科的核心问题。换言之，优质问题的根本在于学科的核心素养。

一是遵循了教学目标。本节课认真研究了新课标中的教学要求，哲学与文化模块要求学生能够辩证地看待传统文化，领会对中华传统文化进行创造性转化、创新性发展的重要意义；辨识各种文化现象。在学业质量水平中要求"辨析继承中华传统文化、不同文化交流互鉴、践行与传播先进文化的行为，表达文化创新的意义，揭示事物的文化价值以及各种文化现象背后的重要影响因素。"基于核心素养，设定了教学目标，"政治认同"方面，通过本课教学，使学生认识京剧，了解京剧，从而树立文化自信，能够认同中华民族的优秀文化；"科学精神"方面，通过教学，使学生认知传统文化传承和创新的必要性，认识到文化创新是文化发展的必然要求，达到文化自信。

二是教学设问中蕴藏了思维逻辑。本节课包含了以下几个问题：欣赏完京剧后，对京剧的感想；体味京剧有哪些特征；21世纪的今天，京剧是需要变还是不需要变呢？京剧的传承在于创新，为什么要创新？怎么创新呢？依据这五个问题层层推进，启发学生思考文化传承和创新的关系。

三是教学设问符合学情，引发学生的兴趣。在准备本节课之前，设置了两个传统文化的问卷调查，即《中学生传统文化了解程度调查》《测测你对京剧的了解程度》，通过这两个问卷调查，发现学生对传统文化有粗浅的理解，但无法形成理性的认识；在文化传承和创新之间没有明确的认知，甚至认为传统文化没有变革的必要。在对学情有进一步地了解之后，本节课让同班同学表演了京剧，引起了学生的兴趣。

四是问题的设计难易度适中。基于本节课的教学过程、教学内容以及教学目的设置的五个问题都是从学生出发的，符合学生的认知水平和发展规律。

五是问题的设计揭示学科的本质。通过一系列问题的设计，试图在本节课的教学之后，能够让学生们树立文化自信，对中华民族的优秀传统文化感到骄傲和自豪。

（二）机智推进

机智推进，"是指掌控课堂的教学艺术，能有效处理课堂突发事件。"优质问题指的是在教学设计阶段的课堂设问，是一种静态中的问题设计。而机智推进，是在教学过程中体现的，是动态的过程。一是常态化教学过程中的教师能够引导学生，掌握课堂；二是意外状况下的突发事件，能够有效地应对并采取措施进行处理。这个过程考查的就是教师的灵活应变能力。

在本节课中，能够积极地引导学生发问和总结。在"体味京剧的特征"之时，询问同学们京剧的特征。学生的回答体现为两种：一是京剧具有悠久的历史，且是不断传承的；二是京剧是具有民族特色的，是中华民族所特有的。此时，教师接着追问，"你了解京剧的历史吗"，学生沉思并回答问题。大部分学生是了解徽汉合流的，但是对其实质并不了解，教师需要介绍徽汉合流的基本情况，引导学生回答出来其实质是民族融合的过程，也是文化多样性的体现。教师第二次追问，即"京剧是一成不变的吗"，大部分学生会回答不是的，从而引出京剧的一个特征，即"相对稳定性"。教师第三次追问，"京剧的民族特色体现在哪里"，学生们会给出多种回答，教师需要加以总结并引导，即京剧的民族特色体现为它是中华文化的集大成者，当然这其中也有一些在21世纪不适合的思想，如"愚孝"等。因此，教师第四次追问"应该以什么态度对待京剧呢"通过这次追问，可以让学生回答出来"取其精华、去其糟粕"的基本态度。

二、静心探究，独立见解

思，顾名思义，主张的是教师能够积极培养学生的思维能力和思考能力。思，体现为静心探究，独立见解。

（一）静心探究

静心探究，"要求教师在课堂上一定要给学生充分的思考时间和产生自己想法的空间。"课堂中，学生是主体，教师是主导，教师在课堂中的作用主要是引导学生，启发学生思考。育人，是要培养学生自我思考的能力，激发学生的兴趣。

本节课设置了三个学生探究的环节：一是学生讨论京剧的特征；二是学生讨论京剧面临哪些困难；三是京剧发展的新出路。教师为学生提供了详细的资料，培养学生的阅读理解能力；给予学生讨论的空间，培养学生的合作探究能力；在其中引导学生，启示学生抓住关键词，并且画出来，提高学生的概括能力。

（二）独立见解

独立见解，一是学生在课堂中能够形成自己的独立见解，不依从于任何人；二是通过一节一节的课程能够培养学生独立思考的习惯和能力。这四个字不是服务于任何课程，而是贯穿于整个学习的过程。

在本节课的设置过程中，有一个小的辩论环节，即京剧在 21 世纪，是"变还是不变"。在课堂上，学生并不会因为课程的目的在于文化创新而全部认为京剧是需要改变的，很多同学还是会坚持自己的观点。此时，教师会引导学生回答自己为什么会坚持"变"或者"不变"，希望同学们能够呈现自己的观点。很多同学会认真地阐述自己的观点，并解释"为什么"。教师会进一步引导，"难道京剧是完全不改变的"以及"京剧是全盘否定吗"。同学们通过对这两个问题的思考，进一步明白京剧不是全盘的否定或者是肯定，而是应该用辩证否定的观点去看待这个问题，京剧在 21 世纪有变和不变两个方面，不变的是京剧的精髓，变的是在现代社会中京剧已经落后的层面，如"愚孝"等思想。

三、对话交流，深度发掘

论，希望教师能够培养学生主动表达和推理的能力。

（一）对话交流

对话交流，"要面向全体，完整、充分、有逻辑地表达，思想碰撞，多元互动，特别关注鼓励生生对话。"课堂是互动的过程，是师生的不断交流。首先，教师能够条分缕析地解释知识中的重难点，帮助学生答疑解惑；其次，教师的设问是真问题、真情境，保证问题的质量；最后，学生的回答能够得到教师认真地分析和评价，同时，要求学生的提问能够紧扣学习的知识和内容。

本节课的设置过程中，首先，教师已经为学生讲解了教学的重难点，为学生答疑解惑；其次，教师所设置的问题都是真问题，且是真情境，都是源自事实和新闻的；最后，在学生回答问题之后，教师都认真地评价，比如，"这位同学认识到了京剧的悠久历史""这位同学了解到了京剧所具有的民族特征""这位同学看来很喜欢京剧"等，教师都给予了正面的评价。

（二）深度挖掘

深度挖掘，在最基本的传道授业解惑的基础上，能使得教学内容融合、联系，并且能够运用所学的知识分析问题，理论与实践相结合，在探究问题的过程中能够使学生的认知水平呈现一个螺旋上升的趋势。人类的认识具有无限性、反复性和上升性，会受到各种主观因素和客观因素的影响，但是人类对于真理的认识是不断向前发展的。

本节课的授课过程中，遵循的就是人类的认识规律，即从感性到理性，认识是不断上升的。设置情境，给予学生视频资料，让同学们直观感受京剧的美；同班同学演唱京剧，引起同学们兴趣的同时，请各位同学思考京剧的特征；京剧作为传统文化的典型表现形式，可以将京剧的特征引申为传统文化的特征，即从个别上升到一般。

四、察觉察悟，揭示本质

察，是希望教师能够培养学生的洞察能力和领悟能力。课堂不仅是一种在场的形式出现，还涉及课外的拓展和延伸。

（一）察觉察悟

察觉察悟，指的是思路和方法的过程，希望学生在获得相关情境、材料的时候，能够通过阅读、标记、思辨等方式，迅速获得教师希望得到的信息，并加以分析和整合，最终形成有效信息，形成自己独特的观点和切实可行的方案。这个动态的过程，体现学生的独立思考、教师的掌控能力，最终希望呈现学科的本质以及学科的核心素养。

教师在本节课的过程中准备了学案，学案是以阅读材料为主的，旨在锻炼学生的阅读思考能力：首先，让学生抓住关键词，能够把握中心要点，养成迅速阅读的习惯；其次，在解析所有材料之后，同学们能够从中总结出文化创新的主要途径，并概括和总结，这就考验了教师的掌控能力，从具体到抽象；最后，通过学案的探究，学生能够了解文化创新和文化传承的关系。

（二）揭示本质

揭示本质，通过前期的活动环节和互动过程，以及师生的对话交流，教师循循善诱，引导学生不断地探究和发现，揭示学科的本质。

任何一门学科，在常态课中的教育中，是希望能够揭示学科的本质。或者，可以理解成为揭示学科核心素养的内容。通过京剧来理解文化传承和创新的关系，这其中蕴藏着知识，最根本的是希望同学们能够认识到京剧的美、京剧的伟大，从而意识到中华文化的博大精深，以及对自己文化的自信和自觉。

五、达成目标，发现素养

效，指的是课堂教学的最终效果，强调的是教师培养学生目标的实现，以及教师实现目标的意识。达成目标，是指在一节课结束之后，教师通过评价和反思，很好地实现本节课应有的教学目标。

本节课的教学目标基本上实现：一方面，同学们学会应用辩证否定观分析京剧在 21 世纪的抉择——变与不变，学会用辩证的思维方式理解身边的文化现象；另一方面，同学们认识到京剧的内涵，京剧所体现的中华传统文化，以及对待传统文化的态度，即取其精华、去其糟粕，从教学过程中树立了文化自信和拥有了文化自觉。

虽然这一节课的教学设计，体现了发现课堂的五大要素，但是经过课堂教学，笔者觉得在很多方面还有待于改进。其主要体现为以下几个方面。

第一，"问"，问题要真，要有梯度。本节课的问题设计，是基于真情境的真问题，但是在问题设计层面可以多加考量，多次斟酌，为同学们提供贴近生活、符合学科特征的开放性问题。

第二，"思"，给予学生思考的空间，为育人而教学。特别是作为一名新教师，在课堂上容易为了教书而教书，害怕遗漏知识点，在课程中想为学生提供更多的知识，往往因时间不足，而没有为学生提供足够的表达空间，没能让学生表达自己的见解。

第三，"论"，在思维的深度上，要加强训练，将自己的学术知识灵活地运用到课程中。此次课程，虽为学生们提供了思维逻辑，但是在逻辑深度上还需努力，教师在理论运用上尚不能完全区分课本和课堂，有时完全依照课本，不能整合知识。

第四，"察"，通过本节课，发现学生尚未养成良好的阅读习惯，教师在学案中准备了很多材料，但是很多同学却未能快速地掌握材料的重点，需要加强练习，这也说明教师需要培养学生阅读理解的能力，揭示材料本质的能力。

第五，"效"，本次课能够让同学们认识到中华文化的博大精深、源远流长，也能让他们乐意做传播中华文化的使者。但是因为时间的问题，未能将课程的拓展作业展现给学生，也未能让学生表达他们在课程中获得了哪些知识和理论，教师需要加强对学生的了解，并且加强课堂反思。

本节课有得有失，在教学反思后，能在下次课堂中加以改正。"问、思、论、察、效"这五个要素及其内涵是"发现课堂"的特质和标志。同时，笔者亦觉得这是每位老师都应该试图去实现的五个要素，对于发现学生、发现自己有很大的帮助，希望每位教师能够将这个五要素作为衡量每一节课的标准，提升自己的授课质量，力求做好课、教好课。

教师评课三：基于项目式学习的初中生物课堂探究分享

—— 以"细菌和真菌在自然界中的作用"为例

北京理工大学附属中学生物学科组　段庆伟博士

一、背景

随着教育教学改革、中高考改革的不断推进，中国学生核心素养理念的提出，学校提供什么样的教育，学科教学怎么更好地提高教学效率，这些都成了摆在教师面前的问题。于是乎，一些新的教育教学理念不断地被提出和实践，如深度教学、单元教学、项目式学习等。相关研究表明：项目式学习在学生学业成绩、问题解决能力、学生参与度、学习兴趣及合作和解决冲突技能等方面都有很大的促进作用。[1] 项目式学习的研究在基础教育阶段主要集中在综合实践学习上、语数英科目的小范围内进行探讨。[2] 在初中生物的教育教学中，项目式学习研究比较少，因此本研究

---

[1]　侯肖、胡久华：《在常规课堂教学6中实施项目式学习——以化学教学为例》，载《教育学报》，2016（4）。

[2]　李志河、张丽梅：《近十年我国项目式学习研究综述》，载《中国教育信息化》，2017（8）。

做了一个尝试，通过一个案例研究，更深入地认识项目式学习，也给以后的教育教学提供借鉴。

二、选题

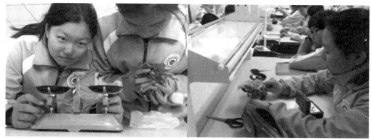

人教版初中生物八年级上册（2013 年 6 月第 1 版）第五单元　生物圈中的其他生物；第四章　细菌和真菌；第四节　细菌和真菌在自然界中的作用。

三、"细菌和真菌在自然界的作用"公开课线上分享图文记录

（一）课堂回顾

D＝段老师；S＝SDGo。

D：各位老师，大家晚上好！我这次做公开课，算是抛砖引玉。我这次做的公开

课内容是人教版八年级上册生物：第五单元第四章第四节的细菌和真菌在自然界中作用。那么这次课呢，大概是 10 月底定的课题。然后我就开始看以前老师们都是怎么做这节研究课的，结合和学校备课组老师们的讨论，发现这节课内容做得都差不多了，想出彩比较困难。

　　结合之前参加 SDGo 的发现课堂教学法培训，本学期海淀区倡导的单元教学，以及深度学习、项目式学习，我开始想做个单元的教学设计，在研究课呈现的时候只是把这一节课呈现出来。但这样做，工作量和难度都比较大，因此，我决定只从这一节课来设计，且用项目式学习的方式来设计。

　　媛媛：段老师的课立足于实验，通过学生自己设计的实验让学生理解了细菌、真菌在自然界的作用。

（二）课前准备

　　如何用项目式学习来设计这一节课，起初我的心里没有数。正好这个时候，SDGo 的程瑶老师微信我，问我有没有做研究课的任务，我说有啊，她说他们要做案例，希望能跟我一起来做这节课。我想太棒了，正好我也想做个项目式学习的探索。然后我们一拍即合。

最开始的设计思路就是在本节课之前，在课上给学生看过一分钟物种演化的小视频。我想从这个视频切入，说动物在出现之前需要一定的条件，那就是细菌和真菌通过分解有机物为动物的产生创造条件。然后，通过让学生开展落叶的分解实验，来学习细菌和真菌在自然界中的作用，这是最开始的思路。

S：为什么之后实验没有用一开始想到的落叶呢？

经过和老师们，以及 SDGo 的讨论，我的思路在逐步调整，且调整了好几次。从最开始的做落叶分解实验——做生物圈Ⅱ号的模型——做厨余菜叶的分解实验——做厨余菜叶的分解实验并增加橙子的腐烂实验——菜叶和橙子实验加上实验步骤、排序加分享。

首先，落叶这个实验，以前老师们做课的时候都用过，我就没想做落叶。其次，落叶实验要经常给叶子喷水，增加了实验的步骤，因为本学期我在两个校区上课，为了减少奔波，我想"偷懒"，就没用落叶，而用了厨余的菜叶。菜叶水分比较足，这样就不用经常地给它补水。

S：为什么用菜叶的同时还引入了橘子呢？

D：菜叶含水量大，实验过程中不需要经常加水，减少了实验的复杂性，可以只称重就行了，不用太多的其他处理了。

加入橘子实验的目的，是把橘子腐烂过程中的质量减少分成三个部分，即水分减少、自身的呼吸质量减少、细菌和真菌分解的质量减少。这是为了更好地分析厨余菜叶质量减少的原因，让学生明白，厨余菜叶质量的减少不完全是由于细菌和真菌的分解，而是由三个部分组成的。

S：实验是怎么设计的？

D：这个实验分别做了对照组和实验组。对照组，我把厨余菜叶装在塑封袋里放在超净工作台上，给它灭菌 1 小时。实验组，我用了前面选修课做的、长了霉的馒头，把霉菌接种到厨余菜叶上。

D：在准备实验的时候，是取厨余相同部分的菜叶剪碎，用天平称量——因为分成对照组和实验组，所以必须是等量的。称好以后分别装在塑封袋中。对照组塑封上，实验组则是开口的。

S：做了几组实验，多长时间记录一次，为什么？

D：做了 7 组实验，3 天记录一次，有时候顾不上的时候就 5 天记录一次。1 天记录一次也是可以的，但从实验目的来看没有太大的必要性。我们的实验目的只是为了要个结果，记录的频率不需要那么高。

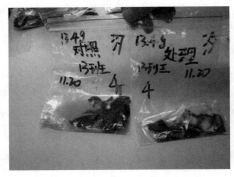

实验成果（经过 1 个月实验的状态）

S：学生参与实验的成果怎么样？他们是利用课后时间做的还是课内做的？有没有遇到问题？

D：这个实验全体同学都参加了。大部分同学都很感兴趣，其中一个原因是实验会用到托盘天平，这也是物理课会用到的。如此一来，他们也觉得各个学科是相通的，并不是没有关系。

我是让学生课后来做实验，没有占用上课的时间。学生每 3 天去称量一次，把数据记录在数据表上。

在使用托盘天平的时候：有的学生夹砝码不用镊子，有的在调天平的时候不规范。从这个角度来看，我们相当于通过一个实验，把生物和物理学科进行了交叉和整合。

S：那么针对这个实验，学生们提出了什么问题？

D：学生也提出了很多问题。比如，用菜叶子的哪个部位来做实验？他们拿来的都是白菜，那么白菜有白菜叶、白菜帮，到底用哪个更合适呢？这是一个问题。再一个就是超净工作台为什么能够灭菌呢，因为超净工作台是我们做微生物实验，以及做植物组织培养时候必须要用的；还有工作环境怎么保持无菌，数据怎么分析……学生提出了一系列问题。学生的问题都需要教师的引导，因为学生研究的经验还没有那么多，所以教师的问题意识，引导学生深入的思考、得出结论是我们应该去努力做的。

S：在实验过程里，学生们都会思考很多"为什么"，这个过程诱发了他们不少思考。

D：其实用托盘天平还是挺麻烦的，需要反复称量。所以后来我们找到了一台天平秤，直接把实验物品放上去就可以读值了，比托盘天平用起来要方便得多。

S：看来动手去做的过程还是非常重要的。做了才能发现问题。

D：实验过程中有发现、有问题，这也是我们任志瑜校长发现课堂五要素"问、思、论、察、效"时重点提出的。这个"问"就体现在这儿。"为什么"必然是经过思考提出来的，在学生思考、提问，以及和同学、老师之间的探讨中提出来的。

（三）课堂上

S：回顾课堂，您用了什么方式做引入，怎么找到这个小故事的？

D：上课一开始呢，我先通过一个问题来引入课题。问题是：3个月里，一个人会产生多少垃圾？我让同学们思考，有的同学回答10千克，有的同学回答很多。其实答案并不太重要，我只是想让同学们惊叹：案例中的两个年轻人，3个月只产生了两小瓶垃圾，很显然这两小瓶垃圾无法用细菌、真菌分解。于是引出，我们每天都要吃饭做饭，那厨余垃圾的菜叶什么的是可以被细菌、真菌分解的，那他们是怎么处理厨余菜叶的呢？这两个年轻人用厨余菜叶做堆肥，用来养花养草。我们这节课通过实验来模拟厨余菜叶的分解过程。

两个年轻人的厨余垃圾的实验内容是从我的微信群——一个关注环境保护的微信群里获得的。我有好几个这样的微信群。因为平时比较关注环境问题。

用垃圾处理的小故事引入细菌、真菌的话题

S：课堂过程中，学生有让您感到意外的地方吗？

学生提出要用新鲜菜叶做实验，保证细菌、真菌的状态相对一致。这个思考的逻辑没有问题，但从实际实验的角度来看，如果用新鲜的菜叶，这个实验就很可能会失败。放到细菌、真菌包围的环境中的新鲜菜叶可能只会失去水分，变成干菜叶，而不会腐烂掉，这只是我的逻辑推理。从我的经验看，学生的这个想法不可行。但如果想知道真实的结果，我们最好去做一个实验来看看。

段老师在课堂上展示被分解了的橘子

学生这样考虑的思路是对的，但也存在问题，就是新鲜的菜叶具有天然的抗递性，难于腐烂。例如，人的皮肤划伤的时候，划伤部位可能会发炎，就是因为受伤部位侵入了细菌。植物也是一样，活体的植物体的细胞也是活的，如果不受伤，细菌也难以侵入，那就不容易腐烂。所以从实验的角度讲，新鲜的菜叶不是实验的最

佳选择。另外，我们的厨余菜叶本身就是有受伤的，这是生活中的实际情况。如果和生活中的不一样，那我们的实验也就失去了实际价值。

S：学生们觉得结果说明了想要说明的问题吗？有哪些缺憾？

D：学生们通过复制实验步骤的操作，基于其中的测定数据，他们分析发现，实验组的质量在不断减少，而对照组质量没有变化，或者基本没有变。那么他们能得出结论，质量的减少是由于细菌、真菌的分解造成的。所以他们认为结论和他们开始的假设——厨余菜叶会被细菌、真菌分解——是一致的。

同学们对教师的解释还是比较认可的，没有提出异议。我在课堂上没有提出对学生进一步的追问，每个问题背后都会产生新的问题。我们对问题的思考，都还需要再加深。

S：课堂的哪部分是您最满意的？

D：本节课让我最满意的就是，学生能够按照老师的要求把探究的实验过程补充完整。因为我给他们的实验步骤条目，有的步骤是没有的（像假设和数据分析）。学生能够按照已有步骤把缺的部分补上，还能够说明理由，到前面来给同学们讲清楚，是让我比较满意的：学生的思考、表达都得到了锻炼。

D：这次课您有哪些心得分享？

S：从本节课来看，将打乱的实验步骤让学生去排序，因为每个小组只有 4 个人，小组不大，我看到孩子们能够真正参与进来。这是我感到比较高兴的。以后也要多设计能让学生真正参与进来的活动。

学生将打乱的实验步骤拼起来

提问 1：经过这次公开课设计的过程，您现在对项目式学习（Problem-Based Learning，PBL）有什么想法？和传统方法比，它有什么优点或者缺点？对于 PBL

和学科的结合又有什么想法呢?

　　D: 对于PBL,现在有了实践,也有了更深入的体会。项目式学习,能让学生深度地卷入学习中来,让学生成为学习的主人,去发现思考、问题,去向同学、老师提问。它和传统的教学方法——老师讲、老师问、学生答相比,有非常大的不同。

　　简单来说,PBL真正让学生成了课堂的主人。教师在PBL课堂起到引导的作用,要回答学生的质疑,但又不直接回答,而是要引导学生去思考、去探究、去相互讨论,最后自己解决问题。

　　其实,我这次做课,和SDGo几位老师讨论,就是和学科结合的一个过程。几位老师没有生物学科的背景,但是他们有方法、有思想,我作为生物学科的老师,有生物学科的知识,这就是一个碰撞的过程。然后,我通过SDGo老师们提供的方法,在反复讨论尝试中变得更加成熟。

SDGo老师在向学生询问课堂反馈

　　通常我们在上公开课、研究课的时候,都是和本学科组的老师讨论,大家都是生物老师。这次不仅有本学科组的老师帮我备课,还有SDGo老师给我提供方式方法,我觉得这是一个非常好的结合。

　　这一次的合作算是一个开始,也算是给我们学校其他学科开个头,抛砖引玉。

　　(四) 发现课堂五要素在本节课中的体现

　　我再谈一谈“发现课堂”的核心要素和本节课的结合。北京理工大学附中任志瑜校长提出了“发现课堂五要素:问、思、论、察、效”。我也简单谈一谈本节课体现的五要素。

"问"和"思"：指优质问题，机智层进。静心探究，独立见解。

本节课的重点和难点是物质循环，所以设计本次活动，就是着眼于物质循环，让学生排序实验步骤、分析数据，目的就是让学生思考为什么实验组样品的质量会减少，减少的质量都去了哪里，有几个去向。教师进一步引导学生关注橘子的实验，就是为了回答学生提出的疑问，通过学生的思考和教师的配合实验，逐步解决学生的疑问。

"论"，指对话交流，深度发掘。学生在课堂上思考问题，讨论实验步骤的顺序，同其他同学讨论的过程就充分地体现了"论"这个要素。

"察"，指察觉、察悟，揭示本质。基于独立思考和讨论共识的新感觉、新发现、新领悟。"剖开顽石方知玉，淘尽泥沙始见金"。发现关键，领悟内涵，提升学科的核心素养。

这次课堂实验，同学们观察到实验中的对照组也有一部分分解掉了。按照理想状态，对照组应该不分解才对，因为是无菌的。学生们发现了这个问题，思考对照组的处理和样品的状态，提升了对问题的理解，促进了教学重难点的突破。

"效"，指达成目标，实现本节课应有的教学目标、发现素养，秉持和培育善于"察、悟、觉"的发现意识和素养。本节课学生能够回答正确随堂的问题，表明教学目标基本达成。另外，学生能够在课堂上提出问题，也提高了发现素养。

致谢：感谢八年级生物备课组的李亚林老师、王京生老师、昝阳老师以及 SD-Go 的大力支持，还要感谢生物组的迟利敏老师和徐林丽老师的宝贵建议。

四、发现优长

（一）发现优长教育的必要性

1. 发现优长教育是建设创新型国家的需要

半个多世纪以来，世界各国都在各自不同的起点上，努力寻求实现工业化和现代化的道路。有一些国家主要依靠自身丰富的自然资源增加国民财富；也有一些国家主要依附于发达国家的资本、市场和技术；还有一些国家把科技创新作为基本战略，大幅度提高科技创新能力，形成日益强大的竞争优势，国际学术界把这一类国家称之为创新型国家。在新一轮大国崛起的竞争中，这些创新型国家不约而同地把竞争的实质看成是知识的竞争、人才的竞争，更关键的是创新人才的竞争，并把创新人才培养作为增强国家竞争力的根本。20世纪70年代，美国政府"2061计划"提出要培养具有创新精神的跨世纪人才的目标，以提高国家的技术创新能力和竞争力。日本把培养学生的创造能力作为基本的教育国策，提出"科学技术创造立国"口号。2006年美国又宣布了《美国竞争力计划》，目标之一是使人才领先于世界，培养一流的创新性人才。2016年欧盟发布了"创建创新型欧洲"的报告，提出了通过创新繁荣欧洲的目标。

加快建设创新型国家是我国迈向现代化强国的内在要求。我国建设创新型国家的战略目标是，到2020年进入创新型国家行列，到2035年跻身创新型国家前列，到中华人民共和国成立100年时成为世界科技强国。习近平同志在党的十九大报告中强调，创新是引领发展的第一动力，是建设现代化经济体系的战略支撑。心理学研究结果认为：创新能力是一种连续的而不是全有全无的品质，人人包括每个儿童都有创造性思维或创新能力。因此教育者有义务利用教育过程开发每一个学生的创新潜能，并使之转化为创新能力。这一目标和要求也正是发现优长教育的价值诉求。我们有理由相信，当每个学生的创新潜能都得到极大地挖掘和培养，每个学生的创新才能将来在各个层次上都得到富有成效的发展时，创新型国家建设的目标便指日可待。

2. 发现优长教育是基础教育培养拔尖创新人才的需要

"钱学森之问"道出了我们这个日益强大的大国在向强国转变的过程中对杰出人才的渴望与担忧。确实，一流的拔尖创新人才可以创造世界领先的科技成就，可以解决关乎国计民生的重大难题，可以催生具有强大竞争力的企业和全新的产业，而它们的数量与规模在一定程度上决定了国家未来的发展速度与高度。但是目前我国在拔尖创新人才培养方面的情况不容乐观。欧洲工商管理学院在瑞士达沃斯发布2019年全球人才竞争力指数报告。报告显示，瑞士、新加坡和美国在人才竞争力方面继续领先，而亚洲、拉丁美洲和非洲国家的人才基础正在逐步减少。中国在这份报告中排名第45位。

长期以来，拔尖创新人才的培养几乎变成了高等教育的"专利"。在高等教育领域中，如何培养拔尖创新人才的话题经久不衰。与之形成强烈对比的是，基础教育在拔尖创新人才培养中则处于"重视不够"的状态。体现在政策取向上，国家对待大学的拔尖创新人才培养，政策是明朗具体的，而对中小学的拔尖创新人才培养，政策总是宏观抽象的，甚至是闪烁其词、含混其意的。所幸学界对于创新人才培养已经基本达成共识：培养创新型人才必须注重全过程。因为一个学生实际上有 3/4 的教育是在基础教育阶段完成的，只有 1/4 左右的时间是在大学完成的。基础教育的作用不可忽视。

在功能定位上，基础教育的奠基性决定了其不能着眼于人才的成型与输出，而应该注重"苗子"和潜质，着眼于启蒙和奠基。因此创新型人才的早期培养不能集中在实验班或少数天才、怪才的选拔和培育上，也不应该局限在少数学校，而应指向每一个学生，成为每一所学校人才培养的共识。反之，如果我们以各种方式将所谓的有创新潜质的学生从全体学生中筛选出来并使他们享有更多的教育资源，这种赌注式的培养不仅挑战筛选技术的准确性，更与教育的基本价值相悖。因此教育必须努力创设适合的空间和条件，去满足、顺应、引导、发展每一个学生的创新潜能。发现优长教育则是立足于全体学生，注重潜能开发，是基础教育领域拔尖创新人才培养的必然要求。

3. 发现优长教育是教育公平理念的应有之义

教育公平观念源远流长。春秋时期，孔子就有"有教无类""各言尔志""当仁不让于师"等朴素的公平教育观念；古希腊哲学家柏拉图在《理想国》中也有"所有儿童都应该接受机会均等的公共教育"的论述；近代法国启蒙思想家卢梭在《爱弥儿》中也主张教育机会应该人人均等。

教育公平是社会公平的重要基石，也是国家基本教育政策。教育公平理论包括三个层面，即教育机会的公平、教育过程的公平和教育结果的公平。作为教育公平理论的应有之义，发现优长主要体现的是教育过程的公平和教育结果的公平。

教育过程的公平，简言之就是"因材施教"。即使具有不同潜能的学生都能接受适合于自身发展的教育。简单地倡导无差别教育并不是真正的教育公平。基础教育不是选拔适合教育的学生，而是创造适合不同学生的教育，全面发展也不是所有人的德智体美等基础素质平均发展，而是基础素质与个性特长的全面发展。这就要求基础教育要进行差异化、个性化教学，使不同学生接受适合于他们的不同的教育。

这一要求与发现优长的实践几无二致。

教育结果的公平，简言之就是"人尽其才"。即使所有学生的潜能都能得到最大限度地开发。教育结果的公平不是使所有的学生最后都有同样的发展类型和发展水平，而应当使每个学生达到他们应该达到的水平，具有他们应该能够具有的才华。因此，要重视不同学生智能结构类型的差别，通过创造适合不同类型学生的教育，使不同类型学生的潜能都得到充分开发。这种适切性的教育正是发现优长的主要价值追求目标。

所以，无论是因材施教的过程公平，还是人尽其才的结果公平，其强调的都是针对学生差异进行的个性化的教育，这与发现优长教育的核心指向——每个学生独特的优点与长处，其对象内涵基本一致，所以发现优长教育是教育公平理论的应有之义。

4. 发现优长教育是学校摆脱教育平庸化的需要

20 世纪 90 年代以来，随着终身教育理念的不断深入及国民受教育年限的不断延长，世界各国空前一致地将教育研究的重点由大学转向从未被重视的中小学学段，认可了中小学教育独立的价值和任务。中小学教育的质量关乎国家安全，更关乎个体未来发展的成就水平，因此中小学教育未来改革的目标长远而宏大。但是无论是学术界、政府还是民众对今日的中小学教育都有着不可名状的担忧，其主要原因在于今日的中小学教育现状岂止平庸二字了得。

学生想象力差。爱因斯坦曾说："想象力比知识更重要，因为知识是有限的，而想象力概括着世界上的一切，推动着进步且是知识进步的来源"。2009 年由教育进展国际评估组织对全球 21 个国家进行的一项调查显示，中国孩子的计算能力排名世界第一，想象力却排名倒数第一，创造力排名倒数第五。在中小学生中，认为自己有好奇心和想象力的只占 4.7%，而希望培养想象力和创造力的只占 14.9%。在美国一项影响 20 世纪生活的 20 项重大发明的评选中，没有一项由中国人发明。中国每年的博士授予数在世界排名第三，中国学子每年在美国拿博士学位的就有 2000 多人，为非美裔学生之冠，比排第二的印度多出一倍。但美国专家评论说，虽然中国学子成绩突出，但想象力却大大缺乏。

学生创造能力弱。以"英特尔国际科学与工程大奖赛"为例，中国学生们获奖数量不少，但有分量的不多。第六十届"英特尔国际科学与工程大奖赛"评委，中国科学院动物所研究员周红章博士认为，美国学生表现出了高水平，他们的素质和项目都明显超出其他国家的选手。中国参赛选手则有一些偏科，如心理行为和医学这些项目，就很少有中国学生参加。著名咨询公司麦肯锡的一项调查报告也表示：中国大学生创造能力弱。毕业中只有不到 10％ 的人拥有为外企工作的国际化技能，而在印度该比例为 25％。我国每年新培养的 60 万工程师里面，只有 16 万具备为跨国公司工作所需的实用技能和语言技能。

以上仅仅是对教育平庸化管中窥豹的片段描述，但由此却可知目前中小学教育的现状难以与其在国民教育体系中的重要地位相适应，为此十分有必要探索一种可以改变中小学教育平庸化现状的教育理念与教育模式。因此以摒弃平庸追求卓越为价值追求的发现优长教育在这样的现实背景下呼之欲出。

5. 发现优长教育是学生个性化发展的需求

教育在面向社会需要，保证为学生打下扎实的共同基础上，还要充分注意发现和发展学生的个性，最大限度地发现和发掘他们的特长。因为只有每个人的个性都得到充分发展，每个社会成员都发挥其主动精神，把自己独特的才能和品德奉献给社会，社会生活才能丰富多彩，建设事业才能繁荣昌盛。而每个人又将从中得到物质和精神的满足，个性得到进一步的发展。

发现优长教育，不仅是对已显露出某些特长的学生给予培养，发展个性，还包括着眼于全体学生的个性发展。因为学生的优长在初期可能是以微弱的形态表现出来的，但若遇到相应的知识或事物，却能表现出特殊的敏感和浓厚的兴趣，学习起来最易入迷或成癖。如果主观能积极努力，进一步刻苦钻研，当这种知识积累到一定程度，就会由量变发生质变，由感性认识上升到理性认识，就会爆发出智慧的灵光。

心理学研究表明，人人都有超常潜能。这主要体现在深度和广度两个方面。深度主要指所有人都蕴藏着巨大的脑潜能。科学界公认，我们仅用了大脑全部能量的大约 10％，尚有约 90％ 的潜能有待开发；广度主要指不同人在多元智能维度上体现出不同的智能优势，每个人的成才不再是传统、单一的智力优势途径，至少还有八项智能成才途径有待开发。但是多数人并没有成功开发自己的潜能，其可能原因：一是后天所学的知识与先天的特长和爱好相悖，激发不出学习兴趣；二是主观不努力，不能刻苦钻研学习；三是环境与条件限制了特长与爱好的发展。

可见，学校的教育模式合理与否是至关重要的。进行发现优长教育的任务，就是要面对全体学生，给学生展示才华的各种机会、资源和鼓励，支持学生投入其需要和自我选择的活动中去，使他们逐步得到提高，实现智力因素和非智力因素的全面、个性化发展。

（二）发现优长教育的主要内涵

1. 优长的基本概念

优长包括影响学生的认识过程及构成学生其他心理活动的非智力因素和承担学生认识过程的智力因素。每个学生身上都有自己与众不同、可以被培养成发展优势的优点和长处。在形式上根据学生优长是否被发现，可分为显性优长和隐性优长两种，大部分学生的优长是隐性的，即优长潜质。

优长是决定学生未来发展广度与深度的重要影响因素，更是决定教育者采用何种适切方法培养学生的重要依据。促进学生优长发展的重要前提就是要识别和培养学生的优长，特别是优长潜质，促使隐性优长朝着显性优长转化。

2. 发现优长教育的目的

发现优长教育不仅包括识别学生的优点和长处，还包括根据学生的不同优点和长处进行培养，使学生在自身原有的基础上得到发展。根据加德纳的多元智能理论，这一发展可能是单一智力的发展，也可能是组合智力的发展。由于每个学生的优长都是不同的，因此每个学生的优长发展也都具有不同的含义。但其最终目的是让每个学生成为最好的自己，实现全体学生的全面发展。

当然，这里所说的全面发展，不能理解为要求学生"样样都好"的平均发展，也不能理解为人人都要发展成为一样的人。全面发展仅仅是对每一个学生的统一要求，但是根据社会需要的不同以及个体发展水平的不同，全面发展必须着眼于学生优点与长处的识别与培养。而每一个学生的优点和长处都不尽相同，智力因素和非智力因素的优势也各不相同。这就要求教育者根据学生的特点提供给学生适切的教育，即发现优长教育。

（三）发现优长教育的实施路径

在发现教育思想的指导下，我校于 2016 年成立了特色发展中心，将科技、艺术、体育等优长教育集于一体，把"满足全体学生发展需求和学生个性化需求，全面提升学生综合素质"作为发现优长教育工作的指导思想，发现并培养学生的科技和人文素养，提高学生体质健康水平，增强学生的社会责任感、创新精神和实践能力。经过几年的发展，学校形成了完善的组织机构和管理制度；整合多方资源，提供全面保障；践行发现理念，促进优长发展；发展特色项目，打造学校品牌。

1. 完善的组织机构和管理制度

学校成立由校长牵头、学校相关领域中层干部以及各学科主任、年级主任构成的发现优长教育工作领导小组。成立特色发展中心，下设科技教育中心、艺术教育中心和体育教育中心。做到有健全的组织机构，人员到位，职责明确。

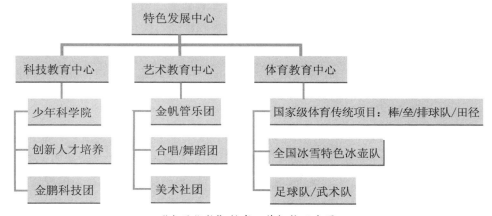

"发现优长"教育工作机构示意图

同时，由于发现优长教育的需要，特色发展中心与课程教学中心、课程资源中心、学生发展中心、后勤保障中心等部门通力合作，服务于全校师生。

学校每学年会制订详细的发现优长教育年度计划，并将计划分项目落实到各个负责人，保证落实。年终时则参照计划，认真开展发现优长教育工作的年度总结与反思，不断提升。

为了能够更好地开展发现优长教育，我校制定了一系列内容完备、可操作性强的教育工作制度，涉及组织管理、支持保障、实施操作、评价奖励等多个方面，如"北京理工大学附属中学科技、体育、艺术教育管理制度""北京理工大学附属中学科技、体育、艺术社团（小组）管理规定""北京理工大学附属中学科技、体育、艺术特长生教育管理规定""北京理工大学附属中学科技、艺术专用教室使用规章制度汇编"等。严格的管理制度有效地保障了我校发现优长教育的顺利开展和有效实施。此外，我校还十分重视相关档案的管理，由专人负责，档案资料完整、规范，能按要求及时接收和上报各种发现优长教育的材料。

此外，科技、艺术、体育等每个社团都制订了严格的训练制度要求，规定每周固定的训练时间，安排切合需要的训练内容，以保证学生获得更大的进步。

2. 整合多方资源，提供全面保障

（1）充足的资金支持

为突出学校特色办学，学校下大力气发展艺术、体育、科技教育。近年来，学校艺术、体育、科技教育经费逐年递增，纳入学校预算，在学生活动费及特色建设费中均有明确的立项。持续有效的经费投入使得我校的发现优长教育工作不断发展。

（2）完备的教育设施

作为发现优长教育的主阵地，我校具有完备的科技、艺术、体育相关专业活动教室。持续稳定的教育专项经费投入，使我校的硬件设施达到了北京市乃至全国的较高水平。

天文专用活动教室，包括了邸龙基工作室、天文科普展厅、天文台，总面积达200多平方米，能满足一次40人的社团活动，并配备了各种型号的天文望远镜和各种天文专业仪器，这些专业的设备设施为天文项目的开展提供了强有力的硬件支持。机器人工作室，配备了用于普及机器人知识的机器人教室，以及用于提升学生机器人能力的多个项目竞赛器材。

天文观测圆顶

邸龙基工作室

天文科普展厅

机器人工作室

单片机教室

生物组培实验室

　　学校先后建设了科技长廊、生物分子和组培实验室、数码显微互动实验室、生态标本馆、创新实验室，改建了彩虹气象站和无线电测向等专业教室。以天文科普知识和学生天文摄影作品为主的科技长廊和天文荣誉墙定期向全校师生展示学校天文教育成果；彩虹气象站的天气预报栏不仅每天向全校师生们预报天气，还定期张贴气象知识与大家分享；学校实验楼各层楼道均画有与实验学科对应的相关科普知识，内容均为设计公司根据学生提出的初步设想设计完成；教学楼的走廊里则悬挂学生开展科技活动的照片，且定期更换，及时向同学们宣传科技教育成果。此外，我们还充分利用校园电视台、宣传栏、网站等宣传科技知识和科技教育成果。科技展窗特为展示我校科技教育相关内容而设立，分为丰富多彩的科普活动、蓬勃发展的少年科学院、创新人才培养、科技竞赛硕果累累四个橱窗，平均每年更新展板2～3次；校园网上有专门的"科技创新"栏目，图文并茂，及时报道学校科技活动及成果，对我校开展的各类科技活动以及学生和教师在科技方面所获得的成绩进行及

科技长廊　　　　　　　　　　　　生态标本馆

彩虹气象站

实验楼楼道科技氛围浓厚

时通报。2016 年理工附中少年科学院正式开通了微信公众号，对外宣传科普知识和学校科技活动，产生了很好的社会影响。

　　学校设置有完备的、富有特色的音美专用教室、金帆艺术团训练厅、舞蹈教室及供学生课外艺术活动的社团活动教室，配备了标准 400 米塑胶跑道、篮球场、足

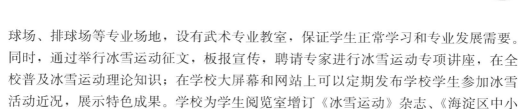

球场、排球场等专业场地，设有武术专业教室，保证学生正常学习和专业发展需要。同时，通过举行冰雪运动征文，板报宣传，聘请专家进行冰雪运动专项讲座，在全校普及冰雪运动理论知识；在学校大屏幕和网站上可以定期发布学校学生参加冰雪活动近况，展示特色成果。学校为学生阅览室增订《冰雪运动》杂志、《海淀区中小学生冰雪运动读本》，传播有关冰雪运动的科学知识。

（3）优质的教师资源

教师资源是一种重要的人力资源，是学校综合实力的集中体现，也是发现优长教育的关键。教师是学生优长的识别者，"千里马常有，而伯乐不常有"道出了教师在发现优长教育中的核心地位。

我校科技、艺术、体育方面的师资力量雄厚，专业能力强，学历高，老中青年龄结构合理。科技教师由地理、信息技术、通用技术、劳动技术、物理、化学、生物、历史、美术和体育等学科教师组成，他们中有市区学科带头人及骨干教师，也有新加入工作不久的博士生，形成了一支以点带面、以老带新、互助互补的科技教师梯队。学校从清华大学美术学院、中国人民大学、中央民族大学、北京舞蹈学院等名校引进了陶艺、书法、古筝、舞蹈等专业的研究生，来充实提升艺术教师队伍，提升特色发展水平。体育特色教师除12名专职体育教师外，还聘请了校外冰雪运动教练员、武术教练员等校外教练，补充到专业特色训练中。

在配齐配足教师的同时，学校还注重教师的专业发展。学校先后为教师提供了近百次科技培训、学习和考察交流的机会；通过走出去参加大师班培训，艺术文化考察，开阔眼界，提升核心素养；体育教师也定期参加如滑雪滑冰等专业项目培训。不仅如此，学校还十分重视全员的教育培训，定期召开全员参与的工作会议。这些会议及培训使得教师们的专业素养不断提升，越来越多的年轻教师也加入发现优长教育中来，形成了一支高水平的专兼职发现优长教师梯队。

（4）多样的课程资源

从全校通选的科技、艺术、体育类校本课程，到丰富的校内校外特色活动，再到相对专业的社团类课程和活动，我校在这些课程活动中实施发现优长教育，通过课程和活动的开展帮助学生发现自己的优点和长处，并让学生在课程活动中获得不同层级的提升，实现个人最好的发展。

我校共计开设30余门科技类、10余门艺术类、10余门体育类校本课程，均列入学校的课程设置和教学计划，利用每周的选修课和课外活动课开设，从下表中即可看出这些选修课涉及面广，参与者众多。其中天文观测实践、气象与生活、智能机器人、创意思维DI、无线电测向、博物学、走进中科院、走进科学家、走进长河等成为学生喜爱的科技类特色课程。所有这些校本课程均有课程纲要、详细的教案和教学记录。《天文观测实践》《气象与生活》《无线电测向》《走进长河》和《实验化学》已形成正式的校本教材。我们与中科院科普中心联合开发了"走进中科院，走进科学家"和"博物学"两门课程，被推广到很多学校。冰雪运动贯穿于我校体育教学之中，初中、高中学生在校期间至少学习10课时，力争让所有同学在校期间均接触到冰雪运动。

学校每年都会定期举办全校性特色活动，如3月的全国气象日科普活动、国画专家进校园活动，4月的全校体育节，5月的学生艺术作品展及北京市粉画现场交流会，5月的少年科学院会员大会及科普活动，9月的全校秋季运动会、中秋赏月活动，11月的校园科技嘉年华，12月的一二·九合唱节、新年音乐会，以及寒暑假的交流考察实践活动。我们先后请来多位不同领域的专家到校为师生带来精彩的科普报告。同学们聆听科学家报告，和科学家面对面交谈，感受科学家追求科学、献身科学的精神。少年科学院现场展示、天文科技大篷车进校园、中秋赏月活动、理工扬帆科技论坛、年级小型科技竞赛等都深受学生欢迎。

校本课程

类别	课程名称
科技	"走进中科院，走近科学家""博物学""身边的昆虫世界""气象与战争""长河生物课程""走进长河""关注气象，热爱生活""我想我做""智能车接力""实验与观察""趣味电子电路实践""追寻科学家的足迹""Photoshop平面设计""Python程序设计""树莓派""四旋翼飞行器技术（无人机）""智能机器人""博睿科技创新训练""天文观测实践""创意思维DI""无线电测向""单片机""信息学奥赛""生物与生活""探索显微镜下的生物世界""实验生物学""化学工坊""物理与生活""建筑模型设计与制作""本草少年""探秘酿造""科技创新实践"
艺术	"古筝""吉他""竹笛""中国古典舞""舞蹈""色粉绘画""软笔书法""手工制作（刺绣）""魔术""播音主持""服装设计""汉服艺术""行进管乐""围棋""象棋""英语经典电影赏析与配音""英文戏剧表演"
体育	"冰雪运动 滑冰""棒球""垒球""排球""田径""足球""篮球""身体运动功能训练""武术套路""散打"

在请进来的同时，我们也充分利用多方资源，通过组织学生开展社会实践、研究性学习、研学旅行等多种形式，带领学生走出去，体验科学魅力。同学们每年参加全国天文爱好者的星空大会，通过研学旅行到贵州平塘参观最大的天文射电望远镜"天眼"、到内蒙古观测星空、到大亚湾学习核电知识、到秦岭科考体验科学家的艰辛，利用研究性学习到国家天文台野外台站学习天文知识和天文观测实践、到理工大学机器人所了解智能机器人的广泛应用和开发前景……这些丰富多彩的活动使得学生们开阔了视野，感受到了科学的乐趣，提升了专业知识。

在针对全体同学进行特色活动的同时，学校也十分重视各特色社团的建设，尽可能地支持学生开展各种社团活动，并对那些具有潜质的科技创新后备人才进行重点培养。各个社团在指导教师的带领下，每个星期在固定时间开展科技活动，并做好相关记录。目前我校有天文、科技创新、无线电测向、智能机器人、单片机、DI、气象、航模、建模和编程共10个科技类社团（研究所），管乐团、粉笔画、陶艺等10余个艺术类社团，以及冰雪运动、足球等体育社团等，在全校范围内颇受学生欢迎。其中，铭星天文社现有50余名会员，是学校目前最大也是最受欢迎的学生社团之一。社团中既有国际天文奥赛奖牌的获得者，也有因为天文特长而获得"全国最美中学生"称号的学长，还有一无所知新加入的天文爱好者。在这里，他们一同听专家讲座，到郊外实地观测；他们在校园开办嘉年华，指导师生用望远镜进行观测，在社区举办中秋赏月活动，在有罕见天象时前往观测并拍摄照片与全校师生分享；他们作为学生代表参加一年一度的全国星空大会，受邀参加中国工程院"宋建星"命名仪式，也曾代表大陆学生赴台湾进行天文交流。学生冰雪运动社团，取名为"理工附中冰雪零度矩阵"吸收社员，进行冰雪运动的普及工作，并且投身到冰雪运动实践当中。冰雪社团拥有会员人数已经达到百余人，他们自己设计会徽，宣传彩页，在假期和周末进行活动，成为学校冰雪运动的先锋。

（5）丰富的社会资源

科技教育方面，我校与北京理工大学、北京天文馆、中国科学院行政管理局科普中心、北京师范大学、中国气象局、北京气象学会、国家天文台、北京教学植物园等多家科普场馆与科研院所建立长期联系，为学生们提供了科技教育实践基地以及丰富多彩的科技教育活动。

作为北京市基础教育阶段创新人才培养基地校，我校在海淀区率先成立了首个由中学发起的"创新人才培养协作体"。协作体的成立致力于整合社会各方资源，形成合力，为创新人才培养提供了更广阔的平台。

针对学校开展的科技项目，聘请相应的专家，形成该项目校外专家指导团队，定期到学校指导学生、老师开展科技活动，延伸了学校的科技教育。至今我校已建成了天文、科技创新、机器人、无线电测向 4 个项目的校外指导专家团队。

艺术教育方面，我校与军乐团、京剧院、北京教育学院、社区等社会资源合作，开展多项艺术教育和公益活动，提升艺术教育的品质，扩大艺术教育的影响。

体育教育方面，我校作为全国首批中小学冰雪项目特色校，并加盟"京津冀青少年冰雪教育联盟"，以各校优质资源为依托，积极推动冰雪运动发展。我校距离金源冠军花滑冰馆、紫竹院露天滑冰场都较近，与河北崇礼县第一中学及附近滑雪场也有着良好的关系，保障了体育专业技能培训。

3. 践行发现理念，促进优长发展

（1）发现学生的潜质

我校的优长生培养项目主要包括参加翱翔计划、北京市青少年科技俱乐部、北京青少年科技后备人才早期培养计划三个创新人才培养项目，下含九个研究所的少年科学院、金帆艺术团，以及冰壶、垒球、排球、棒球、足球、田径等体育特长队。参加这些项目的优长生都是老师们通过各自不同的方式发现的。

创新人才培养项目，要求学生有扎实的知识基础，具有超越同龄人的学习潜力、学习内在动力、认知能力和思维能力，具有较强的好奇心、创造性和沟通交流能力，有较为突出的相关领域学科特长或特殊的才能。因此，我们在选拔学生的时候，首先让学生自荐，然后用面试的方式让学生介绍自己以前的经历、现在的想法和将来发展的方向，教师通过观察，发现学生在某个方面的培养潜质，再将他送到相应的培养项目中去进行培养。

而在选拔优秀的体育苗子时，教师在熟悉项目的选材标准、素质要求以及各年龄阶段的运动员身体发育的基本特点等的基础上，将运动员身体素质的基本特点与运动项目的要求有机结合起来。教师要敏锐观察，善于发现。每年的小升初特长考察时，教师们初步选拔和招收新生运动员时及训练初期都应注意观察和发现运动员身体素质发生变化的情况，对动作的理解、模仿能力如何，同时了解运动员的家庭环境、学习成绩、家长对训练的支持情况、运动员本人对田径运动的喜爱程度，了解这些情况后及时处理、引导。例如，体育老师马湘萍在选拔短跑运动员时，首先注意观察运动员的外形——运动员应上下肢比例适度，小腿长，臀部上翘，跑的动作要自然、放松，动作幅度大、直线性好、关节支撑有力。

（2）发展学生的潜质

每个学生身上都有自己与众不同、可以被培养成发展优势的优点和长处，并且这些优点和长处是相对于学生个体发展而言的，而不是在整个学生群体中比较的结果。教育者就是要积极主动地发现学生的优长潜质，并利用教育资源使其转化为显性优长。要面对全体学生，给学生展示才华的各种机会、资源和鼓励，支持学生投入到其需要和自我选择的活动中去，使他们逐步得到提高。不同于整齐划一的常规教学，优长的培养是激发学生内在的潜质，使每个学生展示出不同的特点。

第一，培养兴趣。我们开展了形式多样的科普活动，如一年一度的校园科技嘉年华、少年科学院现场展示、天文科技大篷车进校园、中秋赏月活动、理工扬帆科技论坛、年级小型科技竞赛等，使学生有机会走近科学、感受科学。多年来，我们先后请来了周立伟院士、许建民院士以及多位不同领域的专家到校为师生带来精彩的科普报告，让同学们聆听科学家报告，和科学家面对面交谈，感受科学家追求科学、献身科学的精神。通过参加这些活动，学生自己去发现科学的魅力，提高对科学的兴趣。

在校园科技嘉年华和少年科学院现场展示活动中，少年科学院十个研究所的学员们都参与其中，他们在为全校师生进行科普教育的同时，也展现了自己研究所的实力和个人风采，提高了学员们训练学习的兴趣。

小学部民族管弦乐团指导老师吴婷婷在安排各乐器单独训练的同时，会定期进行合奏曲的排练。孩子们发现合练比自己单独练习有意思得多，都无比兴奋，投入度更高；在排练中，他们能认识很多别的乐器，极大地唤起了他们的创造热情，不断品尝到合奏的快乐，激发了他们更加积极主动的练习态度，使每个学生最大限度地实现自身的价值。

体育队的教练员则利用优秀运动员的成功实例来激励新运动员刻苦训练，努力提高运动成绩。同时教练员会针对每个运动员制订训练计划，提高运动员的竞技水平。训练过程中，教练员经常会与运动员交流，关心他们的学习、生活，与他们保持沟通，这样对稳定运动队十分有好处。当运动员达到一定的水平时，他就会有成就感和荣誉感，才能够坚持训练下去，不会轻易找借口离开运动队。另外，对一些具有潜力的运动员，不会因为最初的训练成绩不够好而轻易放弃他，而是尽可能地让他们先训练观察一段时间再做结论，同时在这个阶段更加注意培养运动员的训练热情，提高他们的思想素质和领悟能力，观察运动员身体素质的变化，尽量将学生的潜力挖掘出来。

美术老师在"学习名家山水，学画山水画"的课程中，在培养学生对中国画名家作品的认识和解读能力的基础上，采取了项目式学习的方式，让同学们完成长城山水画卷的临摹。同学们在临摹过程中不断加入自己的创意，寻求专业教师的帮助，最终完成了长达11米的《众志成城理工辉煌》长城山水画长卷。这样的绘画实践活动围绕美术学科核心素养，培养了同学们热爱祖国美好河山的情怀，最终完成的作品在运动会上展示，使学生获得成就感的同时也感受到了学习的快乐，极大地提高了学习美术的兴趣。

美术组老师还发起了"粉笔画进校园"活动，聘请北京教育学院美术系副主任杨岩教授为学校教师和八年级、高一等年级学生先后多次讲授粉笔画技法，现场辅导大家创作，带领师生共同领略粉笔画独特的艺术魅力，开阔了眼界，提高了学生的审美修养。

第二，"师带徒"。在创新人才培养项目中，学生的主要培养形式是"师徒结对"，学员采取双导师制，由高校实验室与基地学校各派一名教师作为指导教师；在实验室里的学习由实验室导师全程指导，做到让学生在科学家身旁成长；在研修时间以集中与分散相结合为主要方式。根据不同的学生、实验室的不同情况，以集中与分散相结合的方式，充分利用研究性学习的课时、周末和假期进行学习；以学员参与上述课程的表现和业绩水平作为评估标准，更多地关注学员参与科学研究的过程和体验，以学生参与科研的水平为参考，不急于要求学生取得什么科研成果，给学员比较宽松的学习、实验环境；根据创新意识和创新能力培养的需求，定期组织科学家报告会，帮助学员形成对于科学技术发展的总体认识，确立自身专业志向，学习科学有效的研究方法。

在小学部童声合唱团，郭静老师根据学生的心理特点和不同程度的专业水平实行"师带徒，个别辅导"的方法，让音准、节奏好、视唱能力强的中高年级学生带能力薄弱一些、胆子小的低年级学生。集体训练过后就让师傅一对一地指导，降低

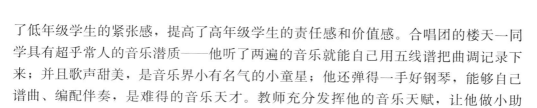

了低年级学生的紧张感，提高了高年级学生的责任感和价值感。合唱团的楼天一同学具有超乎常人的音乐潜质——他听了两遍的音乐就能自己用五线谱把曲调记录下来；并且歌声甜美，是音乐界小有名气的小童星；他还弹得一手好钢琴，能够自己谱曲、编配伴奏，是难得的音乐天才。教师充分发挥他的音乐天赋，让他做小助手——合唱团的小导师。

通过师带徒的培养模式，把每一个学生的潜能都挖掘出来。

第三，分级、专项培养。每一个特长队对学员的培养都会循序渐进，从简单的入门基础，逐渐过渡到更难的项目。例如，小学部童声合唱团的训练从最基本的歌唱呼吸训练开始，再到各种发声练习；从简单易学、朗朗上口的单声部歌曲到多声部合唱歌曲；从节奏训练到视唱练耳与和声训练，循序渐进地渗透在每次的排练活动之中，从而使学生的歌唱水平及合唱能力得到充分的提高。

在体育训练过程中，一般先进行身体素质练习，按照发展速度素质、发展耐力训练、力量训练和柔韧练习的顺序进行。而在各种身体素质练习中，教练员也会随时观察和发现新生运动员各项身体素质的强弱项，再制订针对性的专项练习，以期在后期的训练中能达到事半功倍的效果。当运动员达到一定水平时，训练方法的安排就会具有更高的选择性和指向性。

第四，分层教学。在平时的教学中，由于学生之间存在差异，分层教学非常重要。

小学部童声合唱团针对合唱团员的年龄特点和歌唱水平，制订出不同层次的训练计划，分成大团和小团，进行分层训练。合唱训练中，针对不同层次的学生，制订训练目标和训练内容、计划。每一层次采取不同的进度，训练内容有梯度，训练途径、方法和评价有区别，使各层次学生都能在各自原有的基础上得到较好的发展。分层次训练的开展，使学生的个性得到了张扬，学生发展的空间得到了拓展。

艺术类学科的选拔，由于其专业的特殊性，确实更看重所谓的"艺术天赋"，即有美术天赋或者有学习基础的学生更容易进入状态，稍加点拨便事半功倍。但在普通中学，这样的学生凤毛麟角，大部分学生对于艺术学科都是懵懂轻视的态度，没有经验，也没有自信。如何让所有孩子接受普及性艺术教育，提高他们的审美修养，让他们享受到艺术带来的快乐，是老师们首先面临的问题。美术黑俊颖老师根据多年的教学经验和课堂观察，将学生大致划分为以下六种类型，针对不同学生的特点，总结了如下表格，以便分层次地采用不同的有效的教学方法与课堂策略。

状态	学生类别	学生特点	教师目标	教学方法	课堂策略
不想学	傻玩傻闹型	幼稚天真、顽皮好动，无耐心，难专注	吸引他转变他留住他	激发兴趣示范动手表扬刺激	1. 找出教学内容上吸引学生的兴趣点，借助流行话题。 2. 用浅显易懂的语言讲解，深入浅出，轻松幽默。 3. 多用实践代替理论，以身作则，亲身示范，动手操作。
	消极叛逆型	不听劝，对抗式，不守常规，挑战权威			1. 教师少说多做，用专业教学示范吸引其注意力。 2. 在专业上让其折服。 3. 等他参与进来了再夸他有天赋，刺激鼓励。
不会学	自卑无助型	自认美术上无天赋者，不敢尝试，害怕失败，没信心	启发他鼓励他带动他	步骤分解反复强化时刻肯定	1. 打破原有的审美观念，不是画得像就是画得好。 2. 开阔眼界，多看大师作品，尤其是 20 世纪之后的现代主义大师的个性化作品。 3. 从模仿开始，使教学步骤清晰简化易懂，一点一点带着学，再反复强化，最后夸他有一定的天赋。
	亦步亦趋型	老实听话，没独立想法，但也不掉队，无自驱力的机械式学习			1. 从模仿开始，讲明白步骤分解，然后一步一步带着做。 2. 再按部就班地强化中学生学会举一反三，要多加鼓励。 3. 逐渐增加难度，由浅入深。
学不够	刻苦认真型	乖巧听话，专注努力，勤能补拙，慢热，但追求完美	喂饱他激励他开发他	提高难度创意分享竞争拔尖	1. 不求速度，但求质量。 2. 组织小规模团队对比点评，促进竞争，一起努力。 3. 分时段地对其作品的进展加以肯定。
	天赋灵活型	活泼好动，有基础，自主想法多，追求个性化表现			1. 刺激学生"高手"间的比拼竞争，强中更有强中手。 2. 夸奖他独特的创造力和独立想法。 3. 让这些学生帮助那些不会学的学生，互助互进。

4. 发展特色项目，打造学校品牌

（1）科技特色

在多个国家、市、区级科研课题与项目的引领下，学校努力发展科技创新教育，探索"少年科学院带动科学普及和学生特长发展，创新人才项目引领高端培养，天文特色打造学校科技品牌"的特色发展模式。

随着理工附中科技活动范围的不断扩大，参与人数不断增多，为了更好地统领科技教育，有序管理科技活动，我校成立了属于自己的少年科学院，为学校致力于科学探索的同学开创一个更为广阔的"学科学、爱科学、用科学"的空间，激励同学们在学习中发现，在发现中创造。少年科学院下设天文、气象、智能机器人等10个研究所，由许建民院士出任少年科学院名誉院长，而少年科学院的院长、常委和研究所所长均由学生担任，相关领域的专家和学校科技教师担任研究所导师。少年科学院的成立在学生中产生了强大的反响，并被多家媒体报道，标志着我校的科技教育进入了一个新的发展里程。

天文研究所的前身是理工附中铭星天文社，由陈世春老师担任辅导教师。现天文研究所成员由周二基础团队、周四精英团队两个活动团队组成。专业活动教室——邴龙基工作室是我校首批建设的专业教室之一，以2012届高三学长邴龙基同学的名字命名。在邴龙基工作室，从电教设备到各式望远镜、赤道仪、圆顶、日珥镜、抢答器、天球投影仪、问答器等专业器材上都一应俱全。天文研究所的成员每周都有一次放学后的固定活动，开设选修课的年级每周还有一节天文选修。每次的天文活动，都有各类丰富多样的形式，如模拟观测星空、圆顶真实观测、天体摄影、制作WWT作品、同学交流、教师辅导、知识抢答、望远镜操作训练、竞赛准备，陈老师还经常请来优秀的教师与权威的专家为大家进行指导。除了理论研究，也经常组织外出观测活动，在实践中提升天文水平。每当有重要天象，或者有星空大会这样的活动，学员还会离开北京，进行一次"千里追星"。每年的中秋节还会在校内为全校同学开展天文观测活动，让大家一起感受天文的魅力。除此之外，同学们也会参加北京市中学生天文联盟组织的科普活动，为路人带来免费的科普展示与解说。

天文教育是我校的传统特色项目，每年都有学生代表中国参加世界比赛，累计获得国际天文学奥林匹克竞赛（以下简称"国际天文奥赛"）金牌2枚、银牌2枚、铜牌3枚，全国中学生天文奥林匹克竞赛（以下简称"全国天文奥赛"）更是年年获奖，在全国具有很高的知名度。为了发挥辐射带头作用，在海淀区教委等多方努力下，我校与海淀区上庄中心小学、北京理工大学附属小学（以下简称"理工附小"）、北京市海淀区图强第二小学（以下简称"图强二小"）建立了科普教育手拉手学校，利用我校优质的天文教室和校外资源，大手拉小手，联合开展天文活动。除了帮助天文项目薄弱校发展特色外，学校也十分重视省际、校际参观与交流活动，几年来，在天文项目上学校一共进行了 25 次不同级别和类型的参观交流活动。我校还积极承担市、区级以上竞赛及培训教育活动，近几年先后承担过 14 次区级以上竞赛或活动。其中，2017 年和 2019 年学校两次承办全国天文奥赛预选赛，组织接待了 500 余名中学生来校参加比赛，大赛的组织工作规范有序，得到了主办方的高度评价，起到了很好的辐射带头作用。

　　"博睿"科技创新研究所取"博学、睿智"之意，兼英文单词"boring"的谐音，由迟利敏老师担任指导教师，并有李懰赟、邱炜立两位高中科技特长生自行设计、绘制了目前正在使用的 logo。创新研究所在初高中广泛征集勇于创新、愿意探索、学有余力的科学探究爱好者，组成了一支时刻充满新鲜血液、踏实稳健、肯于付出的科学探究队伍。团队的发展目标是引导学生体验以选题论证、撰写科研论文、论文答辩的形式进行科学的表达和交流的过程，用自己的科研成果参加各级各类科技竞赛，满足学生的科学探究兴趣，激发学生的潜能，发展科学探究特长，培养学生的科学思维方式和习惯，以及创新精神、合作精神和实践精神等科学探究品质。校内集中活动时间为每周选修课、周一和周四下午放学后至 6 点，休息日和假期经常外出参加各级各类科技比赛、观摩及实践活动，集中训练时间不低于 9 学时。活动方式为讨论、讲授、讲座、参观、实施、写作、问辩、展示、参赛等多种方式有机组合。迟老师在每次日常的训练中，都会提出一些发散思维的主题，再对此主题展开更多具有发散性的问题。学员平时的选题就如同科学家探索科学知识一般，从细微的地方找出种种具有创新性的新课题。训练时学员还会通过阅读科学杂志，从杂志中寻找出一篇感兴趣的文章，在同学们面前对其进行介绍，提炼文章内容，再从中找出可改进或者提出独特新颖的观点。这些看似无聊的训练锻炼了学生的思维，大大提升了学生遇到问题时对问题的思考方式和思考角度等。学员们的个人项目和集体项目的比赛成绩骄人，在《中小学创新》杂志、《人民日报》、《北京晚报》、《海淀报》等媒体上发表多篇论文或文章。

　　无线电测向研究所是集科技和体育于一身的一项活动，既培养学生的科学素养，同时锻炼身体素质。同时，配备了所有无线电测向涉及的 80 米波段和 2 米波段信号源及测向机、电子制作设备、电子计时系统、手台通信系统、专业教室。研究所纪律严明，形成了比道德、比纪律、比作风、比正气的队训。周三练体能，周四单独练技术，周六在公园内进行实战练习。这种专项练习更加贴合全国比赛的机制，能够有针对性地进行训练。多次在全国青少年无线电测向锦标赛、北京市青少年无线电测向比赛、北京市体育大会、海淀区青少年无线电测向竞赛等比赛中获得优异的成绩。

　　智能机器人研究所涵盖了计算机、传感、智能信息处理、控制和机械等基础技术，体现了现代信息技术与传统机械技术的综合、软件技术与硬件技术的综合。智能机器人研究所配备了用于普及机器人知识的机器人教室，以及用于提升学生机器人能力的多个项目竞赛器材。智能机器人研究所的成员由一群对智能机器人感兴趣和有特长的学生组成，每周一和周四下午放学后开展活动，每个寒暑假都组织学生参加机器人集训，并参加有关部门组织的机器人比赛。活动中，学生不仅可以学会与机器人相关的技术和技能，激发学生对技术的兴趣，还可以学会创新思维的方法，体验团队合作的学习方法，以及提高学生的动手实践能力。目前，主要开展 VEX、FLL、综合技能、机器人工程挑战赛和人型全能等项目的机器人活动。

　　创新思维研究所，即 DI 所，是一个团结一心、追求卓越、勇于创新的研究所。学员学习扎气球、折纸、搭结构、焊接、木工、缝纫等，从一开始什么都不会到使用各种工具得心应手、从容地做出短剧需要的道具。一次一次排演剧目、练习、登台，很多同学尝试难度大的角色，如反串或是性格奇怪的，还有不符合自己风格的。随着经验越来越丰富，学员也从怯场、拘谨变得落落大方，把角色演得活灵活现。即兴表演时，队员们随机应变、配合默契。老师们认真负责，细心指导，又注重培养学生的独立思考能力，每次都在同学们有了自己的想法之后再一起讨论，碰撞出新的点子，拟订方案。在点滴的训练中培养学生的动手、表演、创新能力。同学们积极完成每一项任务，与其他队员合作，按照自己擅长的方面分工。每一次都在传统方式上，吸取其他队伍的亮点，创新出新的花样。在想象和创造，付出与努力中，度过了精彩的一年又一年，在不断地开动大脑、创新思维、团结合作中，学员们收获了技能与成长。

　　气象研究所紧贴少科院步伐，为我校同学的气象科普发挥了重要的作用。平时在理工附中少科院的官方公众号上推送出应时的节气科普小推文，用信息将知识传递，将传统文化传递。在科技节活动中，气象研究所组织"一带一路沿线，展人文气候景观"气候类型配对游戏、节气谜语竞猜、观云识天、观物识天等丰富的活动，以此来拓宽同学们的视野，普及气象知识，了解世界文化，使每一位来参与的同学都能乘兴而来，满载而归。

　　单片研究机所现有七年级、八年级、高一年级社员共 15 人。每周训练两次，日常训练内容主要是 DP811 和 DP901 现场编程、智能车接力等项目。七年级、八年级同学还提前学习了九年级物理电学基本知识，掌握"面包板"及众多元器件的连线方法，模拟生活中的小电器，如警报器、彩灯等。在科技节活动中，组织同学们参与"瓦力工厂"机器人项目，要求同组两位选手遥控机器人运球到指定区域，非常考验两人的合作能力。除此之外，提供"面包板"活动，教授同学们基本元件的接线方法，让他们运用手中的电子元器件搭出各种电路。

　　航空模型研究所的前身是理工附中车模小组，通过理论与实践相结合的方式学习航空文化与航空模型的基础知识、基本飞行原理及航空模型的制作、调试及维修，培养学生积极主动、勇于探索的学习态度，认真细致、精益求精的工作精神以及吃苦耐劳、奋发向上的意志品质，激发同学们的创新精神与探索欲望，让大家从小就"爱学习、爱动手、爱探索、爱科学技术"，为学生提供不懈探索、执着追求的广阔空间。

　　编程研究所成立于 2017 年，现有社员 18 人，主要有 WPF 程序设计，C＃、C＋＋等高级面向对象语言算法设计、Socket 网络编程等项目。在每周的两次常规训练中，学员学习算法，并在实际问题中加以应用。除此以外，在活动中也会学习桌面程序的设计，主要使用 C＃等语言来设计程序。学员分成若干小组，分别来制作小组项目。在小组的共同努力中，每个所员都倾其所学，在各自的分工上发挥出他们的个性色彩。组员们需要经历确定选题、构建程序基本架构、编写代码、进行美工、调试程序等多个步骤，这些内容既是培养学员创新能力的过程，也是一次不可多得的团队协作经验。编写程序，不仅是计算机学科素质的培养，也能锻炼学员对实际问题的抽象能力，这有助于学员在未来的生活中，为思考问题的模式增添维度，从多个角度对问题进行抽离，更好地处理问题。

　　建筑模型社团于2017年9月在东校区成立，2018年11月正式加入学校少年科学院，更名为建筑模型所，2019年9月南校区的同学们也加入了建筑模型所。建筑模型所虽然成立不长，但是这里齐聚了一群具有敏锐的观察力、创造力、动手能力以及对于中西方建筑有着深厚热爱的同学们。在指导老师郭秀丽的带领下，建筑模型所体制完备、机制健全，老带新模式更是让社团工作开展得如火如荼。工作日里每个校区的同学在各校区训练，周末会聚在南校区参加集训。一路走来，汗水和奖牌见证了同学们的执着与共同的建筑梦想。多名同学参加了区级甚至国家级比赛，并取得了多项一、二、三等奖。

　　少科院秉承求实、严谨、自由、进取的科学精神，带领同学们在科学学习和探索的道路上前行。除去每周固定的各个研究所训练，少科院还会面对全体会员提供各种学习交流平台，在假期里各个研究所还会有不同主题的科考活动等，为致力于科学研究的同学们提供多方位的服务。为了确保各部门的正常工作，对少科院成员进行科学管理，保障少科院成员的优化、提高绩效，同时使少科院各部有一个完善的工作管理制度和良好的工作环境，充分实现其科技教育职能，少科院学生干部共同起草了《北京理工大学附属中学少年科学院章程》，设计了院徽，建立了学员档案，开设了微信公众号——"理工附中少年科学院"。少科院的学生干部们每两周一次开例会，讨论少科院的重要工作和发展等问题。在少科院内部征集推文，修改文章，进行微信公众号"理工附中少年科学院"的维护和每周1~3篇的发文。少科院每个年度都会策划三次大型活动：全校"科技嘉年华"活动、科技表彰大会暨少年科学院换届仪式和少年科学院全员大会。这三次活动都是在各研究所导师的配合下，由学生干部们共同筹备和组织的，体现了学生干部高度自治。

　　我校是北京市创新人才培养翱翔计划和雏鹰计划基地学校、北京市科技后备人才早期培养计划基地学校、北京青少年科技俱乐部基地学校。每年我校有十余名同学借助这些项目能有机会进入大专院校、科研院所的实验室中学习并在实验室导师的指导下进行科学研究，体验科研的乐趣。通过这样的经历，学生们不仅提前储备了相关学科的专业知识，而且能有机会和平台与优秀的同龄人交流想法、分享经验，向知名学者、教授学习，这些经历使得他们更能充分地认识自我、挑战自我，为其以后的人生之路助力。

　　作为北京市基础教育阶段创新人才培养基地校，我校率先成立了海淀区首个由中

部分"特长培养"基地扁牌

学发起的"创新人才培养协作体"。北京市教委罗杰时任副主任、海淀区傅首清副区长、北京理工大学校长胡海岩院士、国家气象局许健民院士以及北京天文馆等协作体成员单位指导专家和合作的中小学领导、教师共40余人出席了成立大会。协作体的成立致力于整合社会各方资源，形成合力，共同探索物理、天文等领域创新人才培养。

学校也将STEM等新的科技教育理念融入科技教育工作中。2017年我校申请了"北京市海淀区教育改革与发展专项资金项目"——"基于'理工创新实验室'的高中STEAM和创客教育项目"，基于北京市普通高中开放性重点实验室在科技教育中探索STEM实践。我校还申请了"协同创新学校项目——STEAM特色校本课程建设计划"，综合物理、化学、生物、数学等多个学科开展跨学科跨领域课例开

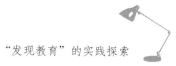

发。中国教育科学研究院 STEM 研究中心于 2018 年开展了遴选领航学校、种子学校及种子教师等相关工作，79 所学校和 76 名教师分别入选首批领航学校和种子教师，另有 228 所学校入选种子学校。理工附中凭借先进的教育理念、雄厚的师资力量、一流的硬件设施成功入选领航学校，马晓欣老师凭借对 STEM 教育的深刻理解和创造性的教学实践成功入选种子教师。

（2）体育特色

从北京市传统项目校到国家级棒球、垒球、排球、田径传统项目校，再到北京市学生金奥运动队、全国冰雪项目特色校和海淀区足球项目试点校，学校始终把"关注学生身体健康，坚持开展体育锻炼"作为学校的一项重要工作，培养出大批德智体全面发展的优秀毕业生。他们多次获得全国、北京市冠军，其中特长队学生全部获得国家一级、二级运动员称号；他们考入高水平大学，并成为国家队、北京队的队员……

排球队一直坚持室外训练，艰苦奋斗、顽强拼搏，创造了全国中学生排球训练的奇迹，是北京市乃至全国校园排球的典范与标杆。为保持运动训练的效果和质量，教练制订了一系列训练计划，包括多年、年度、周期以及单元等计划，严格按照训练计划执行训练内容，保证了训练的效果和质量。注重每个学生文化课的学习，在平时与任课教师有效沟通，并将任课教师的意见积极传达给家长，集训期间还会聘请理论水平较高的北京体育大学研究生，强化运动员的文化课学习。2018 年排球队荣获"北京市学生金奥运动队"称号。先后参加过北京市所有的教育系统及体育系统的青少年比赛及全国中学生排球锦标赛、全国中学生联赛、全国中学生运动会、国际邀请赛等市级以上比赛，共获得冠军 45 个、亚军 43 个、季军 27 个。毕业的特长生全部顺利进入高等院校，共向全国各类高等院校输送国家二级以上排球队员 200 多名，其中，约 90% 的队员考入一类大学，其中清华大学 12 名。2015 年暑假参加全国中学生排球锦标赛获得第三名的优异成绩，成为全国中学生排球赛的一支劲旅，也是全国赛场上唯一的一支室外训练的排球队，为理工附中争得了广泛的声誉，为北京市、海淀区的体育事业做出了突出的贡献。

棒球队多次夺得全国青少年（AAA 组）棒球锦标赛冠军，曾两次代表中国参加世界、亚洲青少年棒球锦标赛。多年来理工附中棒球队总共获得市级以上冠军 26 次、亚军 28 次、季军 20 次。棒球队队员全部获得国家一级、二级运动员称号，并顺利升入理想的高等院校。理工附中棒球队为国家队和北京队输送了多名优秀运动员。

　　垒球队多次在全国锦标赛获得 U16、U13 学校组冠军。垒球队队员全部获得国家二级运动员称号，并顺利升入各自理想的高等院校，且已有多名学生因优秀的垒球成绩成功申请赴美留学、继续深造。

　　田径队是一支极富挑战力的队伍，曾在全国、北京市、海淀区的中学生田径比赛中都取得过优异的成绩。近三年曾分别获得海淀区初中组团体第二名、高中组团体第三名的好成绩，在各单项中也获得多组别多人次金、银、铜牌，是海淀区体育运动发展一支不可或缺的生力军。在 2018 年第 56 届北京市中学生田径运动会中，田径队队员邵晨蕾获得女子初中组四项全能冠军。在近年举行的全国中学生田径锦标赛中田径队队员也相继获得单项冠、亚、季军。

　　学校与北京武术院为弘扬中华传统文化——武术，培养"文武兼备、全面发展"的复合型人才，发展学校武术教育特色，聘请著名武术教育家吴斌先生做名誉校长，由武术院选派吕燕、曹勇、谭华、杨宽磊等一批知名武术教练到校任教，在校园中开展武术运动。自 2016 年开始，学校高度重视武术的发展，不仅保留了高中武术特色班，将武术队迁至本部训练，还针对学生开设了武术通选课，为传承中华传统文化、拓宽学生的视野、发展课外兴趣、积极实现"精武艺、铸武魂、重武德"的武术精神不懈努力。

　　理工附中从 2015 年就开始在学生中普及冰雪项目。2016 年年底，通过多方联系，我们找到了中国冰壶项目的发源地——怀柔中体奥冰壶运动中心。学校主管体育工作的领导亲自到基地进行考察，与基地领导就我校学生开展冰壶运动达成了合作意向。自 2017 年起积极开展冰壶项目，并组建了一支全新的区级队伍——海淀区冰壶队，目前有各年龄段选手 30 余人，组成了男子甲组、男子乙组、女子乙组三个组别的队伍，其中，男选手 20 人，女选手 10 人，年龄在 10 岁至 16 岁。在 2018 年北京市冬季运动会竞技组冰壶决赛中，我校选手代表海淀区斩获 1 银 2 铜。

　　我校作为海淀区足球实验学校，首要任务是普及校园足球，通过足球进课堂、班级联赛、足球嘉年华、足球社团、足球选修等一系列活动来充分吸引学生热爱足球运动，同时选拔优秀的学生组建了校级初、高中男子足球队。足球队的队训为：责任、团队、纪律、意志。即让学生发现在足球运动中的责任，感受团队运动带来的快乐和使命，严守纪律以及永不言弃的意志品质。经过三年多坚持不懈的刻苦训练，足球队成绩稳步上升，在 2016 年海淀区足球超级联赛高中组中我校获得第四名，2016 年 7 月获得北京市班级联赛高中组冠军，2018 年 6 月海淀区足球超级联赛高中男子组季军、初中第五名，2018 年 11 月分别获得紫竹院学区初、高中男子组冠军。

（3）艺术特色

北京理工大附中金帆行进管乐团连续多年荣获全国非职业管乐团队展演金奖，连年参加北京市和海淀区学生艺术节，取得了骄人的成绩。在交响管乐和行进管乐两个领域中，始终保持学生乐团全国顶级水平的引领地位，为重点大学和国家艺术团体输送优秀毕业生，并多次出访海外进行文化交流，广受赞誉。

对于一支交响、行进双轨发展的乐团来说，只有拥有良好的纪律体制，才能提高乐团效率，使管理更加高效。多年来管乐团用实际行动践行着"团结、关爱、合作、信任"的团训，同时也在追求着"同一个乐团，同一个声音"这一团队的发展目标，这些不仅仅是指在音乐上的统一，更是管乐团的团队精神，旨在强调一个乐团的整体性与高度的纪律性。在多年来的发展过程中，管乐团逐渐总结出要想可持续性发展必须具备"持之以恒的精神、顽强不倒的毅力、直面困难的勇气、欣赏对手的胸怀"。乐团还逐渐摸索出在老师的宏观带领下学生自我管理的模式——以大带小。学长身体力行地展开工作，代表了团队和大家的心声，这是一个高度统一的声音。从乐团持续发展的角度看，这种模式还能够很好地使这个集体更具凝聚力，保持乐团传统，弘扬乐团精神。2018 年行进作品"我爱你，中国"在全国比赛中惊艳亮相，荣获金奖，表达了理工附中学子对祖国的深情，对中国新时代的赞颂。

除此之外，学校艺术教育之花遍布整个校园，有清逸艺苑、悲鸿画轩、佰艺坊、陶艺馆、中国画书法工作室等各具特色的艺术专业教室；有民乐社、校合唱队、中国画、汉服社、工艺美术、电脑美术、粉笔画、陶艺等艺术社团；还有古筝、民族大鼓、陶艺、油画、扎染、国画等精品艺术课程。无论是学生还是老师，无论是教育同人还是外国师生，无不被学校百花齐放的艺术氛围所触动。

（四）实施成效

1. 培养未来精英人才

（1）提升学生的专业素养

竞赛活动既是对学生特长水平的检验，更是给学有特长的学生一个展示自我的平台，能够更好地激励和促进学生的优长发展。

2016—2018 学年，我校学生在天文、机器人、创新大赛、金鹏论坛、无线电测向、DI、单片机、车模等多项科技竞赛中取得了优异的成绩，累计共有 1000 余人次获得了各级各类奖项，其中天文项目累计 36 人次获得全国二等奖或市级一等奖以上的奖励。其中贾淞寓同学作为国家队一员获得 2016 年亚太地区天文奥赛银牌、2017 年亚太地区天文奥赛金牌和最佳成绩奖、2018 年全国中学生天文奥林匹克竞赛中获得一等奖，成绩尤为突出，另有多名同学获得全国天文竞赛一、二、三等奖，天文竞赛成绩处于国内领先水平。在其他科技项目上，学生也取得了很多优异的成绩，机器人队获得亚洲机器人锦标赛金奖，无线电测向队获得全国无线电测向锦标赛团体第一名，单片机研究所获全国青少年电子信息与智能控制大赛一等奖、全国青少年信息技术创新大赛一等奖，编程研究所获全国青少年信息学奥林匹克联赛复赛一等奖，创意思维研究所获世界头脑奥林匹克中国区总决赛北方区一等奖，建筑模型研究所获全国青少年建筑模型教育竞赛总决赛一等奖，航空模型研究所获全国模拟飞行锦标赛优胜奖。

此外，学生的科研成果也十分丰富，每年获得全国青少年创新大赛二、三等奖若干。我校第 16 期北京青少年科技后备人才计划的张一清同学设计制作的新型高效结晶板真空脂点涂装置，获得清华大学实验室老师的认可，并荣获 2016 年北京市中小学金鹏科技论坛二等奖、第 37 届北京青少年科技创新大赛二等奖、第 17 届全国明天小小科学家奖励活动二等奖。第 17 期北京青少年科技后备人才计划的赵临轩同学荣获第 38 届北京青少年科技创新大赛二等奖。

我校金帆乐团连续多次获得中国优秀管乐团队展演金奖，舞蹈团获得第三届全国中学生群舞展演银奖，棒球队获得全国青少年棒球锦标赛 AAA 组冠军，排球队获得北京市中小学生排球比赛冠军和北京市青少年排球锦标赛冠军，垒球队获得全国少年儿童垒球锦标赛冠军，田径队获得全国中学生田径锦标赛女子标枪冠军和全能第三名，足球队获得北京市校园足球班级赛高中组冠军，冰壶队获得北京市青少年冰壶锦标赛第三名，多名学生获得全国中小学生绘画书法比赛一等奖。

（2）促进学生的全面发展

不管是大人还是小孩，只要有了兴趣，就会主动去做事，主动把事情做好。另外，在他感兴趣的事情中，他会收获更多成功的喜悦，找到更多的自信，继而对其他的事情有更加积极的态度，学习上也会因兴趣而更加努力。因而以兴趣促学习不愧是一种好办法。

校田径队一名队员叫小浩，他身体素质很好，尤其耐力素质很突出，很聪明，接受能力也很强。但他在课堂上纪律松散，自控能力较差，在学习上主动性不强，作业也不认真，做好了也不会及时上交，让老师很头疼。不过小浩很珍惜校田径队这个大家庭，见了队里的教练特别有礼貌，安排给他的训练计划也完成得一丝不苟。校田径队教练马湘苹老师对他说："如果在体育课或文化课上有老师反映你表现不好的话就立即让你退队哦。"小浩一听马上就表决心说："一定要认真学习，积极上进，不辜负老师。"这件事后，小浩训练更加刻苦，学习上也更加认真了。在不久后的海淀区中学生田径运动会中他取得了800米第二名、1500米单项第三名的好成绩。在随后的学校运动会中，他不仅是班级里接力项目的主力，还在1000米的单项中夺得了冠军。同学们都对他刮目相看，队友们对他也赞许有加，他的班主任更是欣喜不已。中考时，他也考出了很不错的成绩，进入了自己理想的中学。

后备人才探索基金获得者小吴同学在高中前半段时一度是班上的问题学生，同学们都不喜欢他，他也感到很苦恼和焦虑。小吴同学的妈妈是大学的教授，在我们的建议下，他的妈妈辅导孩子完成了"数据手套"的科研实践，小吴同学也因此获得了后备人才探索基金5000元资助奖励，并获得了北京市青少年科技创新大赛一等奖。小吴同学在一次次的比赛和展示中收获了成功与自信，学习也越来越进步。

翱翔学员林佳欣曾这样写道："创新人才培养计划带给我的是一种独特的经历，教会了我一种学习的态度，留给我了一份珍贵的回忆，这些将成为珍贵的财富伴随我之后的成长！"

2. 促进教师的专业成长

在实施发现优长教育的过程中，教师在培养学生的同时，自己在专业方面也获得了不同程度的提升。学校先后为教师提供了近百次科技培训、学习和考察交流的机会；通过走出去参加大师班培训，艺术文化考察，开阔眼界，提升核心素养；体育教师也定期参加如滑雪、滑冰等专业项目培训。这些培训使得教师们的专业素养不断提升，越来越多的年轻教师也加入发现优长教育中来，形成了一支高水平的专兼职发现优长教师梯队。

天文研究所指导教师陈世春，每周两次指导天文研究所的学生进行课后活动，每年都在中秋节前后组织开展海淀区中秋赏月天文科普活动，年年不同，次次精彩。他先后两次为学校争取到承办全国天文奥赛预赛北京分赛场的资格。2017 年 5 月还被聘为"海淀区少年科学院科技指导教师"。多次获得"海淀区科技之星""海淀区优秀科技辅导教师""海淀区中小学天文比赛优秀辅导教师"和"北京市中小学生天文观测竞赛优秀辅导员"等荣誉称号。

博睿科技创新研究所指导教师迟利敏，每周指导创新所的学生们进行训练，指导学生参加区、市级青少年科技创新大赛，作为"海淀区中小学生金鹏科技论坛项目组"核心组员，每年协办参赛作品评选工作。2016 年她被评为"海淀区区级科技骨干教师"，先后多次荣获"海淀区优秀科技辅导教师""海淀区科技教育之星""北京市中小学生金鹏科技论坛优秀辅导员"等荣誉称号，并在《中小学生创新》《北京教育》等期刊发表文章。

金帆管乐团指导教师吴莎，在担任常规音乐教学工作之余，一直致力于摸索管乐团的管理和训练工作，带领乐团连续十余年拿到全国金奖。而要想保持住好成绩，就得向每一次训练要效率，特别是在训练时间有限的情况下。作为指导教师，她抓住一切可以思考的时间进行思考，从节目的选材、设计到完成，完成一个个宏大的工程，积累了无数元素并能够进行艺术的融合。她连续多年被评为"海淀区优秀艺术辅导教师""海淀区艺术教育之星""'中华杯'中国优秀管乐团队展演优秀指挥"等荣誉称号。

金奥运动队男排教练孙冬，在带队过程中逐渐总结出从选材、训练、比赛到组织管理的一整套成熟方案，执教经验日渐丰富。他多次被评为海淀区"功勋教练"，作为高级体育管理人才 2016 年被教育部选派美国留学，2018 年撰写论文《北京理工大学男子排球队后备人才培养模式研究》并获得特等奖。

3. 形成学校的特色品牌

理工附中特色教育在"秉持发现教育，成就每位学生"理念的引领下，以科技、艺术、体育为抓手，把发掘学生潜能与学生优长培养相结合，在推进学生整体素质发展的同时，为国家输送了大批基础人才，取得了突出的成绩。

2017 年 5 月我校少年科学院被评为首批"海淀区少年科学院分院"之一，天文、科技创新、无线电测向三个研究所被评为"海淀区首届百强研究所"，贾淞寓、

李依霖、邢千里三位同学被授予"海淀区少年科学院小院士"荣誉称号，其中贾淞寓同学还通过竞选成为"海淀区少科院院务委员"。

由于学校的重视和出色的教育成果，学校的科技教育工作产生了广泛的社会影响。在天文方面，凤凰新闻的"直击68年最大超级月亮"直播中，实时报道了我校天文社同学的拍摄作品；我校的科技嘉年华活动也很有影响力，《科技生活》周刊在2014年第48期进行了专题报道。此外，《人民日报》、中央五台也对我校的科技活动进行过报道。我校和团中央、北京电视台联合拍摄的科技创新公益宣传短片，在北京电视台各个频道滚动播出达半年之久，产生了良好的社会影响。

2018年5月3日，北京市中小学高水平学生社团命名大会召开，为新认定的高水平学生社团授牌，我校由于在天文、管乐、排球等特色教育的突出成绩喜获北京市学生金鹏科技团、金帆艺术团、金奥运动队称号！

发现科学之美，金鹏振翅高飞；

发现艺术之美，金帆艺空翱翔；

发现体育之美，金奥熠熠生辉！

（五）典型案例

案例1：后备人才计划张一清同学——明天小小科学家

2017年11月3日—7日，由中国科学技术协会、中国科学院、中国工程院、国家自然科学基金委员会和香港周凯旋基金会共同主办的"第17届全国明天小小科学家奖励活动"在北京大学隆重举行。我校高三（1）班张一清同学在成功入围全国100强之后，经过为期四天的研究项目问辩、文化素质测试和综合素质考查，最终荣获二等奖！这是我校在这一赛事上取得的最好成绩，也是我校所倡导的"发现教育"结出的丰硕成果！

发现：创新人才培养项目入选

张一清同学就读于我校理工实验班，高一时参加学校创新人才面试，他的科学潜质被老师们发现，被推荐加入北京市科学技术协会青少年科技后备人才项目，对接到清华大学结构生物学实验室。他热爱科学，喜欢动手实践，兴趣广泛，有较强的自主学习能力。

第 17 届"明天小小科学家"颁奖典礼

发掘：科研工作促成长

在科技项目学习中，他有幸接触到实验室导师饶子和院士和娄志勇教授，在与高校导师和学长们学习、交流中，他被科研人员严谨的学术态度和扎实的学术功底所折服，也渐渐发现自己知识的不足与片面。在那之后，他更加注重知识的全面学习，不仅自学了大量大学化学、大学生物等课程，还通过网络公开课自学生物化学、植物学、动物解剖学教程。张一清同学尤其喜欢生物、化学、物理，在高中物理、化学、生物学科竞赛中多次荣获一、二等奖。

科研工作需要较强的探索能力，在课题研究中，他经常主动向专家和老师请教。除了完成实验室安排的科研任务，他发现结构生物学中常用悬滴法筛选、优化蛋白质溶液结晶条件，制取蛋白质单晶，其中用真空脂密封结晶池是关键步骤。而现行方法是用注射器推注真空脂，把真空脂点涂到结晶池口缘部位，再覆盖上盖玻片。这一过程要求定位准确且大量重复，然而简单机械重复的操作极易使人倦怠和烦躁，且结晶池口缘点涂真空脂的位置、数量受人为因素影响较大，给实验带来了很大的不确定性。经过独立研究思考以及建模分析，他设计并制作出一款新型高效结晶板真空脂点涂装置。经过试验和实际操作，该装置解决了实验室长期存在的问题，大幅度提高了工作效率，降低了实验成本，得到了实验室师生的一致好评。该装置除了在清华大学的实验室使用，同时还被实验室的老师们推荐到了香港大学的实验室，受到广泛好评。

发展：竞赛历练早立志

在完成课题研究主体之后，张一清撰写出论文《一种新型高效结晶板点涂密封装置的设计》。在学校指导老师金萍老师的鼓励下，他凭借此项目参加了各项科技竞赛。从海淀区区赛到北京市市赛，再到全国明天小小科学家奖励活动。每一次比赛的申报材料网上提交、纸质材料准备、现场评审、专家问辩，都让他不断修改和完善着自己的项目，也在各项竞赛中增强了口头表达能力和自信心。

在科技竞赛中，张一清获得了 2016 年北京市中小学金鹏科技论坛二等奖、第37 届北京青少年科技创新大赛二等奖，其作品入选北京市第二届青少年创意市集优秀作品。

通过这段科研经历，他也意识到科研工作不一定是高大上的课题，更多的是为了解决实际问题。在父母的影响下，他立志学医，想成为一名有科技创新技能的医生。中国逐渐进入老龄化社会，他想用自己的智慧在退行性疾病、老年病方面尽自己的力量，为更多的人减轻痛苦。

我很少在困难面前屈服，无论是面对强大的对手还是难以理解的问题，我都能以坚定的信心迎难而上。越是在面对困难时，我的动力和信心越是会被激发出来，支持自己取得胜利。

——张一清

案例 2：天文研究所贾淞寓同学——国际双料冠军！

2017 年 11 月 21 日—28 日，第十三届亚太天文奥林匹克竞赛在俄罗斯的新西伯利亚市顺利举行。我校铭星天文社社长、高二（9）班贾淞寓同学作为中国国家队成员之一，在这项国际天文奥赛中披荆斩棘，最终脱颖而出，成绩高居榜首，稳居高年组第一名。贾淞寓同学在获得亚太天文奥赛金牌的同时，还获得了最佳成绩奖，折得天文奥赛桂冠，成为名副其实的双料冠军王。他所取得的成绩代表了中国队今年在亚太天文奥赛中的最高水平，贾淞寓既是理工附中人的骄傲，更是中国人的骄傲！

主动发现天文学苗

贾淞寓同学在 2013 年以科技特长生的身份进入理工附中的初中部。在特长生招生考查的过程中，天文项目负责教师陈世春老师感觉到这个略显瘦小的男孩子除了

理工附中学生贾淞寓

有些紧张外，他对天文的领悟力比较强，他在个人简历后面附上了一幅自己拍摄的星空照片，引起了老师的注意。通过专业考查和面谈，老师发现这个孩子有比较强的星空意识，也掌握了一些天文摄影技能。就这样，贾淞寓如愿以偿地以天文特长生的身份进入了理工附中，开始了他的中学学习生涯。

尽力发掘学苗潜质

　　刚来到理工附中这个新环境，贾淞寓是不太适应的，在天文方面也不是特别的出众。随着对贾淞寓同学的深入了解，老师发现他对天文摄影情有独钟，因此便决定以此为突破口着力培养。慢慢地，随着活动的开展，贾淞寓同学在天文摄影方向上有大量经验的积累，老师惊喜地发现，他的天文摄影作品已经达到摄影师的水平。学校利用每年一度的中秋赏月天文科普活动和科技嘉年华等活动，将贾淞寓的天文摄影作品和其他同学拍摄的照片一起做成展览。同学们欣赏照片时的点评与赞赏，给了贾淞寓极大的信心，他对天文的热情极度高涨起来，立志以后要学习天文。

助力发展综合素质

　　有了奋斗目标，立志学习天文的贾淞寓同学在学习上开始刻苦起来。数学和物理学习水平的提高，极大地促进了贾淞寓在天文知识水平上的发展。在全国天文奥赛预赛落榜了两年之后，九年级那年他终于在第三次预赛中入围了全国天文奥赛决

赛，此时的贾淞寓已经从一个懵懂的孩童成长为胸怀天文志向的少年。中考前夕，他获得了全国天文奥赛二等奖，还入选了国家队集训队，学校也为贾淞寓同学提供了以科技特长生身份继续在理工附中高中学习的平台。

进入高中，学业竞争变得更加激烈。此时的贾淞寓却乘胜追击，入选国家队，代表中国队在国际天文奥赛中获得了银牌！获奖后回到学校的他，没有居功自傲，也没有了过去低迷的学习状态，他的学习潜力一点点发挥出来了，其他科目的学习成绩也在一步步提升。由于出色的天文成绩，贾淞寓当选为理工附中少年科学院天文研究所所长，并被学校推荐参与了海淀区少年科学院小院士和院长的评选，最终当选海淀区少年科学院院务委员、小院士。此时，贾淞寓极强的责任心也淋漓尽致地体现出来了。他事必躬亲，无论是在天文知识问题上还是在望远镜操作技巧上，无论是在天文摄影细节上还是在天文志向展望上，他都一一调教，耐心点拨，俨然成了小天文辅导专家。教学相长，如今贾淞寓终于迎来了自己人生路上的第一个国际天文奥赛金奖！

长期的天文观测实践，磨炼了贾淞寓同学沉稳持重的性格和一丝不苟的做事风格。对天文的满腔热爱，使他品格正直而不失幽默。一颗稚嫩的幼苗即将长成参天大树，现在已现雏形。

案例3：少年科学院院长白苏娜同学——文理兼修的全能学霸

少科院第六届院长白苏娜同学以 688 分位列海淀区文科第 11 名，北京市第 32 名，顺利考入清华大学经济金融与管理类专业。

理工附中学生白苏娜

单片机导师慧眼识珠，发现好苗子

2012 年白苏娜同学小学毕业，因为对理工附中的仰慕，又凭借北京市单片机比赛第一名的成绩报名参加了理工附中的小升初特长生考试。

当年共有一百多名学生申请我校的特长生入学资格，那年也是我校单片机研究所成立的第一年，指导教师张春鸿老师在众多考生中慧眼识珠，她敏锐地察觉到白苏娜同学不只是特长成绩突出，在科学问辩和专业操作方面都具有很大的培养潜质，还表现出较强的组织能力，因此将白苏娜录取为我校第一届单片机特长生，并让她担任单片机所所长一职。

入校后，张春鸿老师从各个方面对白苏娜同学进行培养：

在平时的训练中，我要求她按时到位，记考勤，让她带领同学训练，要求她训练时不要被同学问倒，这样既锻炼了她的组织能力，又提高了她的专业特长，要求她做同学的表率，做就要做到极致，做到最好。训练结束后，我让她把同学分成两组轮流做值日，在值日生将所有器材整理并收拾到位后，让她检查，带领同学们养成好习惯。

除了在单片机所的专业训练中锻炼她的能力外，我还在少科院活动中去培养她。例如，让她代表单片机所发言，让她自己写发言稿、制作 PPT，在发言前到老师这里彩排，我提出意见后让她再去修改，如此反复，可以说每次的少科院活动都有她美丽的身影。

不仅在专业特长上对她要求严格，在平时的学习中，我也要求她制定每个月的目标，让她每天进步一点点，每月进步一大步，让她以高标准严格要求自己，所以无论在学习方面还是在特长方面，她都取得了好成绩。

回忆起初中三年的生活，白苏娜同学这样说：

我是单片机研究所的第一任所长，同时也是少年科学院的第一个初中年级干部。记得每次去开少科院干部例会时，其他的所长常委都是高中的学长学姐，刚刚入学的我每次都稍显拘谨，生怕说错话。但承蒙王雯主任和陈博老师的引领与照顾，我迅速了解了少科院的工作机制，也逐渐找到了门道，工作能力更是有了大幅度的提升；同时，在个人特长方面也更加努力，在"为母校争光"的信念引领下认真训练，提高速度和准确性，在比赛中不断创造好成绩。这使得我在升入八年级后连任了单片机研究所所长，更有底气，也做得更好了。

在八年级一年的工作中，令我最为记忆犹新的是 5 月召开的少科院全员大会。与七年级时上台做总结不同，那次大会由我和当时高二的学长一起主持，从前期策划、商榷流程，到写主持稿，都由我们自己完成。我一直不断地想说，少科院的经历锻炼了我的各种能力，与此同时，更是给了我很多的快乐以及更多的动力。在八年级一年接触了更多项目也拿了更多的奖，学习成绩也是一路突飞猛进，不断进步。

气象所导师招贤纳士，发掘无限潜能

由于特长表现和学习成绩俱佳，白苏娜同学以特长生的身份，高中继续在理工附中学习。

2015 年 9 月一开学，气象研究所面临新老交接，有几个新高一的同学极力向气象所导师孙冠芳推荐白苏娜同学——她在初中时担任单片机所的所长，有很强的组织能力。核实情况后，孙冠芳老师与白苏娜同学详谈了气象所的工作情况，希望她能担任气象研究所所长。

尽管不是自己的专长，但出于兴趣和不愿辜负老师的期望，白苏娜同学还是愉快地接过了气象所所长的担子，上任后，她积极主动地为气象所出谋划策，并在孙老师的帮助下，提出一系列有关气象活动的计划。

在 2016 年 3 月世界气象日的活动策划中，她组织了高一（3）班 15 名同学去北京市气象观象台做志愿讲解，学生们经过两周的认真准备，在讲解活动中受到社会人士的一致好评。之后，她又组织同学写了讲解的感想、新闻稿等，产生了很大的社会影响力。

白苏娜同学还非常注重气象社团的可持续发展，她从气象社的初中优秀学员中，努力培养了新的气象所长何馨飏，在北京市中小学生气象知识竞赛中荣获一等奖，进一步巩固了理工附中气象研究所在北京市中小学气象爱好者中的优势地位。

看到白苏娜同学的成长，孙冠芳老师感到很欣慰：

作为气象辅导教师，我感觉白苏娜同学自身的责任担当意识强，气象社团给她提供了培养领导力的平台，在这里，她实现了个人的快速成长，也为以后更加坚强地面对新的困难与挑战做了充足的准备。

出任少年科学院院长，赢取更大发展空间

2016 年 11 月，经少科院学生干部推选和导师推荐，白苏娜同学成为我校少年科学院的第六届院长。成为院长后，白苏娜同学在少科院的工作更加忙碌了，科技

节的改版、公众号的维护与发展、全员大会的策划……在统领全局的同时，她看得更全面了，带领两位副院长和所长常委们对少科院的工作制度等进行了完善和改进。少科院的工作基本占据了她的每个周二中午，在白苏娜同学的影响下，少科院的工作变得更加有序、有效，影响力也在不断上升。当然，在为少科院工作出谋划策的同时，白苏娜同学始终将学业放在首位，在她担任少科院院长的高二一年，她的学习成绩稳中有升。进入高三之后，尽管学业变得繁重起来，白苏娜还是会抽出时间坚持做好少科院的各项工作，直至 2017 年 11 月将少科院交到新任院长手中。

回顾在少科院的六年时间，白苏娜同学这样说：

六年中我见证了少科院的迅速壮大和干部队伍的不断成长，在学校、海淀区乃至北京市的影响不断上升，带动全校师生关注科学、爱上科学。现在毕业了，回想少科院带给我的，绝不仅仅是一个可以钻研、展示自己特长的平台，也不只是一个锤炼工作能力的机会，少科院让我认识到，仅仅自己感受到科学的魅力是完全不够的，我们为了让科学带给身边的人更多的快乐而不断努力工作，可能才是我一直热爱、热衷于少科院的原因吧。

曾经在一次演讲中我说过这样一句话："身为科技人，身上科技魂。"在追寻真理的路上永远不是枯燥无味的，而是一路好风光。感谢理工附中，感谢少年科学院，让我在六年的学习之余，拥有比别人更充实的生活、更多的欢笑，以及在中学时代结束时更多的美好回忆。与少年科学院同行的六年，无悔无憾！

白苏娜在理工附中学习的六年，同时也是在少科院工作的六年。在成为少科院第六届院长之前，因为爱好，她初中进入单片机研究所并担任所长，高一却加入了气象研究所并担任所长；因为担当，她在两个不同研究所和少科院的学生干部位置上都努力做到最好。因为兴趣，她从一个特长成绩拔尖的理工科特长生，转而就读文科，并以 688 分位列海淀区文科第 11 名、北京市第 32 名，可谓是一个"文理兼修"的全能学霸。

从白苏娜同学丰富的经历中可以看出，正是在理工附中"发现教育"的引领下，在老师们的帮助下，白苏娜同学不断发现自己的天赋秉性，不断进入新环境挑战自我，这些经历不断唤醒她的内在潜能，兼顾特长、学生工作和课业学习，以特长促学业，最终收获了更好的发展。

"发现教育"的社会影响

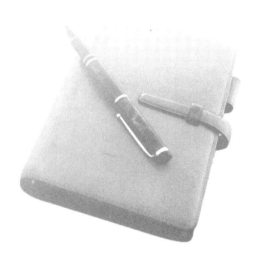

一、秉持发现教育　成就每位学生

——北京理工大学附属中学"发现教育"办学理念的深入思考

北京理工大学附属中学作为海淀区的一所市级示范校，近年来先后合并了车道沟小学和六一中学，承办了理工附小，建立了理工附中通州校区，办学规模不断扩大，办学层次不断提升。在深化教育改革的新形势下，为突破发展瓶颈，提升办学品质，学校提出了"发现教育"的主张。我们期望通过这一核心办学理念，让学校的每一个学生成为最好的自我，让每一位老师成为最优的伯乐。

在《海淀教育》刊发以"发现教育"为主题的文章

（一）发现教育的意义

在日常生活中总会看到这样的情景：当一个人想要证明自己与众不同时，就会情不自禁地提高声调、加重语气，好像要宣布什么重大决定似的地说"我发现——"。这并不是哗众取宠，而是一种大众心理。可以说，"发现"是每个人与生俱来的冲动与愿望。所以，教师创造出激发学生发现的氛围，或是搭建了帮助学生发现的平台，既顺应了学生追求成长的愿望，也能激发出学生成功后不断进取的追求。从这个意义上看，发现教育就是顺应、舒展儿童天性的教育。

教育部部长陈宝生在《全国教育工作会议工作报告》中指出"真正的教育公平不排斥卓越",强调了英才教育对于国家发展具有重要的战略意义,鼓励建立早期发现、跟踪培养的特殊通道,完善跳级、转学等具体的管理制度,通过因材施教发展每一个学生的优势潜能。这一主张为"发现教育"的诞生与完善提供了政策支持。

(二)发现教育的价值

1."发现教育"是培养人、发展人的客观需求

教育就是引导人不断发现自己、提升自己、成就自己,从这个意义上讲,一方面,以发现为要旨的教育具有本体性价值;另一方面,教育效果最终要取决于个人完全自由的内在觉醒,自我觉醒是教育的逻辑前提,以发现为要旨的教育同时也具有工具性价值。因此,我们可以说教育即发现。

发现教育是对当前教育中只见知识不见人的一种矫正,是向"人是教育的对象"这一经典命题的致敬。知识固然重要,但只有被人利用的知识才是鲜活而有价值的。将知识凌驾于人之上,是对人的价值和尊严的蔑视,是对教育本质属性的违背。

2."发现教育"是学校发展的选择

我们处在一个彰显特色的时代,一所名校总是有其独特的地方,从其中走出来的老师与学生总能给人以实至名归的钦佩之感。所以,学校要培养什么样的人,这些人具有怎样的素养,表现为何种特征,值得我们每一个人认真地思考。然后以此为品牌,来确定学校所有工作的价值取向,最后落实到学校的课程体系、教育教学、教师发展、学校管理等各个具体工作之中。"发现教育"的提出是理工附中具有自己的教育立场的表现,表明学校不是人云亦云,而是真正追求走内涵发展和特色化发展之路。

3."发现教育"是中高考改革的时代要求

新一轮中、高考改革的共同之处在于将考试、选课的权力赋予学生,使学生能够充分发挥自己的长处。而发挥长处的前提是要清楚地知道自己的长处。选择考试科目的前提是知道自己的需要。所以认识自己、发现自己在中高考改革的时代背景下显得特别迫切。教育进入了可以自由选择的时代,这同时也意味着每个人都要为自己的选择负责任。选择的合适与否,取决于对自身现状和发展可能性的客观认知,而教育作为并且应该作为的就是帮助学生去发现自己。教育的使命在于发现。

4. "发现教育"是教育改革的校本化探索

随着教育政策中专业意识的不断增强，人们对教育的思考越来越全面和深入，我国教育改革逐渐由注重外部的、数量的和规模的因素转向关注内部的、质量的和精确的发展方式，改革的立场越来越体现出教育性，改革的实际执行权力也越来越多地被赋予学校。"发现教育"实际上是在教育改革大背景下的一种校本化探索，也是学校追求自主发展的表现。正确而科学的教育理念总是殊途同归的，"发现教育"与中国学生核心素养中的"自主发展"是高度契合的，都期望学生能够认识和发现自我价值，发掘自身潜力，成为有明确人生方向和生活品质的人。

5. "发现教育"是对核心素养的响应和落实

卢梭、斯宾塞等教育家曾倡导过发现法，杜威也在其五步教学法中对"发现"有过系统阐述，而布鲁纳更是明确地将"发现法"作为课堂教学的一个基本策略设计了相应的步骤结构，但这些只是将"发现"作为一个教学策略进行技术层面的开发，而"发现教育"最本质的内容在于对教育中人的尊重，立足于人的教育，即倡导发现人、人发现。

所谓"发现人"，是指教师要善于发现学生的优势和长处，立足于人的扬长教育。除此而外，还包含了对人的主动性和独特性的尊重，以发现、肯定的态度和方式尊重教育场域中的每一个人。教育领域不乏对"因材施教"思想的研究，但多是着力于研究不同的施教方式，对怎样"因材"却少有探索，"发现教育"期望在此有所建树。同时，"发现人"也是对习近平关于教师应该是"四个引路人"的落实和响应，首先教师要发现每一个学生能够走好的路，其次要把每一个学生引向适合的康庄大道上。所谓"人发现"，是指学生要善于发现。学生自己没有发现，就难以谈及学习和成长了。

（三）发现教育的内涵

2019 年 9 月，《中国学生发展核心素养》正式颁布。在新一轮基础教育课程改革中，迎接课堂转型的挑战，难以绕过核心素养这一重要问题。所谓"学生发展核心素养"，是指所有学生应该具有的共同素养，是最关键、最必要的共同素养。

每个人在终生发展中都需要许多素养，以应对各种生活的需要，这些所有人都需要的共同素养可以分为核心素养，以及由核心素养延伸出来的其他素养，其中，最关键、最必要且居于核心地位的素养就称之为核心素养。核心素养代表了个体普遍应达到的共同的必要素养，代表应该达成的最低的共同要求，是每个个体都必须获得的不可或缺的素养。并且核心素养可教可学，最初在家庭和学校中培养，随后在一生中不断完善。

我们可以注意到上述阐释中的一些关键词：共同素养、最关键、最必要、最低的共同要求、不可或缺……这实际上是在强调，缺乏核心素养就很难做到出类拔萃，而有了它则功到自然成。因为具有发现素养而成就卓越的中外案例不胜枚举。魏书生以高中学历从教，钱梦龙以初中学历从教，于漪虽然毕业于复旦大学，学的是教育学，却在语文教学上成为大家。为什么初中生、高中生可以成为出色的教师，为什么半路出家也可以成"家"，其中最重要的是他们具备很好的当老师的素养，加上他们在"发现自我"方面付出的刻苦与努力，最终成就了卓越人生。这也向我们诠释了"发现"的价值。

我们将"发现教育"的内涵，定义为基于学生个体成长关键性因子（潜能）的发现，而实施的开发性教育，其内涵为发现·发掘·发展，旨在发现每一位学生的潜能，引导帮助他们成为更好的自己。

为了更好地践行"发现教育"：第一，我们要将立德树人浸润在教育的全部过程中；第二，将核心素养进一步定义为学生在接受教育过程中形成的适应个人终生发展和社会发展需要的必备品格和关键能力；第三，将提高质量、减负增效作为教育的标准；第四，力求在教育中体现出完整的学习过程，并建立起真实的学习空间；第五，需要学校内部多方协调，统筹推进。

（四）发现教育的关键

1. 对"人"的发现

所谓教学，实质是教学生学。学生愿意学，教师教才会有效果；学生不愿意学，教师即便能口吐莲花也无效。教师只有与学生的脉搏一起跳动，教育行为才会收到理想的效果。教师研究学生的一个重要的内容，就是要实现将认识事物与解决问题的过程由成人视角转化为学生视角，也就是时刻要问问自己：这个现象学生会怎么看，这个问题学生会怎么想，这件事情学生认为该怎样解决。那么，怎样才能有效地研究并真实地发现学生呢？

　　首先，只有对学生进行真实观察和研究，才能对学生有真正发现。根据教育学理论和我们日常的教学实践可知，学生的学习是这样的：他们努力将听到、看到的信息转换为自己可以理解的信息，对自己所获得的信息进行更为深入、带有个性特征的加工；为了理解一个概念，有的学生可能会用类比，有的会用对照，还有的可能会联系生活中的实例，也有的会死记硬背。这个过程是内隐的、无形的、无声的知识建构过程，不同的人建构起的知识可能不同。

　　如果让坐在同一教室的不同学生对同一个事物进行复述，往往会得到多种多样的具体表达，有些表达的含义可能会大相径庭。所以，教师要特别注意观察学生的内心活动，通过观察他们的外在反应，不断提问学生以获得反馈，来判断自己的教学是否成功。反之，对学生的疑问与惊奇视而不见，置之不理，单纯以自己是否讲完作为判断教学目标是否实现的依据，教学效果就难以保证。

　　研究学生不能依据个人的主观意愿或教学经验来预设与实施，而应该在与学生平等与信任的基础上，观察、体察、了解、理解、指导、帮助，读懂学生的问题、错误、方法和感受。走进他们的心灵，在他们的世界里找到教育的方法。教学管理首先是对学生情绪的了解和管理。教师走进教室最重要的是尽量让课堂温暖起来，让学生的情绪积极起来。优秀老师的教学总是将学生"人"的层面的发展置于知识的学习之上。在知识教学中，首先帮助学生感受和理解知识对于自己的直接意义，让学生有自己是知识主人的尊严感，然后再引导学生在学习中获得方法性知识，获得知识的启示意义。

　　其次，研究学生具有高度的复杂性。许多优秀教师总是对自己的学生充满好奇和感到敬畏。北京市第四中学特级教师谷丹这样说过：我喜欢当教师，但从踏入中学校门的那一天起，我就害怕听到"教师是人类灵魂的工程师"的说法。在我看来，每一个孩子从天真纯良到日渐丰富成熟的灵魂是值得敬畏的，每一个孩子的灵魂对人性慢慢地觉悟过程是值得敬畏的，想起要当"工程师"，总怕会画错了图纸，选错了工艺，碰伤了"灵魂"……

　　还有一个案例：一个学生高考模拟考试数学分数经常在100分左右徘徊，这次考了125分，老师在他的试卷上大大地写了"很好"两字。不料学生却急匆匆地找到老师质询："老师，您是不是觉得我考125分很不容易？"显然，学生是认为老师的评价似乎是怀疑这次的好成绩是不是碰巧蒙上的。老师事后查了这个学生的高考意向，他的数学目标就是设计在 128 分左右，显然学生是有自己追求的。由于老师对学生了解得不够全面透彻，反倒使这一次的激励评价留下了遗憾。由此可见，研究学生应该是教师教学行为中的关键行为，找准学生的最近发展区并与学生的脉搏一起跳动是教师的使命。读懂学生不容易，不论是教师还是学生，都想与自己的期望相遇，以便使自己能够更加完美。因此，当我们在课堂上遇到那些随着老师的追问不断改变自己答案的学生时，我们不必感到愤怒，可能这恰恰是学生正在进行新的发现。学生的问题和智慧，是师生共同发展、走向成功的根本依靠和推动力。我们也不必懊悔于学生在教学过程中没能表现出我们预设的精彩，因为这可能表明我们对学生的研究不够，从而判断不准。所以我们要为读懂学生而不懈努力。

因为教师在读懂学生的过程中，既是在提升教师的专业素养，也是在丰富着对人性的理解，更有可能在"推人及己"中完成"发现自我"的伟大使命。

在变革中，今天的学校也要被重新定义。以往所谓学校，就是学习的地方。而今天的"学"不一定发生在"校"中，我们在线上线下、校内校外都可能发生着学习；"校"只是成为与"学"的组合方式之一，除此而外，我们还可以有更多元的学习方式。这样看来，"学"与"校"已经从原先密不可分的偏正词组不知不觉地转变为可以各自拆解成不同含义的联合词组。对于教师而言，学校的意义也在发生着变化，它更多的是教师研究学生的现场、教师专业发展的舞台以及还原教师教学智慧的园地。

2. 对"事"之发现

作业。通过对作业的研究发现，作业是课程教学改革的重要组成部分。因为作业时间已占据了学生课后学习生活的大部分时间，改革作业教学的"繁重"与"低效"，已成为课程教学改革的重要任务。

作业是学科课程实施的重要组成部分，也是检测教学效果的一个重要方面。作业是巩固知识的一种手段，更是课堂教学的一个延伸。作为学生学习的设计师和调度员，我们教师应设身处地为学生着想，着重思考提高课堂效率和作业布置的有效性，那么结果肯定会事半功倍。因此，如何提高作业的有效性已经刻不容缓。

作业有其独立的课堂教学价值。有效作业是一个动态的转化过程：有效作业从有效的"理想"转化为有效的"思维"，再转化为一种有效的"实践"。从过程视角看，有效作业是在特定的教学环境与条件下，师生之间有效教与有效学的交流和互动。那么，如何改变作业教学的"繁重"与"低效"呢？依据挑战性学习目标，精选、精编习题作业对学习目标的达成情况是衡量作业有效性的重要标准，教师选择、编制的作业必须有助于达成学习目标。因此，教师必须了解学生的学情并与学生共同制定挑战性学习目标。学生做作业的过程就是其成长的过程。教师精心选择、编制习题，在指导、批改作业的过程中生成新作业，其专业知识增长、专业技能磨砺的过程是促进教师专业发展的过程。同时，有效的作业设计与实施的过程是师生共同成长的过程。

学情。学情是指学生的起点能力与学习情意。在进入新的学习单元或新的学习课题时，学生原有的学习习惯、学习方法、相关知识、技能对新学习的成败起着决定性的作用，教师必须分析并确定学生的起点状态、起点能力。学生的学习情意则主要是指学生的情感与意志，包括学习兴趣、动机等。教师必须根据学情为每个学生设置挑战性学习目标，即使每个学生的学习目标都在自己的最近发展区内，都是对自己已有水平的挑战与跨越，其着眼点是促进学生的全面发展，以实现预期的学习目标的实践活动。

我们期望，通过发现教育，使发现素养成为理工附中人的独特标识，使其具备独特的思维和智慧，善于用发现的眼光来看待与理解身边的一切，同时高度重视生命成长过程中宝贵的发现和体验。

（作者任志瑜，系北京理工大学附属中学校长，发表于 2017 年第 1 期《海淀教育》杂志，引用时有修改）

二、帮助每个学生攀上自己的峰尖

"发现教育"在四类课程中都有相应的着力点，让培养学生的核心素养和兴趣特长更加明确和实际。

——作者题记

学校如何发现新时代学生的发展需求？如何搭建平台帮助学生自我发现和自我

在《人民教育》刊发以"发现教育"为主题的文章

实现？如何发现并培养学生具备创造价值的能力？……理工附中正在探索实施的
"发现教育"，就是要顺应、舒展儿童天性，提升学生核心素养，帮助每一个学生更
好地成长和发展。

（一）发展学生首先要发现学生

2016 年，在深化教育改革的新形势下，为提升办学品质，学校正式提出"发现
教育"的教育主张。

从 1950 年建校之初的"工农速成学校"发展至今，理工附中已经成为一校多址、
十二年一贯制的教育集团。在发展历程中，理工附中始终立足于"人"的教育，善于
发现、与时俱进，已成为理工附中文化的魂，也是理工附中追求自主发展的体现。

中国学生发展核心素养的提出，是要解决我们到底要发展学生什么的问题。而
理工附中的"发现教育"，就是要努力解决如何发展学生"核心素养"的问题。教育
效果最终取决于个人完全自由的内在觉醒，自我觉醒是教育的逻辑前提。"发现教
育"是"基于学生个体成长关键性因子（潜能）的发现而实施的开发性教育"，其内
涵定位为"发现·发掘·发展"：能让每一个孩子发现自己的天赋秉性，唤醒他们心
中的潜能，帮助他们找到隐藏在体内的创造能力。

（二）以"发现课程"成就每一位学生

在探索"发现教育"的实践中，如何让"发现教育"与课程开发及课堂教学深度融合、实现学校的培养目标，如何让"发现课程"进一步满足学生发现自身的兴趣特长，指导学生发展，是学校亟待解决的核心问题。

经过深入调研、讨论及具体实践，学校在原有的"钻石型"课程体系基础上融入了"发现教育"行动灵魂，从全面基础和个性特长两方面，设置了符合学生人格养成、身心健康、终身学习、个性潜能的多元课程和丰富活动，发现学生的优势、强项，发掘学生的潜能，发展学生的个性特长。

在课程设置上，学校借鉴了北京师范大学发展心理研究所方晓义教授及团队的全方位三级发展指导模式，即将发展指导的内容定位在品德、学业、生涯、生活和心理五个方面。其原因有四：

"钻石型"发现课程体系包括"人格养成类课程""身心健康类课程""终身学习类课程"，同时针对学生的个性特长开设"个性潜能类课程"，其中包括 STEAM 科学学科校本课程。

"人格养成类课程"主要针对学生的人文底蕴和责任担当两方面核心素养，通过系列课程的浸润、熏陶与滋养，提升学生品德、精神、气质层面的发展，养成人格。其中，品德指导是主要内容，以培养学生成为合格公民为出发点，在基本行为规范、价值观塑造及角色定位方面引导和帮助学生，从尊重他人、遵守规则、基本礼仪等方面培育学生的交往交际技能。在价值观塑造方面，结合中华传统文化的演进、社会主义核心价值观及国家治理理念的实践，传承中华民族仁爱礼仪、正直中和等价值观。通过国学经典、多元文化融合等课程，引导、影响和养育学生的正确价值观。在角色定位方面，通过了解中外社会与科技发展现状，培育学生的国家认同感和责任意识。该类课程的"发现教育"的着力点为感恩、诚信、审美等。例如，国学经典之论语、茶道、诚信水站、志愿服务等课程活动，其中诚信水站延伸出诚信雨伞、诚信书吧、诚信售卖、诚信考试等多种形式的诚信教育载体。志愿服务通过开展课题研究，制订开展办法。团支部委员兼任班级志愿服务队队长，制作学生志愿服务手册，"志愿北京"网络志愿者注册。开学初完成本学期校内志愿服务基地、校外志愿服务基地志愿者的招募和培训，志愿者积极履行岗位职责；组织 12 月 5 日国际志愿者活动，弘扬志愿者精神；完成本学期校内外志愿服务学时的认证；完成寒假期间志愿者的招募和培训工作。例如，学生在地铁站做引导员，走进超市开展职业体验和志愿服务。同时，在学校教师的帮助下，开发新的志愿服务项目，如孤独症艺术培育和"我的艺术你的爱心"，让学生在"志愿服务"中懂得感恩。

"身心健康类课程"以提升学生健康生活的核心素养为主，主要在生活和心理两个方面对学生进行指导。通过前期调研发现，学生对生活指导的需求主要集中在：基本生活技能指导，旨在培养学生良好的适应生活的能力；生活方式与生活品质指导，目的是引导学生养成健康的生活方式，培养学生积极乐观的生活状态，提高生活品质；随机事件处理指导，目的是培养学生的风险意识、安全防护能力及自我保护技能，主要以活动体验的形式开展。心理发展课程主要包括团体心理课程及个体心理咨询两个方面。团体心理课程分为一般性心理课程（新生心理适应性课程、心理适应性课程、青春期课程、情绪与压力管理），发展性心理课程（情绪表达与压力管理、领导力培养及提升）和个体心理咨询方面。"身心健康类课程"的"发现教育"着力点有习惯、运动、交往等。例如，灾害（水、火、地震）生存演练，心理学电影等课程活动。通过灾害（水、火、地震）生存演练等课程活动，以发现、提高学生基本的生存能力，其中包括防灾避险演练及知识竞赛、急救课程、社区急救知识宣传等。

"终身学习类课程"主要是引导学生学会学习、养成科学精神，从学习习惯的养成、学习动力的激发、学法指导与学习技能改进方面入手；增强学生的学习兴趣，激发学习的内驱力，帮助学生制订学习目标与发展规划；帮助不同学段的学生掌握针对各学科的科学的学习方法，科学制订学习计划，提高学习效率；培养学生在学习、理解、运用科学知识和技能等方面形成的价值标准、思维方式和行为习惯。"发现教育"的着力点是乐学、善思、求真等。

"个性潜能类课程"是"钻石型"发现课程体系的升华部分，是为学生实践创新的核心素养而设计的课程类别，以对学生进行生涯指导为主，最终发现个性特长，成为最好的自己。其中，职业指导是本项目的重点，将学生的高考科目选择、大学专业报考结合起来，对大学及大学毕业后的职业发展进行展望，为学生的职业发展提前准备。还包含 STEAM 科学学科校本课程，以此融合科学、技术、工程和数学领域的知识、技能与方法，将知识的学习与真实世界的实际问题相结合，唤醒学生的生命自觉，自由成长，发现更好的自己。"发现教育"的着力点是优长、创意、笃行等。

实践下来，"钻石型"发现课程体系的优势在于：以人为本，系统思考学生成长的循序渐进性，体现整体育人与系统育人的思想；让"发现教育"有相应的着力点，较好地实现"文化基础、自主发展、社会参与"三位一体目标的统一，提升学生的核心素养；使课程突破了教材、课堂、学科的界限，最大限度地满足学生的个性潜能发展的需求，为学生的全面基础和个性特长搭建广阔而可靠的平台。

我们期望，通过发现教育，帮助每个学生攀上自己的峰尖，成为最好的自我，让理工附中成为学生个性发展的平台。

（作者任志瑜，系北京理工大学附属中学校长，发表于 2017 年第 9 期《人民教育》杂志，引用时有修改）

三、从明确办学主张出发　推进优质校再上新台阶

——北京理工大学附属中学新时期"发现教育"的探索与实践

"孩子就像一棵树，他所能达到的人生境界，取决于树干上最长的那根枝条。而教育者的重要责任就是要发现每位学生的'最长枝条'，让那根枝条不断向天空努力生长。"

——作者题记

理念是行动的导航。在深化教育改革的新形势下，我们要推进适应新时代、面向新未来的优质学校建设，持续提升办学品质，就需要从教育理念出发，不断探索学校发展的方向与路径。理工附中在近 70 年的发展历程中，从最初的一个学段一个校址，到如今发展成为拥有一校多址的十二年一贯制教育集团，一代代附中人不断突破自我，寻找与发现富有自身特色的发展之路。2016 年，我们明确提出了"发现教育"的办学主张，并相继开展"发现课堂""发现教师""发现德育"等系列化校本研究与实践，促进了集团整体品质的稳步提升和学生全面而有个性的发展。

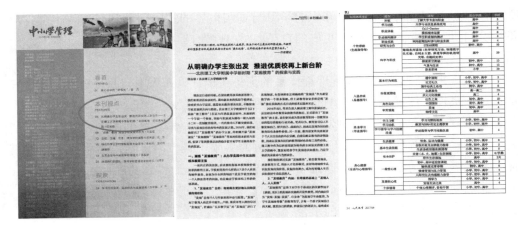

在《中小学管理》刊发以"发现教育"为主题的文章

（一）凝练"发现教育"：从办学实践中生长出的校本教育主张

一所真正的优质校，应该拥有彰显本校独特价值追求的教育主张。学校要培养什么样的人？这个人应具有哪些素养，表现为什么样的特质？这是学校里的每一个人都要思考的问题，也是确定学校所有工作的价值基础。

1. "发现教育"的目的：帮助师生更好地认识和发现自我价值

"发现"是每个人与生俱来的冲动与愿望。"发现"对于教育人而言并不陌生。卢梭、斯宾塞等人都倡导过"发现法"，杜威以"五步教学法"对"发现法"进行了系统阐述，布鲁纳则更是明确地将"发现法"作为课堂教学的一个基本策略。但上述教育家更多的是将"发现"放在具体的方式方法的技术层面来关注。

2016 年 8 月，我在深入解读理工附中的发展历史，反复研读中外教育家的教育思想后，正式提出了"发现教育"的主张，意在使其成为贯穿教育集团一切教育活动的指导思想和行动灵魂。我以为，教育要引导人不断发现自己、提升自己、成就自己，一方面，以发现为旨归的教育具有本体性价值；另一方面，教育效果终究要取决于个人完全自由的内在觉醒，自我觉醒是教育的逻辑前提，因此以发现为旨归的教育同时也具有工具性价值。理工附中认为，激发和培养学生的发现意识和能力，乃是学校的光荣使命与当然责任。

我们期待通过实施"发现教育"，转变教育观念，更新教育方式，创新人才培养

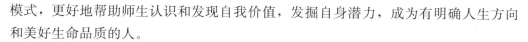

模式，更好地帮助师生认识和发现自我价值，发掘自身潜力，成为有明确人生方向和美好生命品质的人。

2. "发现教育"的内涵：在尊重的基础上"发现人人、人人发现"

"发现教育"是基于对学生个体成长的关键性因子（潜能、优长）的发现而实施的开发性教育。其内涵定位为"发现·发掘·发展"，它秉承"因发现学生而教育，为学生发现而育教"的教育哲学，让每一个孩子发现自己的天赋，激发自己的潜能，释放自己的创造力，最终成长为更好的自己。

"发现教育"是舒展儿童天性的教育，其最本质的内涵在于教育对人的尊重，倡导"发现人人，人人发现"。所谓"发现人人"，主要指教师要善于发现学生的优势和长处，并进行发掘和发展；同时也指对作为个体的"人"的主动性和独特性的尊重，主张以发现、肯定的态度和方式激发教育场域中的每一个人。所谓"人人发现"，主要指每一位师生都要善于发现、敏于发现，具备"发现素养"。尤其当学生因为体验到"我发现"的快乐而迸发出"我要学"的热望时，这就是教育的最好状态。

"发现教育"是对当前教育中"只见知识不见人"等反教育现象的纠正，是向"人是教育的目的和对象"这一经典命题的致敬。为了更好地研究与推进"发现教育"，理工附中与中国教育科学研究院、北京市海淀区教育科学研究院联合成立了全国首个"发现教育"研究基地及"发现教育"研究所，组建"核心研究员""研究员教师""种子教师"等团队，并成立了包含"发现文化""发现教师""发现课堂""发现德育""发现评价""发现服务"等在内的 11 个研究项目，通过多方面研究、多领域探索，全面深入推进"发现教育"的理论研究与实践创新。

（二）聚焦"发现课堂"，打造"发现教育"的主阵地

课堂是学校教育的主阵地。学校"发现课堂"项目组充分发挥"攻坚小分队"的作用，遵循"从课堂中来、再到课堂中去"的研究逻辑，采用课堂观察、课后研讨、对关键环节深入剖析等多种方式，联合师生进行头脑风暴、集思广益，在此基础上提炼出"发现课堂"的核心要素和评价量表，并通过"研究课"带动进行落实。

1. 提炼核心要素，明确"发现"方向

"发现课堂"的基本任务就是着力培养师生的"发现素养"。经过实践研讨及师生磨合，我校"发现课堂"的核心要素落脚于"问、思、论、察、效"五个方面。

其一，问——优质问题，机智层进。"发现课堂"要以问题驱动，引导教师充分发挥启发与引领作用。优质问题，是指"基于教学目标，揭示学科本质，激发探索兴趣"的三维度好问题，既有思维容量，也难易适度。机智层进，主要指在课堂教学中，教师既能设计环环相扣、由浅入深的"问题串"，又能敏锐准确地捕捉学生的思维亮点并及时恰当地发问、引导、发掘、追问、生成，还包括能够将学生差异甚至课堂突发情况智慧地转化为教学资源和教育机会。

其二，思——静心探究，独立见解。教师要善于在课堂中营造氛围让学生静心探究，保证其有充分思考的时间和个人想法存在的空间，并通过质疑问难、小组合作、动手操演等，激发学生的独立见解，培养学生的思维能力。独立见解，即学生通过静心探究，对所学内容提出不同的认识和看法，逐渐养成独立思考的意识、习惯和品质。

其三，论——对话交流，深度发掘。教师要有意识地培养学生的表达与推理能力，在对话交流甚至交锋对垒中深化思想。对话交流要面向全体，完整、充分、有逻辑地表达，实现思想碰撞、多元互动。其中教师的重点讲解要精辟透彻、条理清晰，指点学生的课堂表现要适时到位；学生的提问展示要紧扣内容、保证质量，听评同学汇报交流时要投入专注、客观公允。深度发掘，即师生对所学内容的理解程度或对研讨问题的认知水平呈现"螺旋上升"的良性态势。

其四，察——察觉察悟，揭示本质。这是"发现课堂"的标志性要素。教师要注重培养学生善察、敏察的品质，善于发现和精于深悟的能力，使其通过前期的问、思、论，发现问题的关键，领悟知识方法的内涵，提升学科核心素养；同时要坚持"不愤不启，不悱不发"，对学生进行适当地指导与点拨，精准揭示当堂所学内容的本质，避免"满堂灌""满堂问""满堂合作"与"满堂自问自答"。

其五，效——达成目标，形成素养。师生很好地完成了本堂课应有的教学目标，包括知识、方法、能力、学科素养、学科价值等，并且秉持善于"察·悟·掘"的发现意识，致力于培养学生的发现素养。

2. 研制评价量表，提供"发现"工具

为了使核心要素更好地入心、入脑、入行动，学校组织了多次研讨会及培训会，基于教师们的反馈，经过反复研讨和修正，制订了"发现课堂"核心要素评价量表，为教师提供方向指引和操作抓手。

北京理工大学附属中学"发现课堂"核心要素评价量表

要素	内涵	解读	对象	典例记录
问	优质问题	基于教学目标的问题，能激发兴趣，有思维容量，难易适中，引导揭示学科本质	教师	
	机智层进	敏锐准确地发现思维亮点，及时恰当深入追问		
思	静心探究	有充分思考的时间和个人想法存在的空间，质疑问难、小组合作、动手操演	学生	
	独立见解	形成独立思考与探究的意识、习惯和品质，获得相应的学习成果		
论	对话交流	面向全体，完整、充分、有逻辑地表达，实现思想碰撞、多元互动	师生	
	深度发掘	全体对所学内容的理解程度或对研讨问题的认知水平呈现"螺旋上升"的良性态势		
察	察觉察悟	善于独立思考与讨论共识产生新感觉、新发现、新领悟		
	揭示本质	发现关键，领悟内涵，提升学科核心素养		
效	达成目标	很好地实现本堂课应有的教学目标	学生	
	形成素养	秉持和培育善于"察·悟·掘"的发现意识与素养	师生	
总体点评	亮点特色： 突出问题： 建设建议： 听课评价人：			

3. 推广研究课，促进师生"深度卷入"

为了发挥示范引领作用，学校开展了一系列"发现课堂"研究课活动，邀请相关领域的专家进行现场指导，组织"发现教育"研究所的核心成员进行现场听评课，并向全校教师公开推广。研究课覆盖各年级多学科，仅 2018 年上学期集团本部的"发现课堂"研究课就达 98 节。此外，集团 2018 年教育科研年会的主题就定为"学生因'发现课堂'而学会发现"。年会现场呈现了初中物理、小学数学、高中语文三堂精彩的研究课，在整体内容和环节设计上也呈现了多个亮点。例如，学校召集前期通过网络报名的 10 名青年教师作为志愿者与学生一同上课，以学生的心态去感受和体会"发现课堂"，以及五要素如何在课堂中落实和体现；每堂课结束后，都会有各学科主任和备课组长现场评课；现场还增设弹幕评论功能，允许参会教师实时评课，并将他们的听课感悟与评论在大屏幕上进行展示。这种开放互动的研讨方式实现了每一位教师的"深度卷入"，也使其从中获得了启发和成长。

（三）呼唤"发现教师"，培养"发现教育"的践行者

教师是学校践行"发现教育"的主体，只有充分唤醒教师的"发现"意识，培养教师的"发现"特质，提升教师的"发现"能力，才能真正有效地实施"发现教育"。

1. 唤醒教师的"发现"意识

学校通过显性的校园文化布局和隐性的文化氛围让"发现教育"的理念处处彰显，让教师时时感受到"发现"的魅力，并激励其成为"发现者"。例如，学校将"发现教育"的最核心理念"秉持发现教育，成就每位学生"做成醒目的大标牌，放在与学校大门正对的教学楼的一二层间，让所有进入校园的人第一眼就能看到这句话。再如，学校还高频发布了"发现教育"的相关新闻报道；征集各学科、各年级、各部门教师的"发现"素材，并通过学区、社区、学校微信公众号、微博等窗口传播教师的"发现"故事，激发教师"被发现"的荣誉感；还在学校官方网站、微信公众号等对内对外宣传阵地创设了《发现·理工好老师》栏目，通过"自我发现、学生发现、家长发现、同伴发现"，展示教师的风采魅力，增强教师的"发现"意识。

2. 培养教师的"发现"特质

研究学生是教师教育行为中关键的"发现"特质，只有对学生进行真实的观察与研究，才能真正有所发现。因此，学校着力引导教师做眼中有人、课中有生的教育，学会于人处、于事处、于情处培养"发现"特质，用发现的眼光来看待、理解、关怀、激励学生，研究并发现每个学生的兴趣特长、性格特点、情感需求、学习习惯、学习方法等，在此基础上分析并确定学生的发展需求与关键生长点，为其设计适合的发展目标和成长路径，促进每位学生的个性发展和生命绽放。

3. 提升教师的"发现"能力

学校鼓励教师在"发现课堂"中培育自己的发现素养，实现自我优长与潜能的发挥，达成自我价值的实现。例如，我校刚刚获评北京市特级教师的生物学科主任苏明学老师就在学校举办的 2018 年教育科研年会上现身说法，向大家介绍了他的专业成长之路，以及在每个阶段被"发现"和"发现"能力提升的过程。苏老师说，得益于学校"发现教育"的主张，使自己的学术思想有了飞跃；而参与"发现课堂"核心要素的研发过程，则使自己的专业和学术思想更加成熟。

（四）实施"发现德育"，发现儿童的未来

我校以"发现德育"为引领，从生涯、学业和生活三个方面入手，建立学校、家庭、高校和企业的联动机制，构建多通道的学生发展指导体系，帮助学生筑梦"发现"、扬帆起航。

1. 构建学生发展指导体系，促进学生多元全面发展

学校通过构建学生发展指导体系，为学生的成长需要提供相应的资源和服务，帮助他们实现多元全面发展。

一是明确发展目标。即通过"自我认知拓展、外部发掘引导"，帮助学生建构生涯目标，提升自身决策能力；通过分析学生的学习现状，帮助其建构学习目标，发掘其学科潜能，提升其学习能力；通过对学生休闲兴趣的开发和品性的培养，促进学生身心健康发展，培养其适应未来生活的基本技能和能力。二是完善课程策略。学校采用必修课程和选修课程相结合的策略，促进学生全面而有个性地发展。必修课程作为基础，主要帮助学生完成选科和志愿填报等相关要求；选修课程则有助于学生更好地探索和发现自身潜能及特质。三是搭建支持平台。学校通过班主任培训、

家长课堂和数据采集等多种方式，系统地为学生提供支持平台和良好的成长环境。四是丰富课程形式。除了依靠系统的螺旋式必修课程与特色选修课程外，学校还通过体验式的活动竞赛、互助式的支持系统、探究式的项目实践等课程形式实现对学生全方位的发展指导。

高一学生在南京进行考古发现　　　　　　高一学生的青海湖发现之旅

2. 实施个别化精准指导，助力学生个性化自主发展

除了为全体学生提供统一的资源和服务外，学校还通过个别化精准指导帮助那些拥有特长的学生发掘自身潜能，实现个性化自主发展。例如，我校在招收特长生的过程中，天文项目组的陈老师发现小贾同学对天文的领悟力和星空意识比较强，并掌握了一些天文摄影技能，就在每年一度的中秋赏月天文科普活动和科技嘉年华等活动中为其提供展示机会，并将他的天文摄影作品进行展览。通过坚持不懈的"发现"培养，小贾同学在"2017 全国中学生天文奥林匹克竞赛"决赛中获得二等奖，入选国家集训队，后又在"第十三届亚太地区天文奥林匹克竞赛"中获得金牌及最佳成绩奖，成为名副其实的双料冠军。

我校的"发现教育"更关注特殊学生个体的发展，重视激发他们的自信心。例如，我校初中部有个学生平平（化名），他无论是在上课还是在上自习时，总会在教室里不时地发出怪声，还伴随着大大小小的动作。这一举动逐渐引发了同学的不满，这更让平平感觉焦虑和慌张。班主任老师于是及时走进平平的生活，观察并刻意在合适的情境下肯定他的优点。例如，他反应很快，数学课总能最先说出答案；乐于奉献，经常主动在教室里拖地……在老师的引导下，同学们对平平表现出理解和宽容。平平也在感受到同学和老师的温暖后，慢慢放松下来，发声频率逐渐减少，学习和生活逐渐步入正轨。

经过近两年的探索实践，"发现教育"在理工附中结出了丰硕成果。一是促进了教师队伍整体素质的提升。学校除了自主培养出本土的特级教师外，还培养出十多位北京市学科带头人和骨干教师，以及近百位海淀区学科带头人和骨干教师。二是较好地发掘了学生的潜能优长。仅以学生的高考成绩为例，在 2017 年全国统一高考理科考试成绩排名中，进入北京市前 150 名的学生中我校本部共有 3 人，其中最高分在北京市排名第 35，比他们在刚入学时的中考成绩排名有大幅度提升。三是社会满意度显著提高。近年来，集团本部在社会、学生、家长三方满意度上，较之往年分别提高了 1.48 分、2.58 分、5.58 分，同时学生、家长、教师对学校的忠诚度（认可和喜爱程度）还高于满意度。

（作者任志瑜，系北京理工大学附属中学校长，发表于 2018 年第 3 期《中小学管理》杂志，引用时有修改）

四、基于"男英女雅"培养目标　勇于进行因性施教探索

"培养什么人，怎样培养人"是学校教育的核心课题。每所学校都应该给自己的学生画一幅理想人格画像，为学校教育和学生成长指引方向。近年来，理工附中认真研究学生成长规律和社会发展需要，基于对学生不同性别角色的深刻认知，逐渐确立"男生英俊（大气、沉毅、担当），女生淑雅（内秀、友善、文雅）"的学生培养目标，围绕这一培养目标，开展了多方面的教育探索。

（一）问题思考：如何让"男生有男生范儿""女生有女生样儿"

当今社会，"女汉子""男妹子"的增多，导致整个社会性别意识出现了中性化趋势。人们不难发现，大大咧咧、大呼小叫、言行粗鲁、不拘小节等校园行为表现中，女生的身影也在增多；忸怩腼腆、敏感软弱、胆小怕事、退缩忍让的人群中，男生的身影也不少。自古以来，虽然不同历史时期赋予女性、男性的特质标准不尽

相同，但时至今日，性别美的价值观依然存在——女性的魅力就在于：你当坚强，但胜在柔美；男性的魅力则在于：你当体贴，但赢在阳刚。人们不得不忧虑：为什么现在这么多女孩子没有女孩子的样儿，男孩子没有男孩子的范儿？

2014年2月，理工附中时任校长陆云泉在全校教职工大会上提出："我有一个教育梦想，理工附中学生不管是在校园里，还是在公共场所，如果都能够仪表堂堂、举止文雅，那将是我们教育的最大成功。"在其带领下，理工附中逐渐形成了"守规矩，懂感恩，有涵养；厚基础，重实践，会创造"的学生培养目标。2015年，我接任理工附中校长，经过不断探索，我校正式确立了"守规矩，懂感恩，有涵养；厚基础，重实践，会创造—男生英俊，女生淑雅"的学生培养目标，将男性特质和女性特质在学生培养目标中明确表达出来。

"男英女雅"的培养目标，是基于男女性别的角色差异，立足自身责任担当，以内强根本素质为重点，以外塑气质形象为标志。其中，男生英俊以"大气、沉毅、担当"为根本内涵，以核心素养模式彰显男性特质和理想人格；女生淑雅则更强调"内秀、友善、文雅"刻画女性特质和理想人格。这是在全体学生全面发展基础上的"男英女雅"。全面发展与"男英女雅"是共性发展与个性发展、本色发展与特色发展的关系。

（二）深入践行：开展"男英女雅"整体素质提升工程

我们按照"寄望于人—内化于心—固化于制—外化于行"的基本工作思路，有计划、有步骤地充分调动学校各方面的因素，通过"学、考、树、评"等各种方式，开展"男生英俊，女生淑雅"整体素质提升工程。

1. 知识教育，帮学生正视与敬畏两性之别

分析当前学生的性别意识状况，我们认为当前两性角色错位、性别角色模糊等问题，与学校教育中对与两性相关知识的回避、漠视甚至丑化有关。因此我们在日常教育教学中，不躲避、不忽视、不简化，理性客观地引领学生思考与性别角色相关的问题。

例如，在七年级学年第二学期，学生即将或已经进入青春期，生理和心理均发生显著变化。在现实社会特别是网络社会充斥着纷繁复杂的成人化内容的情况下，如何通过开展生命知识教育，让学生了解人的生殖知识，解决人的由来问题，正确

对待两性关系，促进身心健康成长，已经成为迫在眉睫的事情。

已往面对这些敏感内容，孩子们常常带着或隐晦淡漠或玩笑取乐的态度走进课堂，因此无法收到良好的教学效果。为了突破这一教学难点，我校采取了"撰写生命知识教育家长信"的独特做法。第一步，由生物组教师领衔，政治组教师和班主任参与，共同拟定和下发《生命知识教育家长信》，明确该项教育活动推出的背景、意义和家长的任务。第二步，请家长给孩子写信，讲述生殖、生育健康知识，特别是母亲怀孕和孩子出生过程中父母的真实感受，附上孩子出生前后的照片等珍贵资料，在密封后统一交给教师。第三步，在课堂上学生拆信，认真、安静地读信，在做简单的交流分享后，以端正的态度开始《人的生殖》内容的集体学习和单独学习。

以"撰写生命知识教育家长信"作为教学铺垫，与已往直接学习相关内容相比，能够促使学生带着对父母的生育养育之恩、对生命的可贵敬畏之心和对生殖系统的尊重之情投入到学习中来。随后，生物课程和政治课程开展的青春知识教育，和班主任随后开展的"迈好青春第一步，奏响青春主旋律"系列主题教育活动，进一步为学生正视两性差异、重视青春生命奠定了坚实的知识和态度基础。

2. 文化熏染，引领学生确立两性不同的价值标准

我们将全校学生更好地认同校园文化特别是"男英女雅"成长目标，同社会主义核心价值观、传统文化和红色文化等学习活动有机结合起来，组织不同年级学生有计划地阅读中外文学经典名著，开展班级读书汇报活动，举办"最是书香能致远，腹有诗书气自华"年级读书交流会和全校"英雅杯"文史哲知识竞赛暨身边榜样推荐竞猜活动，取得了突出的综合教育教学效益。

在文史哲知识竞赛竞猜活动环节，教师和学生从自己熟悉的中外文学名著、语文经典篇目中，挑选能够反映"英俊男生"之特质（大气、沉毅、担当）和"淑雅女生"之内涵（内秀、友善、文雅）的经典选段、精辟诗句、名人佳联和成语典故，编制成考题。在举荐"身边英雅榜样"活动环节，在班级、年级和校级等逐级开展的推荐竞猜活动中，孩子们将我校知名校友如主持人杨澜、全球探测引力波的科学合作组织核心成员之一的美国加州理工学院物理学教授陈雁北，以及自己身边的优秀师生等人物，推选为"我心目中的身边英雅榜样"。

这样的教育教学活动既能够引导学生阅读理解中外经典名著名篇名句，又能够引领学生确立人生价值标准，有利于增进学生的性别意识，使男生成长为男子汉，女生成长为好姑娘。

3. 道德陶冶，引导学生成为自我教育主体

德育课程是实现培养目标的主渠道。我们通过举办道德讲堂、开展征文活动、组织文明画展、召开主题班会、男女生单独开设体育课程和单独演唱合唱曲目等多种教育措施，促使全校学生正确认识男女两性在性别方面的日常表现，努力引导学生成为自我教育的行为主体。例如，我们通过系列活动解决校园里比较突出的"奔饭问题"，培养全体学生的文明就餐行为，同时提出不同的男女生行为举止规范。

（三）评价跟进：固化外显"男英女雅"培养目标

我校将教育部新版《中小学生守则》的主要规定融入"男生英俊，女生淑雅"日常行为规范，特别是将"上课听讲更加专心、回答质疑更加积极、完成作业更加认真、课间做操更加自觉"明确为四大核心习惯。为了把日常行为规范真正转化为学生的常规行为，我们通过班级、年级、校级学生自主评价评选改革，固化外化"男生英俊，女生淑雅"教育培养目标。

"评价就是促进习惯强化"，因为良好的行为习惯不是背诵出来的，而是在日常生活中不断养成的。我校已经进行了十多年的形成性综合素质评价，出台并实施了《"英雅杯"理工附中学生"自信成长"形成性综合素质评价标准化工作方案》，以此来促进学生"一日常规"特别是四大核心习惯素养的养成，不断引领学生成为自己管理自己的行为主体。

在年级主导下，我们以形成性综合素质评价学期总积分入围制为基础，逐步建立了与选用干部、发展团员、评优表彰、交流宣传、毕业升学等紧密挂钩的一整套积分管理使用制度，使之在评价积分、评选表彰、评优推荐和终评升学等方面，切实发挥评价促进学生成长的巨大作用，持续促进不同层次、不同类别学生的全面健康发展。例如，我们从广泛性、层次性和实效性角度入手，完善校级"十优"学生系列评选方案和市区两级三好学生推选方案，带动了全体学生整体文明程度的提高和"男英女雅"气质形象的提升。

（作者任志瑜，系北京理工大学附属中学校长，发表于 2017 年第 3 期《中小学管理》杂志，引用时有修改）

五、聚焦核心素养，探索发现课堂

新时代教育要办好每一所学校，上好每一节课，教好每一个学生。2018 年 11 月 2 日到 3 日，由北京圣陶教育发展与创新研究院主办，北京一零一中教育集团、三好网、江苏圣陶教育等参与举办的 2018（第五届）中小学校长论坛在北京一零一中学成功举办。来自全国各地的专家、学者和校长共 700 多人参加了本次论坛。

理工附中任志瑜校长在北京第十八中学分论坛发表演讲，以下是演讲内容：

今天能与大家一起"走进课堂，提高质量"，我备感荣幸。下面我以"聚焦核心素养，探索发现课堂"为题，具体谈谈课堂内外的故事。

（一）课堂外的"发现"故事

1. "发现教育"的提出

陶老谈道"一所学校的发展也好，一位教师的成长也好，首先必须是在一种先进的理念或主张指导之下才不至于盲目行动"，这一观点我非常赞同，尤其是在个人的经历中感同身受。我从成都外国语学校到北京第十一学校，到交大附中，最后到理工附中，从原来的校长到普通老师，到党委书记再到校长。每当到一个新环境，到新的工作岗位，我最先考虑的是以什么样的理念指导今后走的路，不论是学校还是个人，才能不走弯路，或者少走弯路。所以我一直在寻找，

**北京理工大学附属中学校长任志瑜：
聚焦核心素养，探索发现课堂**

任志瑜　中小学校长论坛　2018-11-12

新时代教育要办好每一所学校，上好每一节课，教好每一个学生。11 月 2 日到 3 日，由北京圣陶教育发展与创新研究院主办，北京一零一中学、三好网、江苏圣陶教育等参与举办的 2018（第五届）中小学校长论坛在北京一零一中学成功举办。来自全国各地的专家、学者和校长共 700 多人参加了本次论坛。

在《中小学校长论坛》公众号刊发以"发现教育"为主题的文章

在发现。

理工附中是一所历史名校，要如何引领它的发展，是我上任后的首要任务。

我首先从学校的历史研究着手，发现在历史的每个阶段理工附中总能及时发现新的机遇而着眼未来，紧跟时代步伐，谋求自身发展，这是理工附中文化的魂。这个学校于 1950 年诞生，当年发现新中国急需人才而成为工农速成学校，全国招生，时任教育部部长马叙伦出席开学典礼；1955 年大学优质资源对办好中小学有特别优势，与北京工业学院联合成为当时的"京工附中"；20 世纪 80 年代发现当时需要培养大量的优秀初级人才，所以潜心初中教学，京工附中九年级毕业的平均分达到北京市第四中学的高中录取线（皇城根好学校）；后来发现时代对人才的更高要求，2004 年发展为北京市高中示范学校；2014 年发现一所学校好，不足以辐射优质教育资源，于是开始了集团化发展，到现在成了一校多址、十二年一贯制的教育集团。

除此之外，我还反复研究中外教育家的教育思想，发现支撑学校成就的内核是教育主张。例如，世界闻名的英国"夏山学校"的教育主张是情意教育，人民教育家陶行知的教育思想是生活教育。快乐教育是教育家艾宾浩斯的教育主张，目前好多小学都在推行。

同时在探索的过程中，我发现教育办学理念，要基于学校历史文化，立足于社会客观现实，着眼于未来发展趋势。经过多方请教专家，反复讨论，我于 2016 年提出理工附中的教育主张——"发现教育"。

2. 关于"发现教育"的几点思考

发现是一个完整的概念，是一种教育主张，而不同于布卢姆的发现学习法。孩子就像一棵树，他所能达到的境界，取决于树干上最长的枝条。很多人就像一个古井，外表朴实无华，波澜不惊，就那样毫无光彩地在路边，任由人们匆匆走过，可能有人累了，渴了偶然之间发现了这口井，喝了一口才发现井水如此甘甜，而且源源不断。学生天生千差万别，学生天然拥有好奇心，创造力是人之天性。教育者的重要责任就是要发现每位学生的最长枝条，让那个枝条不断向天空努力生长。

每个孩子都有自己闪耀星空的天赋，关键在于我们如何去发现、唤醒、点燃。世界上没有才能的人是没有的，问题在于教育要去发现每一位学生的禀赋、兴趣爱好和特长，为他们的表现提供充分的条件和正确的引导。所以我觉得今天前面管校

长谈到的教育改革，是对我们丰台区方庄地区孩子的优秀成长，做了一件伟大的事情。陈宝生部长也提出了，真正的教育公平不排斥卓越，强调了英才教育对于国家发展具有重要的战略意义，所以他提出建立早期发现、跟踪培养的特殊通道，完善跳级、转学等具体的管理制度，通过因材施教发展每一个学生的优势潜能。教育的崇高在于开发潜能。

这些道理，就如同附着在不同的骨架上产生不同的效果，马架上就能成为奔腾的骏马，猪架上就能成为肥猪。所以，功能定位在发现教育，教育就是唤醒人的发现，发现教育，发现人人，人人发现。发现可以说是每个人与生俱来的冲动与愿望，我们想让"发现了什么"成为理工附中人特有的思维方式和表达方式。我们倡导全校教师尽量使用"我发现"的句式进行日常的交流。在培养理工附中的老师、班主任时，我提出所有老师要善于发现，这是理工附中人的看家本领，用发现来点燃激情和思维，用发现来激励勇气和信心。

（二）课堂里的那些事

1. 聚焦核心素养，探索"发现课堂"

理工附中的"发现教育"，是要努力解决如何发展学生"核心素养"的问题。教育效果最终取决于个人完全自由的内在觉醒，自我觉醒是教育的逻辑前提。"发现教育"是"基于学生个体成长关键性因子（潜能）的发现而实施的开发性教育"，其内涵定位为"发现·发掘·发展"：能让每一个孩子发现自己的天赋秉性，唤醒他们心中的潜能，帮助他们找到隐藏在体内的创造能力。

发现文化，发现教师，发现党建与工会建设，发现德育，发现课程，发现课堂等，把一切工作贯穿到发现上，将发现贯穿于学校的指导思想，使其成为教育活动的灵魂。

我们联合中国教育科学研究院和海淀区教育科学研究院成立了中国首个发现教育研究基地，建立了发现课程模型。发现课堂是 2018 年第五次论坛的主题，也是我们突破的重点。

我们就发现课堂召开了各个层次的研讨会；我们将学科主任设为发现课堂的牵头人，起到模范带头的作用；我们请中国教育科学研究院派驻了一位专门的科研人员，每周来听一次发现课堂，听完课以后回来马上研究，一定要寻找理工附中发现课堂的 DNA 到底是什么，都有哪些核心要素。

基于以上，我们初步提出了理工附中的课堂核心五要素：问、思、论、察、效。

第一是问，优质问题，机智层进。什么叫作优质问题呢，我提出了一个标准，优质问题是希望，是指基于教学目标，解释学科本质，激发探索兴趣的三维度。首先要解释目标，解释本质，你说你研究卫星要上天，这个东西让学生一看就不感兴趣，就不想研究，这样的命题对学生来说肯定不是好问题。什么叫机智层进呢？这是我对老师的要求，不要问题还没说完，就问问题。很多老师的 PPT 一出示还不到 30 秒，就问学生怎么解。凡是问题呈现出来，必须要给学生留出独立思考的时间和空间，到底是两分钟好还是三分钟好，还是五分钟好，那要根据你的问题，之后可以问张三，你可能巡视发现有人可能有问题，张三先说，可是张三没说完呢，李四说张三说错了，你想这样对张三是怎样的一种教育啊。可能李四之后，王五也要说，他们两个都没说好，我要求所有老师当主持人，你就在那儿看，听学生说。

第二是思，静心探究，独立见解。今天上午顾明远先生的话，我觉得非常好。课堂就是培养学生的思维，所以我明确提出必须营造一种充分思考的时间和个人想法存在的空间。鼓励独立见解不能是人云亦云。

第三是论，对话交流，深度发觉。语言是思维工具，一定要让张三说，李四说，王五说，面向全体完整、充分、有逻辑地表达，实现思维碰撞，多元互动。

第四是察，察觉察悟，解释本质。其实就在你读的一张图，现在高考中明确对地理学科必须要考读图的能力。我们现在走到哪里都要导航，走路也能导航，首先选择路线，把这个图缩小，要有读图的能力。察觉察悟，解释本质，教师要培养学生善于察、敏于察的品质，善于发现领悟的能力。

第五是效，所有的一切是学生通过教师的带领，完成教学目标。

我也提出了发现视角，首先你要善于观察，能不能知道这个山下有金子，所有人都在看，但有人一看就知道，还有悟，光有悟，还不行，还要挖掘、开发。

2. "发现教育"的实践成果

理工附中的办学特色是"人文奠基，理工见长"，教育理念是"发现教育"。我们有理工实验班，也有发现实验班、武术特长班、艺术素养班。今年高考理科达 700 分以上的海淀区有 6 所学校，理工附中最高分裸分超过了 700；理工大学徐特立英才班全国招收 30 人，理工附中 5 位同学进入。其中一位就是我们艺术素养班的学

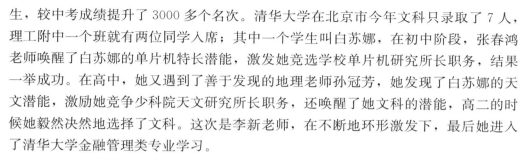

生，较中考成绩提升了 3000 多个名次。清华大学在北京市今年文科只录取了 7 人，理工附中一个班就有两位同学入席；其中一个学生叫白苏娜，在初中阶段，张春鸿老师唤醒了白苏娜的单片机特长潜能，激发她竞选学校单片机研究所长职务，结果一举成功。在高中，她又遇到了善于发现的地理老师孙冠芳，她发现了白苏娜的天文潜能，激励她竞争少科院天文研究所长职务，还唤醒了她文科的潜能，高二的时候她毅然决然地选择了文科。这次是李新老师，在不断地环形激发下，最后她进入了清华大学金融管理类专业学习。

我对理工附中学生提出的要求是男生英俊、女生淑雅，男生要大气、沉毅、担当，女生要内秀、友善、文雅。我对理工附中所有的老师也提出了八个字的要求：毅之所在，圣之所至。要当好圣人的境界，就要看你的毅力如何了，要让每个孩子成为最好的自己，让每个老师成为最优的伯乐，让理工附中成为最大的舞台。

（作者任志瑜，系北京理工大学附属中学校长，发表于 2018-11-12《中小学校长论坛官微》微信公众号，引用时有修改）

六、因发现学生而教育，为学生发现而育教 | 年度金句

"教育具有让人发现自己天赋秉性的功能，教育的价值也就在于唤醒每一个孩子心中的潜能，帮助他们找到隐藏在体内的特殊使命和自己的生命价值，从而创造价值。"（北京理工大学附中校长任志瑜）

年终岁首之际，"京城教育圈"近日推出了特别策划"寻找首都教育'年度金句'！快来为你的校长打 call"，重点摘录 2017 年"京城教育圈"所分享的近 60 位北京知名中小学校长的教育"金句"。

应大伙的要求，圈友们呼声高的"年度金句"最近将陆续进行深度分享。今天和各位见面的是北京理工大学附中校长任志瑜的精彩观点。

理工附中的教育哲学是"因发现学生而教育，为学生发现而育教！"。"发现教育"是我在 2016 年 8 月首次提出的教育主张，是基于学生个体成长关键性因子（优

理工附中校长任志瑜：因发现学生而教育，为学生发现而育教 | 年度金句

任志瑜　京城教育圈　2018-02-01

"教育具有让人发现自己天赋秉性的功能，教育的价值也就在于唤醒每一个孩子心中的潜能，帮助他（她）们找到隐藏在体内的特殊使命和自己的生命价值，从而创造价值。"（北京理工大学附中校长任志瑜）

年终岁首之际，"京城教育圈"近日推出了特别策划"寻找首都教育'年度金句'！快来为你的校长打call"，重点摘录2017年"京城教育圈"所分享的近60位北京知名中小学校长的教育"金句"。

应大伙的要求，圈友们呼声高的"年度金句"最近将陆续进行深度分享。今天和各位见面的是北京理工大学附中校长任志瑜的精彩观点。

在《京城教育圈》公众号刊发以"发现教育"为主题的文章

长和潜能）的发现而实施的开发性教育。

我们希望秉持"发现教育"，成就每位学生！"发现教育"是向"人是教育的终极目的"这一经典命题的致敬。知识固然重要，但只有被人利用的知识才是鲜活而有价值的。教育就是引导人不断发现自己、提升自己、成就自己，教育效果最终是取决于个人完全自由的内在觉醒。每个学生的内心都期待与渴望被"发现"。同时又有与生俱来的冲动与愿望去"发现"。可以说，当学生体验到"我发现"的快乐而爆发出"我要学"热望的教育应该就是最好的教育。因此，我们可以说教育即发现。

教育具有让人发现自己天赋秉性的功能，教育的价值也就在于唤醒每一个孩子心中的潜能，帮助他（她）们找到隐藏在体内的特殊使命和自己的生命价值，从而创造价值。理工附中的教育愿景就是"学生在发现教育中体验成长的快乐，教师在学生成长中感受职业的幸福"！

"发现教育"最本质的内容在于对教育中人的尊重，立足于人的教育，即倡导发现人、人发现。所谓"发现人"，指教师要善于发现学生的优势和长处，立足于人的扬长教育。孩子是一棵树，他所能达到的人生境界，取决于树干上最长的那根树枝。教师要做的就是发现每位学生最长的树枝，把每一个学生引向适合的路上来——帮助每一位学生攀上自己的峰尖！除此之外，还包含了对人的主动性和独特性的尊重，以发现、肯定的态度和方式尊重教育场域中的每一个人。所谓"人发现"，是指学生要善于发现，具备"发现素养"的特别品质。学生自己没有发现，就难以谈及真正的成长了。我们要让"善于发现"成为理工附中人的看家本领！

　　"发现教育"是在教育改革大背景下的一种校本化探索。"中国学生发展核心素养"的提出，是要解决我们到底要发展学生什么的问题。而理工附中的"发现教育"，就是要努力解决如何发展学生"核心素养"的问题，帮助学生能够认识和发现自我价值，发掘自身潜力，成为有明确的人生方向和生活品质的人。

　　2018年是教育深综改关键的一年，将同步展开初中选考、高中选学，把选考、选课的权力赋予学生，使学生能够充分发挥自己的长处，实现自我发现和自主发展。"发现教育"是我们为适应教育改革的新形势而做出的主动回应与变革。当前基础教育综合改革的目标和价值导向是要为每一位学生的成才提供多样化、可选择的路径，促进学生全面而有个性的发展，我们要通过实施"发现教育"，去转变教育观念，更新教育方式，创新人才培养模式！在满足学生基本教育和共性发展的基础上因材施教，顺应、舒展人的天性，提升学生核心素养，发现学生的潜能、优长，实现生命更好地成长。

　　教育就是唤醒，激发，点燃！每个学生都像一颗颗棱角分明却形状各异的钻石，都有自己独特的个性和所长。每个学生都有自己的尖峰，我们的教育就是帮助学生找到自己的峰尖。从"发现学生"到"学生发现"，我们期待让每个孩子成为最好的自我，让每位老师成为最优的伯乐，让理工附中成为最大的舞台。

　　（作者任志瑜，系北京理工大学附属中学校长，发表于2018-02-01《京城教育圈》微信公众号，引用时有修改）

七、从"加工能力"到"发现学生"
新课改呼唤学生的发现素养

　　核心提示：在新课程改革进入全面深化阶段后，如何进一步丰富学校的办学内涵、提升办学品质、完善学校制度、推进持续发展，是当前摆在学校管理者面前的紧迫课题。对此，最好的做法无疑是回归教育的原点，重新思考教与学的关系，重新发现教育。近日，"发现教育研究基地"正式落户北京理工大学附属中学教育集团，以该基地为依托，中国教育科学研究院、海淀区教育科学研究院将支持理工附中全面深入推进"发现教育"的理论研究和实践探索，海淀区教委主任陆云泉表示：

以学生为主体的教育变革，启发我们重新思考教与学的本质含义，生源的差异化、个性化，促使我们必须转变教育理念，更新教育方式，创新人才培养模式。"发现教育"是一种非常有意义的教育研究、探索和实践。

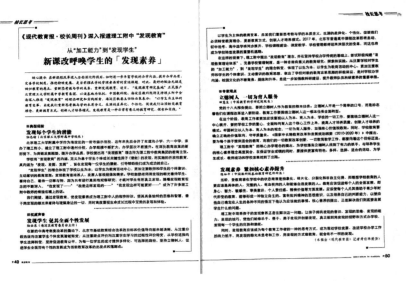

在《现代教育报》刊发以"发现教育"为主题的文章

（一）典型经验

发现每个学生的潜能

任志瑜　北京理工大学附属中学校长

北京理工大学附属中学作为海淀区的一所市级示范校，近年来先后合并了车道沟小学、六一中学，承办了理工附小，建立了理工附中通州校区，办学规模不断扩大，办学层次不断提升。在深化教育改革的新形势下，为突破发展瓶颈，提升办学品质，学校提出将"发现教育"理念作为理工附中教育集团的教育主张。

学校将"发现教育"的内涵，定义为基于学生个体成长关键性因子（潜能）的发现而实施的开发性教育，其内涵为"发现·发掘·发展"，旨在发现每一位学生的潜能，引导帮助他们成为成功的自己。

"发现学生"的理念体现了学校以生为本、以学生为教育活动中心，更加注重教师和学生的个体意识、主动意识的教育思想。发现教育是培养人、发展人，遵循人成长的客观规律和需求。学校鼓励老师用发现的眼光看待学生、看待自己、看待一切事与物，因为只有进行真实的观察研究，才能对学生有真正的发现。随着发现教育观念的不断深入，"我发现了……""我是这样发现的……""我发现这样可能更好……"成了许多理工附中教师常挂在嘴上的话。

我们期望，通过发现教育，使发现素养成为理工附中人的独特标识，使其具备独特的思维和智慧，善于用发现的眼光来看待与理解身边的一切，同时高度重视生命成长过程中宝贵的发现和体验。

（二）权威声音

发现学生促其全面个性发展

陆云泉　海淀区教育委员会主任

在新的中高考制度改革的撬动下，北京市基础教育综合改革的目标和价值导向越来越清晰，从注重分数选拔向注重学生个体发展潜能转变，从注重终点评价向注重学生学习的过程性评价转变，从学校选择向学生选择转变，坚持促进教育公平，为每一位学生的成才提供多样化、可选择的路径，坚持立德树人、促进学生全面而有个性的发展成为当前教育改革的出发点和落脚点。

以学生为主体的教育变革，启发我们重新思考教与学的本质含义，生源的差异化、个性化，促使我们必须转变教育理念，更新教育方式，创新人才培养模式。2017 年，北京市普通高中课程改革即将启动——初中选考、高中选学将同步展开，学校课程建设、课堂教学、学校管理都将迎来深层次的变革，而这也将成为学校转型发展的重要机遇期。

在这样的背景下，理工附中提出"发现教育"理念，并在坚持学校办学传统的基础上，尝试积极构建"发现教育理论体系"，完善学校管理制度，是一种非常有意义的教育研究、探索和实践。从注重学校对学生的"加工能力"到"发现学生"的理念转变，体现了以生为本、以学生为教育活动中心，更加注重教师和学生的个体意识、主动意识的教育思想，表达了学校对新的教育改革思路的积极回应，是对学校的办学内涵、校园文化的不断聚焦、提炼和升华，是进一步加强教科研建设，提升教师队伍科研素养的重要举措。

（三）专家观点

立德树人一切为育人服务

田慧生　中国教育科学研究院院长

党的十八大报告提出，要把立德树人作为教育的根本任务。立德树人不是一个简单的口号，而是标志着我们在课程改革进入新阶段，教育工作要围绕立德树人这一根本任务全面转型。

在这个阶段，教育工作者更加应该重视以人为本、育人为本，学校的一切工作要围绕立德树人这一中心展开，要把学校工作的重心，全面转向育人这个核心工作上来，提高人才培养质量—创新人才培养的模式。牢固树立以人为本、育人为本的观念，一切为育人服务，加强核心价值观教育。同时，学校教育要确立正确的价值取向，守牢质量关。《国家中长期教育改革和发展规划纲要（2010－2020年）》中提出，要为每个孩子提供适合的教育，而我们的一切教育改革创新、一切教育教学工作，都要向着这个目标迈进。

理工附中"发现教育"的核心办学理念的提出，为学校落实立德树人找到了有力的抓手，与培养学生的核心素养理念高度契合，在保证学业成绩的同时，要提供更富有特色、多样、选择、适合的活动，为学生成长、教师成功和学校发展找到了出路。

发现素养　紧扣核心素养提升

陈如平　中国教育科学研究基础教育研究所所长

当前，受教育者在学校中的状态常常是抽象化、碎片化、分裂化和非自主化的，而理想学校教育的人更应该是具体的人、完整的人、有血有肉的人和能自我发展的人。教育应该促进每个人的全面发展，即身心、智力、敏感性、审美意识、个人责

任感、精神价值等方面的发展。应该使每个人尤其借助于青少年时代所受的教育，能够形成一种独立自主的、富有批判精神的思想意识，以及培养自己的判断能力，以便由他自己确定在人生的各种不同的情况下他认为应该做的事情。核心素养的提出，正是解决我们到底要发展学生什么的问题。

理工附中培养孩子的发现素养正是在解决这一问题。让孩子拥有发现的意识、发现的思维、发现的能力、发现的技巧，使他们能够乐于、善于、勇于发现并创新发现，真正做到用发现的视野和方式办学校，发现每一个学生的优势和潜能。

同时，发现教育应该成为每个教育工作者的一种思考方式，成为推动学校发展、改进学校办学工作的有力抓手，用发现的眼光来思考和工作，用发现的方式做教育，就会有不一样的发现。

（本稿由《现代教育报》记者滑经纬提供，引用时有修改）

八、发现教育：理论建构与实践路径

徐金海　任志瑜

摘　要：随着我国教育综合改革的深化发展以及中高考招生考试制度的不断改进，发现和发展学生的优势潜能、凸显学生的个性特征已经成为新时期教育改革与发展的重要内容。"发现教育"成为践行这一内容的重要主题。"发现教育"是指在探索学校教育深度改革过程中，教育者基于发现的基本原理和教育的发展规律及学生身心发展规律，以教育教学方式的改进为手段，以发掘、激发每一个学生的潜能优势为核心，以培养创新创造人才为目标的育人活动。"发现教育"具有自身的内在属性和立论基础。"发现教育"的实践需要学校在办学理念引领、课程体系创新、课堂教学改革、教师素养提升以及学校治理体系和治理能力改进方面进行整体构建，进而更好地实现"发现教育"的价值目标。

关键词：发现教育　概念建构　立论基础　实践路径

　　随着我国教育综合改革的深化发展以及中高考招生考试制度的不断改进，教育改革越来越重视培养学生分析问题和解决问题的能力，越来越注重发现、发掘学生的优势潜能，越来越强调学生个性特征的凸显。可见，发现和发展学生的优势潜能、凸显学生的个性特征已经成为新时期教育改革与发展的重要内容。那么，教育领域的发现到底是指什么，如何理解发现教育，发现教育的实施路径有哪些，这些无疑成为本文研究探讨的主要问题。

（一）"发现教育"的基本内涵

　　何谓"发现"？"发"，古字从"弓""循声而发"（《礼记》），本义是发射弓箭，强调的是人的主动打开、张开、扩大，是一种主动行为。"现"，本义是打开玉璞见光彩，当作动词解释时，引申义为揭露、显示、显露；作形容词解释时，表示当时的、即刻的。综合而言，"发现"指的是客体向主体显示、显露，这种显示、显露是主体自觉主动促使客体呈现的过程。"发现"的英文是 discover，其前缀 dis-意为"分开""分离""去掉"，cover 意为"遮盖""掩蔽"，合起来即是"去掉遮盖""去掉掩蔽"的意思，本质上具有回归本源、还原本真的内涵。从词源考察上看，《现代汉语词典（第 7 版）》有两种解释：一是经过研究、探索等，看到或找到前人没有看到的事物或规律；二是发觉。从哲学角度看，有研究者认为，科学发现实际上体现了用某个科学观念去理解周围世界的过程，其本质就是理解世界。[1] 从法学角度来说，有研究者认为发现的本质属于一种创造性的认识行为。所谓发现，必须具备两个构成因素：第一，须有某种程度的自发性；第二，须具有某种程度的作用。[2] 可见，发现既有知道、找到（物件）的意思，也有深度思考或探究后新的行为或结果创生的内涵，是人类对于自我、自然及其整体的认识或再创造。所以，发现具有自主性、理解性、内生性、创造性等特点。

　　如何理解"发现教育"呢？我们知道发现是人类对于自我、自然及其整体的认识或再创造过程，包括找到实体、揭示规律、形成理论等。而教育是一种有目的、有计划、有组织地培养人的身心和谐发展的活动。"发现教育"即是一种学校教育发

① 陈俊：《论科学发现的本质》，载《湖北大学学报（哲学社会科学版）》，2006（2）。
② 王泽鉴：《民法学说与判例研究（重排合订本）》，4 页，北京，北京大学出版社，2015。

展中的认识、探究、创新、创造的过程。具体地说，"发现教育"是指在探索学校教育深度改革过程中，教育者基于发现的基本原理和教育的发展规律及学生身心发展规律，以教育教学方式的改进为手段，以发掘、激发每一个学生的潜能优势为核心，以培养创新创造人才为目标的育人活动。因此，"发现教育"意味着教育思维的转型和教育行为的改变，意味着学生作为主体的人的位置被凸显，意味着学生自身的潜能优势被关注，需要更加尊重学生的权利、尊重学生的自由、尊重学生生命的价值和尊严，并创造一种支持性的、鼓励性的、探究性的教育环境和氛围，使学生在这样的教育环境中正确地发现自我、发掘自我、发展自我。这样才能够实现学生创造性地发展，才能使他们自由地构想如何选择自己的价值生存，才能承担自己行动的后果和责任，最终使其成为具有理性精神和创新、创造能力的人。准确理解发现教育的内涵，应该把握好以下两点：一是属于学生，二是基于学生。

　　"属于学生"意味着发现教育要秉持学生立场。与学生立场相对应的是教师立场或是成人立场。教师立场或成人立场意味着什么？因为教师是受过专业教育并从事教育工作的人，是在学校中以对学生的身心施加特定影响为其职责的人。教师成了典范、权威和特定社会价值标准的维护者。这样，教师也就拥有了权力，他有权赋予学生权利或"剥夺"学生权益，表扬学生或批评学生。正是因为教师拥有了这些权力资本，他的权力蕴含在其说与不说、做与不做之中。所以，教师立场或成人立场意味着在教育过程中更多的是一种自上而下的约束与控制、规训与惩罚等。而学生在这种立场的影响下，逐步学会了听话与服从，成为一个缺乏自由与自主、批判与质疑、责任与担当的人。正如蒙台梭利所言："儿童的内心自然地流露出的一种自发性，而过去却由于成人居高临下、不适当地介入和干扰而长期受到压抑。成人认为自己所做的每一件事情都会比小孩子好，所以就把成人的行为模式强加到孩子的身上，要求孩子接受成人的控制，强迫孩子屈服并放弃自己的意志和创造。"① 因此，秉持学生立场就是要在教育过程中强调从学生的兴趣、爱好、特长出发，以尊重、理解、关怀为原则，以学生发现为重点，以学生思维提升为基点，用学生的智慧去探究，将创新创造的权利交给学生。

---

① ［意］蒙台梭利：《发现孩子》，前言 3，北京，中国妇女出版社，2012。

　　"基于学生"意味着发现教育要坚持学生本位。与学生本位相对应的是"以物为本"。"以物为本"意味着"见物不见人",意味着人的遮蔽与缺失,意味着人的发展让位于"物"并依附于"物"的发展。坚持学生本位是对"以物为本"观念的超越,是教育发展回归本源、回归本位、回归本真的使命使然。坚持学生本位应坚信每个学生都应该成为自己的主人,每个学生都具有独立思维与自主探究的意识和能力,都具有自己独立的价值立场和情感世界,都具有自己独特的个性特征和人格尊严,都具有亟待发掘开发的天赋潜能和优势特长。简言之,学生是"人"不是"物",需要在教育过程中真正地把学生当"人"看待,从而依据人的身心发展规律因材施教。在叶圣陶看来,学生绝不是"空瓶子"等着"揭开瓶盖,把各种知识、各项道德条目装进去",与之恰恰相反,学生应该是教育的主体。儿童是"有生机的种子,本身具有萌发生长的机能,只要给予适宜的培育和护理,就能自然而然地长成佳谷、美蔬、好树、好花"。教育"为儿童生活着想,固当特设一种相当的境遇",而"儿童即处于特设的境遇里,一切需要,都从内心发出"。[①] 这种从内心发出的需要与追求才是学生成长发展的最大动力,也才是教育过程坚持学生本位所要真正关注的核心要素。

(二)"发现教育"的发现对象与属性

　　"发现教育"提倡三种发现。一是对人的发现。人是关键,教育是一种基于人及为了人的行为活动,没有了人、没有了对人的充分关注与尊重,也就没有了教育。发现教育倡导"发现人人,人人发现",发现人人是前提,是教育公平发展的内在体现,是关注每一个体、激发每一个体的重要基础;人人发现是目的,是促进每个个体真正发展的重要追求,是实现人人成长与成才的重要过程。对人的发现又包括发现学生、发现教师、发现干部。没有优秀的干部及教师队伍,没有优秀的有天赋的学生个体,则很难实现学校教育质量的整体提升。二是对"事"的发现。这里的"事"主要包括两个方面:一方面,与教学直接相关的形式多样的专业教学活动;另一方面,与管理服务相关的各种学校管理活动。前者可以考查发现课堂、发现课程、

---

① 　楚江亭:《名家儿童观中教育之道》,229 页,上海,华东师范大学出版社,2014。

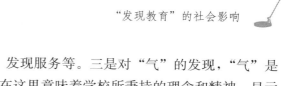

发现作业等,后者可以探究发现治理、发现服务等。三是对"气"的发现,"气"是什么?也即学校的"气质"。"'气质'在这里意味着学校所秉持的理念和精神,显示了学校的整体气氛。'气质'涵盖的内容较广,包括办学理念、学校传统、学校形象、组织文化,特别是相应的学风、教风、工作作风以及领导作风等。"① "人""事""气"是学校教育管理中的关键要素,其中"人"是主体,"事"与"气"是客体,对"人"的发现是发现教育的本体功能,对"事"与"气"的发现是发现教育的派生功能。发现人、发掘人、发展人是根本,发现"事"与"气"是为了更好地发现人、发展人。

"发现教育"的内在属性包括:第一,发现教育是一种主体性教育。主体性是人作为主体在同客体的对象性活动关系中所表现出来的一种价值属性。由于发现教育是基于学生的教育,坚持以学生为本、以学生发展为本,其实施的前提是基于人、尊重人、发展人,真正体现学生作为主体人的积极性、主动性和创造性,使学生的主体价值得到最大程度的发挥。第二,发现教育是一种理解性教育。由于发现的内涵渗透着理解的意蕴,理解则是创造性发现的重要基础,所以发现教育强调教育过程中的理解。正如狄尔泰所说:"教育从本质上讲,是一种完美地理解生命意义的精神活动,是通过心灵体验而达到人的心灵的相通,精神的相遇。"② 第三,发现教育是一种内生式教育。内生式教育是一种关注内生发展而不是外控发展的教育。"内生发展(endogenous development)"也称作"内源发展"。"endogenous"一词源于植物学,它意味着从一个尚未出现的机体中起源或者成长。③ 这是一种由内而外的发展过程,教育过程中不管是对学生教育的填压、灌输,还是对学校管理的外部控制,都是缺少主体内在自觉的行为,没有关注到学生发展的自主性、选择性及创新性,也没有关注到学校发展的内在动力及特色品质。所以"发现教育"即是对这种外控式教育的超越,就是要关注主体自我的内在潜能、价值,进而达成自我实现。第四,

① 张新平、陈粤秀:《何谓优质学校———基于 40 位教管人员的访谈研究》,载《教育发展研究》,2011(10)。

② 冯建军:《主体教育理论:从主体性到主体间性》,载《华中师范大学学报(人文社会科学版)》,2006(1)。

③ 舒惠、张新平:《优质均衡愿景下的学校内生发展之路》,载《中国教育学刊》,2017(6)。

发现教育是一种创造性教育。发现本身也隐含着创造内涵，所以"发现教育"就是要在教育过程中通过每个个体个性的充分展示、潜能的充分发掘、意义的充分建构，真正达成创造价值的实现。

（三）发现教育的立论基础

"发现教育"作为一种教育主题，不是无本之木，无源之水，有其自身的立论基础。

1. 思想渊源

"发现教育"有其发展的思想渊源。在教育发展历史进程中，很多教育家的教育思想中都渗透着发现教育观念。例如，法国教育家卢梭在其自然教育中首次详细地论述了发现教学法，他指出："至于我，我是不想教爱弥儿几何学的，相反地，要由他来教我；由我寻找那些关系，而他则发现那些关系，因为我在寻找那些关系时，采用了使他能够发现那些关系的方法。"① 美国教育家杜威在吸收卢梭自然教育思想的基础上，提出教学法的五要素中渗透着发现教育思想，要素主要包括：第一，学生要有一个真实的经验的情境；第二，在这个情境内部产生一个真实的问题，作为思维的刺激物；第三，他要占有知识资料，从事必要的观察，对付这个问题；第四，他必须负责有条不紊地展开他所想出的解决问题的方法；第五，他要有机会和需要通过应用检验他的观念，使这些观念意义明确，并且让他自己发现它们是否有效。② 意大利教育家蒙台梭利在《发现孩子》中提出了培养孩子的新观念和新方法，指出每个孩子都应该去观察周围世界，都应该学会集中自己的注意力，都应该自然地进行学习和成长。她将幼儿作为一个活生生的人来看待，更重要的是提出了教育的任务就是激发儿童内在潜能的发展，而成人能做的就是为孩子提供他所需要的环境，让孩子自由地成长。③ 美国教育心理学家布鲁纳在批判继承杜威教育思想的基础上，逐步形成"发现学习"理论，布鲁纳认为"发现是教育儿童的主要手段"。主张让儿童主动地去发现知识，而不是被动地去接受知识。这些思想观念无疑成为"发现教

---

① ［法］卢梭：《爱弥儿》，182 页，北京，人民教育出版社，1985。
② ［美］杜威：《民主主义与教育》，179 页，北京，人民教育出版社，2001。
③ 吴康宁：《教育改革成功的基础》，载《教育研究》，2012。

育"最宝贵的思想渊源。

2. 政策依据

在我国教育政策文件中，虽然很多政策文件没有明确提出发现教育的概念，但还是可以找到发现教育的相关要素或者说是教育政策中渗透着发现教育的基本思想。1993年《中国教育改革和发展纲要》指出："进一步转变教育思想，改革教学内容和教学方法。加强基本知识、基础理论和基本技能的培养和训练，重视培养学生分析问题和解决问题的能力，注意发现和培养有特长的学生。"1999年《中共中央国务院关于深化教育改革全面推进素质教育的决定》指出："智育工作要转变教育观念，改革人才培养模式，积极实行启发式和讨论式教学，激发学生独立思考和创新的意识，切实提高教学质量。要让学生感受、理解知识产生和发展的过程，培养学生的科学精神和创新思维习惯。"2010年《国家中长期教育改革和发展规划纲要（2010－2020年）》指出："创新人才培养模式。适应国家和社会发展需要，遵循教育规律和人才成长规律，深化教育教学改革，创新教育教学方法，探索多种培养方式。倡导启发式、探究式、讨论式、参与式教学，帮助学生学会学习。激发学生的好奇心，培养学生的兴趣爱好，营造独立思考、自由探索、勇于创新的良好环境。关注学生不同特点和个性差异，发展每一个学生的优势潜能。"显然，文件中的"发现和培养有特长的学生""激发学生独立思考和创新的意识""让学生感受、理解知识产生和发展的过程""激发学生的好奇心""关注学生不同特点和个性差异""发展每一个学生的优势潜能"等，体现了"发现教育"的价值内涵，渗透着"发现教育"的政策意蕴。

3. 改革实践

改革创新是新时代发展的显著特征。没有对教育思想观念的改革，没有对教育体制机制的改革，没有对教育治理体系与治理能力的改革，没有对学校课程与教学的改革，没有对育人模式的整体改革等，教育则很难突破发展的瓶颈，难以提升育人的质量，形成特色品牌。可见，教育改革是常态，需要在常态中实现学校教育发展的自我改革与创新。这种改革创新既有自上而下的外部驱动，也有自下而上的内部自觉，尤其学校内部的改革自觉更是学校形成特色品牌的重要条件，正是因为有了学校内部对办学理念、育人模式、课程体系、学校文化、师资队伍的整体建构与改革创新，才使得学校改革更加具有活力，更加具有生命力。因为，"在这种教育改革中，'自发行动'是一种基本样态。而大凡自发的改革，改革者通常都有一种无须外部强制的内在欲望，都有一种切实解决问题的迫切愿望，并都有一种与更多的志同道合者携手攻关的真诚期望。……所有这些，都保证着教育改革过程的有效性。"① 当前这种自下而上的自发的学校改革已不仅仅是星星之火，很多学校基于内在欲望主动推进学校改革，这种"自发行动"的改革行为已具有燎原之势。例如，"幸福教育""快乐教育""适性教育"等，"发现教育"也是这众多教育改革中的一种，是学校改革实践创新进而实现内生发展的重要主题。

（四）"发现教育"的实践路径

"发现教育"作为学校教育改革的主题，绝不是碎片化的改革行为，而是一种系统性的改革设计，需要学校在办学理念引领、课程体系创新、课堂教学改革、教师素养提升以及学校治理体系和治理能力改进方面进行整体构建，进而更好地实现"发现教育"的价值目标。

1. 办学理念引领是前提

理念对于组织的发展非常重要。研究表明，有理念的组织才可能塑造优质的组织文化并分享共同的价值观。理念对一所学校发展的重要性是不言而喻的，理念尤其是学校办学理念对学校的发展具有重要的指导和引领意义。正如有研究者所言："理念不仅可以指出道路，而且可以把教师、学生、家长、教育管理者连接起来，就像织物中的线一样，包含着相互交织的领导职责和道德义务。"② "发现教育"作为学校教育改革的重要主题，同样需要相应的办学理念或学校教育哲学的引领，如理工附中实践发现教育以"对发现学生而教育，为学生发现而育教"的教育哲学为引领，在这一教育哲学引领下，"发现教育"在该校结出了丰硕成果。促进了教师队伍整体素质的提升，较好地发掘了学生的潜能优长。③ 在践行发现教育过程中以和谐

---

① 吴康宁：《教育改革成功的基础》，载《教育研究》，2012。

② 冯大鸣：《沟通与分享：中西教育管理领衔学者世纪汇谈》，94页，上海，上海教育出版社，2002。

③ 任志瑜：《从明确办学主张出发推进优质校再上新台阶———北京理工大学附属中学新时期"发现教育"的探索与实践》，载《中小学管理》，2018（3）。

教育理念为引领，在它的指引下，师生踏上"发现"之旅，最终让师生除了拥有广博的知识，还拥有生命的智慧、人文的关怀、艺术的品位、科学的素养、审美的感动、创新的激情、儒雅的风范、诗性的世界。①

2. 课程体系创新是重点

推进学校课程体系创新是当前中小学课程改革的重要价值追求，旨在解决过去课程改革的"片面化""碎片化""同质化"现象，致使课程改革没有发挥出其应有的价值。正如诺丁思所言："现在的学校迫使所有学生学习同样的课程，使社会丧失很多有价值的人，使许多个体无从找到他们可能乐于从事的工作。不止于此，我们花太多的时间和精力逼迫很多青少年去学他们厌恶的课程，从而忽视了真正热爱那些课程的青少年。"② 这种课程设计与实施对学生而言，"一方面，他们在并非自选的学科中饱尝失败之苦；另一方面，他们又被剥夺了本可擅长的其他学习机会。"③ 这就需要实现对课程体系的系统思考与规划。发现教育的落地与深化发展需要有课程体系的改革与创新，需要充分考虑到国家课程、地方课程、校本课程的一体化发展，需要真正关注学生发展核心素养及学科核心素养的有效衔接，也需要从学校实际情况及学生发展状况出发，统筹设计实施学校发现课程体系，体现课程体系建构的多元化、整体性、灵活性、可选择的特性。比如，理工附中在原有的"钻石型"课程体系基础上融入了"发现教育"行动灵魂，构建了"钻石型"发现课程体系，包括"人格养成类课程""身心健康类课程""终身学习类课程"及"个性潜能类课程"。"钻石型"发现课程体系体现了整体育人的思想，较好地实现了"文化基础、自主发展、社会参与"三位一体目标的统一，提升学生发展核心素养。④

3. 课堂教学改革是核心

课堂是学生在校生活、学习的场域，课堂教学是学校育人的主渠道，课堂教学改革是学校教育综合改革的重要内容。"发现教育"理念及主张需要通过课堂教学改革予以落实，需要致力于建设一种"让学生的智能得到全面的发现，让学生的潜能

---

① 叶丽琳：《教育即发现——基于广雅和谐教育理想的教育主张》，载《教育导刊》，2017 (1)。
② ［美］内尔·诺丁斯：《当学校改革走入误区》，19，23 页，北京，教育科学出版社，2013。
③ 诺丁斯：《当学校改革走入误区》，19，23 页，北京，教育科学出版社，2013。
④ 任志瑜：《帮助每个学生攀上自己的峰尖》，载《人民教育》，2017 (9)。

得到充分的开发，让学生的人格得到充分的尊重，让学生的思维得到充分的训练，让学生的能力得到充分的锻炼，让学生的自信得到充分的培养，让学生的幸福得到充分的保障"的新型课堂。比如，理工附中以"发现课堂"为抓手，打造"发现教育"主阵地。第一，明确"发现"方向，提出"发现课堂"的"问、思、论、察、效"五个核心要素；第二，研制评价量表，提供"发现"工具；第三，推广研究课，促进师生"深度卷入"。① 理工附中发现课堂渗透着三大价值追求：一是关注教师的发现智能，让学校的每一位教师都能够积极发现、主动发现、创造性地发现。二是发掘学生的潜能，每个学生的潜能都是无限的，通过自我和他人的发掘，真正实现每个学生的潜能得到充分的开发。三是达成师生自我价值的实现。由于发现课堂具挑战性、创造性和创新性，教师工作变得更具有活力和生命力，教师教书育人的价值能够极大化地得以实现；同时，学生学习变得更加具有宽度、深度和厚度，自我潜能得到极大化地释放。

4. 教师素养提升是关键

"发现教育"的推进要求教师具有较高的发现素养，因为人是推进学校改进的关键。正如任志瑜校长所言：教师是学校践行"发现教育"的主体，只有充分唤醒教师的"发现"意识，培养教师的"发现"特质，提升教师的"发现"能力，才能真正有效地实施"发现教育"。学校采取一系列措施充分唤醒教师的发现意识。例如，征集各学科、各年级、各部门教师的"发现"素材，并通过学区、社区、学校微信公众号、微博等窗口传播教师的"发现"故事，激发教师"被发现"的荣誉感；在学校官方网站等对内对外宣传阵地创设《发现·理工好老师》栏目，通过"自我发现、学生发现、家长发现、同人发现"，展示教师风采魅力，增强并唤醒教师的"发现"意识。② 有学校推行和而不同的教师发展观，不断提升教师发现素养。该校叶丽珠校长认为发现教师，就要相信教师，顺性而为，和而不同，美美与共。学校成立"广雅名家工作室""教师综合发展指导中心"等，进一步促进教师的专业发展，

————————

① 任志瑜：《从明确办学主张出发推进优质校再上新台阶———北京理工大学附属中学新时期"发现教育"的探索与实践》，载《中小学管理》，2018（3）。

② 任志瑜：《从明确办学主张出发推进优质校再上新台阶———北京理工大学附属中学新时期"发现教育"的探索与实践》，载《中小学管理》，2018（3）。

提升教师发现素养。①

5. 治理体系与治理能力改进是保障

学校治理体系是指管理学校的制度体系，包括教学、管理、科研、服务社会、文化建设等各方面的体制、机制和法律制度安排。而学校治理能力则是指在既定的学校管理制度基础上，按照制度的内涵与要求管理学校各方面工作的能力。治理体系体现着学校管理制度的改革与创新，属于制度范畴；治理能力意味着学校管理者的执行力，属于制度执行范畴。二者密切联系，相互作用，相互影响。发现教育的真正落实需要有制度体系的规范以及治理能力的提升。一方面，要使学校管理制度渗透着更好地为人的发展服务的内涵。学校管理制度设计要始终坚持以人为本，把服务人、发展人、维护人的尊严和权利以及人的价值的实现作为目的，使外在于人的学校制度规范成为学校培育民主、自由、平等价值及促进人的自由、自主发展的重要保障。另一方面，要提升学校管理者的治理能力。治理能力表现在管理者的思维、决策力、执行力等方面，需要学校基于管理者的发展实际及学校的制度安排，实现管理者治理能力的持续提升。

本文系中国教育科学研究院 2018 年度基本科研业务费专项资金项目《"发现教育"的理论与实践研究》（项目编号：GYI2018009）的阶段性研究成果，引用时有修改。

九、"加工能力"的意义认识与学校努力

一提"加工"这个词，人们或多或少地会和工业工厂相联系，教育领域似乎在有意回避。其实，深入思考，发现"加工能力"哲学意义上的道理，对推进教育均衡、公平这一改革背景下的中小学校如何真正办成"人民满意的学校"，很有启示意义。教育者要本真地关注学校或教师的"加工能力"。"根雕"与"玉佩"，从原材料到作品的"创造加工"，皆令人叹服，这一道理和意义也适用于教育。这大概是北京

---

① 叶丽琳：《教育即发现——基于广雅和谐教育理想的教育主张》，载《教育导刊》，2017（1）。

市教育结构布局新调整时，中小学校学区制集团化（北京教育新地图）过程对全市中小学校长以"北京市热点学校'加工能力'到底怎样"进行主题追问的意义所在吧。

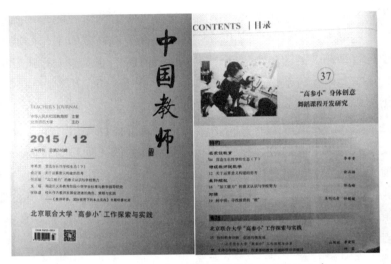

在《中国教师》刊发以"增值评价"为主题的文章

　　教育领域谈"加工能力"，有其特殊含义。第一，直观性。借用人们熟悉和容易理解的工业、工艺技术水平指标，对学校和教师的教育教学能力水平进行直观感觉评价。第二，科学性。现在，社会、家长及行政部门，总是用统一的标准衡量，或站在终点裁判，我们都知道这并不科学。"加工能力"给人的第一感觉，是针对"原材料"，我们会有怎样的"产品"的能力。这符合教育的客观规律，即针对学生个体在一个历史时间段，观察他们的变化和发展，自己和自己比。也就是说，对学生的教育成长评价，应多一些个体纵向看发展，少一些群体横向比高低。第三，时代性。在追求教育均衡和公平的当前，提"加工能力"符合大众认知时代观，会让薄弱学校和教师看到希望，有盼头。上级管理部门和学校领导"以起点看终点"的思维模式评价班级和学科成绩，会使"教育均衡、公平"有了实在的"着陆地"。

　　评价一所学校的"加工能力"，要看孩子在这所学校数年后会有怎样的变化？这个变化不仅随着时间推进，身体会自然长高，更主要的是，孩子身上会体现出学校和教师的"加工痕迹"：更懂礼貌，更知感恩，更有独立见解，习惯更好，学习更

优……即在学校的几年，德智体美实现怎样的"自我超越"。我们总在经历这样的感受：不同学校的学生，在同一场合总会给人不同的感觉，甚至举手投足、开口说话，也能清晰地辨认他们来自哪所学校。学生身上带着就读学校的"logo"或"胎记"，这告诫学校和教师：因我们的"加工"，为学生"烙印"最优秀的"学校文化"！例如，在理工附中的"人文奠基、理工见长"这一办学特色下培养出来的学生，应该展现出不一样的内在气质与外在形象：男生英俊，女生淑雅。结合学校校训，以"大气、沉毅、担当"作为"英俊男生"的刻画，以"内秀、和善、文雅"展现"女生淑雅"的形象。

　　"加工能力"朴实而普通的哲学道理，告诉每一位教育工作者要为提升学校和自己的"教育加工能力"而努力。首先，有"科学加工"的指导思想——先进的教育理念。从校长到教师，要坚守学生"在此一段受用一生"的"学校加工"理念。中小学阶段不仅是学生良好习惯形成的决定性阶段，也是世界观、人生观和价值观养成的关键性阶段，更是学生学业水平和特长发展的奠基阶段，是学生结交成长伙伴的积淀阶段。即"中学阶段是学生素质修养的快速提升期，是人生蜕变的关键期，是亲子关系转型的微妙期，是人脉积累的基础期"。所以，学校领导应本着"为学生一生着想"的负责与担当，建设学校与管理学校。

　　其次，遵循教育规律——教育加工者的职业操守。教育"加工能力"是针对活生生的人，是对不同的个体及其不同年龄阶段而开展的教育。尊重主体，遵循规律，特别重要。有的家长让孩子在三四岁就开始算数，部分孩子虽能很快说出答案，但并非他们真正掌握了数学知识。一般来说，3岁前的幼儿对数已有笼统的感知，能区分明显的多和少；3～5岁的孩子，在点数实物后能说出总数，能按成人说出的数取出相应数量的物体；5岁以后的孩子，才能认识到数不因实物的变化而改变，形成数的"抽象概念"。心理学实验证明，只有到5岁之后，孩子才能脱离实物的支持，进行小数目的加减运算，学会100以内的数数。一旦孩子发展到这个阶段，他们对数的理解与运算就会变得简单，能达到真正意义上的理解。一些家长通过死记硬背的方式，让孩子记字、识数，认知过早符号化，会影响孩子想象力的发展和学习兴趣的激发。

　　美国社会学教授唐纳德·埃尔南德斯带领团队进行的一项研究显示，无法进行流利阅读的小学三年级学生到高中辍学者，是当年能够流利阅读学生的4倍。这是因为小学三年级是学生从"学习如何阅读"过渡到"通过阅读去学习"的一个关键阶段，即"小学三年级的阅读水平成为学生学习状况的一个里程碑"。在后续的学习中，"通过阅读去学习"的模式占主导地位。阅读能力差的学生，在小学四年级时开始进入"学习低迷期"。当流利阅读者如饥似渴地从书本、网络等多种媒介信息中吸收新知识时，阅读能力差的学生因阅读障碍而感到学习困难，逐步掉队。于是，恶性循环出现。

再次，为学生全面发展的学校"整体加工"功能的发挥——学校加工能力的特殊性。对学生的培养，绝不可能像工厂对零件的加工那样，这道程序完成之后再进入下道工序。也就是说，学生不可能先练习长手臂，再训练长腿。人的身高和各个器官一定是同步生长，对学生的能力培养，一定是全面展开，而不是片面的应试教育，只是不同年龄（年级）阶段有能力水平的层级之分。这就是学校"加工能力"的一大特点——同步集体创作。美国洛杉矶爱乐乐团指挥卡洛·玛利亚·朱利尼说："创作伟大音乐作品的奥妙在于要求一同演奏的人们有真正的友谊，每个成员都从内心深处时刻提醒自己'我在与他（她）共事'"，揭示出学校"加工能力"的特殊意义。学校不等同于工厂的特殊之处在于：学校绝不可以出次品，甚至废品。根本方法是根据学生成长过程中的情况及时采取措施，绝不允许教育有偏离方向甚至行走在错误道路上的机会。

最后，给学生装上一生成长的"发动机"——学生因此而善学。学生从就读学校、班主任和科任教师那里带走的绝不是当时有限的死知识，而是终身受用的善于学习的习惯、方法与思维方式等。杨澜"自我求进"的例子，能够说明一些道理：她在做主持人时，请求导演，"我是不是可以自己写台词？"写了台词取得好的主持效果后，再问导演，"我可不可以自己做一次编辑？"做完编辑获得极佳评价后，又问主任，"我可不可以做一次制片人？"做了制片人，还想，"我能不能同时负责几个节目？"负责几个节目后，"更想能不能办个频道？"……就这样，杨澜在人生道路上不断地自我奋进，从"阳光卫视"追求到中国申奥形象大使。

学校的"加工能力"是最直白表达孩子优秀成长的话语，是最直接考察学校办学水平的客观指标，更是家长、社会评价教师教育教学能力水平的现实标尺。在多元发展和多主体评价中，学校加工能力确实需要"出口看入口，成长看综合"的思想，对学生"多纵向看自我超越，多横向看特长优势"。在北京教育"学前玩、小学慢、初中宽、高中活"的新定位下，学校"加工能力"一定是体现在"学校为每一个学生装上终身受用'发动机'的能力"。

（作者任志瑜，系北京理工大学附属中学校长，发表于 2015-12 上半月刊《中国教师》杂志，引用时有修改）

十、善于发现最好的自己　揭开人生发展的密码
——2017 年秋开学典礼校长致辞

尊敬的首清主席、胡校长各位领导，热忱欢迎您们来到理工附中与我们共同开启新学年的新征程。

新学年，理工附中大家庭又引来了一大批新成员——小学一年级、初中一年级、高中一年级新同学，来自名校的高学历优秀毕业生、来自名校的优秀老师。从今天开始，理工附中校园将因你们的到来而更加绚丽多彩！

理工附中人在变革创新的时代，有了我们自己的教育主张——发现教育。我们用发现来唤醒潜能和愿望、用发现来点燃激情和思维、用发现来激励信心与勇气。因发现学生而教育、为学生发现而育教！愿每位同学成为最好的自己，愿每位老师成为最优的伯乐，愿理工附中成为最大的舞台。

（一）人人皆具发现之才

"凡物莫不相异。"我们每个人都是独一无二的，都会对特定的事物表现出自己特有的高敏感性——孟德尔在豌豆实验中，发现了基因遗传规律；瓦特从壶中水沸腾的现象，发明了蒸汽机；先天性愚型儿舟舟，在只要音乐响起来就自觉不自觉地手舞足蹈中成长为了一名世界级指挥家……古往今来，多少生命因发现而被照亮，因创新而丰富多彩！其实，每个人都是天生的"发现者""发明家"。"发现"是我们与生俱来的冲动与愿望，只要我们用心去感知、去观察、去寻找、去开拓，去感悟，我们就一定能够发现别人之未曾发现！

（二）处处皆是发现之地

在我们生活的校园、家里和社会，任何地方、任何时候都可以有新的发现。

与同学的第一次见面，从眼神、表情，或许就能从对方身上发现彼此成为好伙伴的共同兴趣和爱好；与老师的每一次接触交往，总能从老师身上发现新东西、学到新知识；行走校园，总能从学校的每一个角落，发现理工附中的优秀与不足，特别是为建设自己所在的优秀班级做出令人佩服之举；总能在课堂上展现自己的独立见解；总能从课文中发现别人难于发现之处；总能发现不同学科的魅力，发现自己的学科潜力；发现自己的特别兴趣、甚至发现自己未来可能选择的专业、志向及从事的领域……总之，真切希望理工附中成为你发现的沃土、创造的空间、成就的舞台。

（三）时时皆有发现之机

"留心处处皆学问，细心时时有发现"。

2017 年 5 月，来自"一带一路"沿线的 20 国青年评选出了中国的"新四大发明"：高铁、支付宝、共享单车和网购。这些新事物的诞生，无一不是源自缔造者独特的敏感和用心发现。北大毕业生、重度骑行爱好者戴威在青海大通县东峡镇支教时，每周末都要骑着一辆山地车往返县城与小镇，山路崎岖，却也让他领略了祖国的壮丽河山，他被这种魅力所折服，他发现"骑行是一种最好的了解世界的方式"。结束支教后，他回到北大攻读经济学硕士，和朋友开始酝酿这份"自行车的事业"，2014 年，ofo 共享单车诞生。

发现"金子"并不难，难的是如何提炼"金子"的光耀与纯度。发现、发掘、发展，这是发现的真正内涵。同学们不仅要善于用发现的眼光来看待与理解身边的一切，高度重视生命成长过程中宝贵的发现和体验，更要学会思考，学会把发现转化为成长的助推力。

创新正当其时，圆梦适得其势。一个人就像一棵树，他所能达到的境界，取决于树干上最长的那根树枝。老师们，同学们，我们要让"善于发现"成为理工附中人的核心素养以及看家本领。当我们身处一个团队、身在一个场合之时，理工附中人总能以独特的视角、独立的观点和独到的见解赢得特别的赞誉。让我们自新学年伊始，师生同行开启发现之旅，追求卓越人生，续写理工附中新的篇章！

谢谢大家！

（作者任志瑜，系北京理工大学附属中学校长）

十一、六个在一起

——2017 年学校秋季运动会开幕式校长致辞

各位裁判员、运动员、老师们、同学们：

金秋时节，秋风送爽。在喜迎伟大祖国 68 周年华诞，党的十九大即将召开之际，我们共同迎来了我校 2017 秋季运动会。在此，我代表学校党政工团，向本次体育盛会的召开表示热烈的祝贺！向为本次活动精心准备、做出贡献的老师、同学们表示衷心的感谢！向本次大会的裁判员、运动员表示崇高的敬意！

刚才的入场式可谓精彩纷呈，令人振奋。我为各个班级、各位同学、老师展现出的理工附中良好的精神风貌而自豪和感动，谢谢你们！

一年一度的秋季校运会是全校的体育盛事，也是广大师生展示风采、促进交流的舞台。它既是一次体育技能的展示，又是一次集体力量的凝聚，更是一次师生情感交融的升华！它给我们留下的不仅是拼搏后的欢乐，还有更多的精神力量。这种力量就是体育精神！

体育精神是团结协作的团队精神。团结就是力量，一个人的力量和成绩是重要与可喜的，但热情的鼓励更是运动员拼搏进取的动力。聚是一团火，散是满天星。愿每一位老师和同学发扬好我们理工附中人对学校运动会的共识——站在一起，喊在一起，笑在一起，哭在一起，拼在一起，爱在一起。依靠团结的力量打造出铁的精神，钢的意志！

体育精神是公平公正的契约精神。规则是共同的约定，当裁判员的哨声吹响的那一刻，无论是谁都要共同遵守，这种行为的背后体现的是公平公正的契约精神——共同的约定共同遵从、共同的约定共同坚守。比赛场上更要发扬高贵的品质——友谊第一，比赛第二。

　　体育精神是竞争与挑战的精神。它告诉我们只有付出辛勤的汗水才能具备充分的实力，在刻苦训练中磨砺自己的意志，在比赛中发现自己的潜能，战胜自己、超越自我、挑战极限，只有这样才能在竞争中先人一步、胜人一筹。

　　体育精神是永不言败的参与精神。也许你跑在最后，但总是在拼尽全力去追求，既让自己无怨无悔，更是为集体增光添彩。赛场上也因为有了你而更加精彩！

　　愿每一位同学，在运动会中"发现自身潜能，体验运动快乐"，兼修自己的内在气质与外在形象，充分展现理工附中"男生英俊，女生淑雅"的品质。

　　体育是力量的角逐，体育是智慧的较量，体育是美丽的展示，体育是激情的飞扬。期待每一位运动员在本届大会中赛出好成绩，赛出好风尚，赛出更高、更快、更强的奥运精神。同时也期待各班同学在运动会期间亮出文明，亮出团结，亮出独具特色的班级文化！

　　最后，预祝全体运动员取得优异成绩！预祝本届运动会圆满成功！

　　　　　　　　　　　　　　　（作者任志瑜，系北京理工大学附属中学校长）

十二、毅之所在，圣之所至

——2018 年春开学典礼校长致辞

　　达到圣贤之关键是要具有坚强的毅力。"毅"即对一个长远目标的持续热情从而恒久坚持——毅之所在，圣之所至。

　　2018 年 2 月 7 日凌晨，马斯克个人私企发射了迄今世界最重的火箭，并且成功回收助推装置，这个震惊世界的壮举却经历了痛苦的坚持……正在他大儿子因病去世悲痛欲绝时，火箭第一次发射就爆炸，同时，投资的特斯拉遭遇组装难题近乎破产；第二次尝试发射再次失败；他坚持第三次再来，但结果不仅发射失败而且还摧毁了搭载的 4 枚卫星。他，马斯克，初心不改，坚定前行，2008 年 9 月，第 4 次发射一举成功；2018 年搭载上他的特斯拉红色跑车飞向火星……毅之所在，圣之所至！这恰是理工附中人的品质：干的刚毅，枝的进取！

（一）毅之所在，在于坚守

同学们，我们每个人都有"自己心中的太阳"，但目标能否实现，关键不是父母、也不在老师，而是我们自己！得克萨斯州大学有一项世界著名的研究"性格特征对人成功的影响"，结果是"个人自律"排在了第一位，什么叫自律？自律是遵循法纪，是自我约束，是无须提醒的自觉！

古人云：欲知平直，则必准绳；欲知方圆，则必规矩。新学期、新征程，让我们吹响"严守规矩"的号角，树立对规矩的敬畏，用锲而不舍的精神坚持把每一件小事做好，发现最好的自己，做行动守规矩，心中有力量的理工附中人！

（二）毅之所在，在于追求

我们的愿景：理工附中教育让人信赖，理工附中老师令人尊敬，理工附中学生使人赞赏。使人赞赏的标准就是：理工附中的学生要成为人们心目中学生气质形象的标杆！男生英俊：大气、沉毅、担当；女生淑雅：内秀、友善、文雅。

无论你在公交车站，还是与其他学校同学一起活动，无论是走在上学的路上，还是在校园的食堂、操场，特别守规矩、特别有教养、特别懂感恩的优雅品节总令人投以敬佩的目光。

著名的一万小时法则告诉我们，平庸与卓越的差别，在于持久的坚守和追求，我由衷地希望英俊淑雅的气质在同学们身上内化于心，外显于行，成为一生持久的追求。

（三）毅之所在，在于拼搏

就在马斯克成功发射火箭之后，《人民日报》发表文章指出：就在几个小时前，美国人成功发射了目前全世界运载能力最强的超级火箭——"猎鹰重型"。在一些媒体看来，这枚火箭的成功发射已经令人类"登陆火星"的梦想变得越发现实起来，重返月球更是不在话下……　比起这些噱头，真正让我们中国人震惊的是：造出这种火箭的竟然是美国的一家私人企业，而我们国家距离造出这种量级载荷的火箭还有很长一段路要走。幸福都是奋斗出来的！

这次在韩国平昌冬奥会上为国争光的武大靖，在夺冠后和他的教练、恩师李琰紧紧拥抱在一起，他们用每一枪都全力拼搏的专注、每一天都刻苦努力的训练，换得这个当之无愧的冠军。

同学们，作为年轻一代，你们肩负着国家和民族的希望，"士不可以不弘毅，任重而道远"！

（作者任志瑜，系北京理工大学附属中学校长）

十三、用梦想引领未来，用行动铸就辉煌
——2018秋开学典礼校长致辞

亲爱的同学们、老师们，大家好！

金秋九月，丹桂飘香，我们迎来了高一年级400多名新同学，这些新同学，有的来自理工附中初中部，有的来自人大附中、清华附中、十一学校等其他学校，有的来自房山、通州地区，还有20位新老师加入理工附中这个大家庭，让我们以热烈的掌声欢迎新老师、新同学的加入！

选择意味责任。你们选择了理工附中，新学期、新希望、新未来，俗话说，进家门成家人，大家都看到了"理工附中人品质"——根的情怀、干的刚毅、枝的进取、叶的奉献。在这新的起点，我们怎样用梦想引领未来，用行动铸就辉煌。

（一）根的情怀

"人生在勤，不索何获"，大家走进理工附中，看到了车道沟旁的参天大槐树，它之所以能够枝繁叶茂，勃勃生机，顶天立地。是因为它根在沃土，深扎大地，积淀充足的水分和丰富的营养。人生何尝不是如此呢？今年高考海淀区上700分的学校仅6所，理工附中秦潇同学裸分超700分，也就是说理工附中超过了六小强之一；清华大学今年在北京文科仅录取了7人，理工附中就占了两席；北京理工大学英才班全国招生30人，理工附中就有5位优秀者位列其中，而且就有我校艺术素养班李兆骅同学（661分）；我们的理工实验班41.67%的同学超过650分；我们的普通班高三（8）班，61.5%的学生超过600分。在这里我还特别与大家分享昨晚间刚刚得

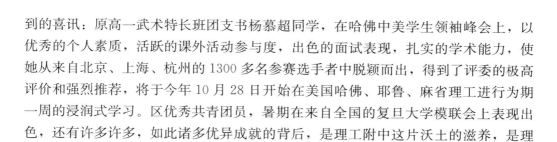

到的喜讯：原高一武术特长班团支书杨慕超同学，在哈佛中美学生领袖峰会上，以优秀的个人素质，活跃的课外活动参与度，出色的面试表现，扎实的学术能力，使她从来自北京、上海、杭州的 1300 多名参赛选手者中脱颖而出，得到了评委的极高评价和强烈推荐，将于今年 10 月 28 日开始在美国哈佛、耶鲁、麻省理工进行为期一周的浸润式学习。区优秀共青团员，暑期在来自全国的复旦大学模联会上表现出色，还有许多许多，如此诸多优异成就的背后，是理工附中这片沃土的滋养，是理工附中人的不懈追求！

（二）干的刚毅

许多时候总有人问我同一个问题：校长，你心目中理工附中的学生是什么模样？我都是毫不犹豫地回答："男生英俊，女生淑雅"！英俊的男生不是长得帅，颜值高，英俊是大气——有海纳百川、胸怀日月的气量！英俊是沉毅——沉着勇敢，静穆刚毅，人有静气，风雅自来！英俊是担当——顶天立地，勇于担责，为自己担当，为祖国担当，为人类担当！在此，特别送你南怀瑾先生的赠语：

男人的气质：临危而不惧，途穷而志存；苦难能自立，责任揽自身；怨恨能德报，美丑辩分明；名利甘居后，为理愿驰骋；仁厚纳知己，开明扩胸襟；当机能立断，遇乱能慎行；忍辱能负重，坚忍能守恒；临弱可落泪，对恶敢拼争；功高不自傲，事后常反省；举止终如一，立言必有行。

淑雅的女生不是浓妆艳抹、华服珠宝，淑雅是内秀——腹有诗书气自华！淑雅是友善——赠人玫瑰、手有余香！淑雅是文雅——细嗅蔷薇、温文尔雅！

宁　静

静　是一种品格

静　是一种尊严

生活中，静　能帮助我们处理好周围的一些事情，

静　是调节人的精神的法宝，静　可以沉淀浮躁，静　可以过滤浅薄！

静　是一种善良

静　是思维的序曲，是解读新生命的安宁；

它澎湃在心灵的深处，无声地鼓舞着人的高尚；

静　有时是大喜大悲的思考，有时是抒发激情的感悟！

静　是一种平和

静　有一种无以伦比的美；

它如春日骄阳，夏日清风，秋日枫叶，冬日白雪；

时时展示着生命的活力，却从不肆意张扬！

静　是一种美好

静　是微笑，是一处流动的风景，

是一抹淡淡的云彩，是一束幽幽的清香，是美的极致！

静　是一种欣赏

静　是一种修养；是一种人生的彻悟；

是一种智慧的清明；拥有了然于心的平静，

就会拥有了高品位的人生！

静　是一种豁达

当你不再在意拥有和索取，

学会放弃，学会奉献，

就会把失去的当作一种收获，

就会快乐永随！

静　是一种智慧

人　只要知足，便会心静如水，

我们生活在世俗里，虽然繁杂、浮华让我们难得安宁，

但是，静能还给我们一片湛蓝的天空，一方心灵的净土！

静　是一种境界

现在，我独坐屏前，

倾听音响里缓缓流淌出来的如水音乐；

怀揣着真诚，

用鼠标描摹平静的模样，感受平静的呼唤！

静　是一种内敛

生命恰似这涓涓流淌的河流，

渴望自己像一汪清泉，

静静流淌，任鱼儿畅游，

却仍旧可以波澜不惊！

静　是一种理智

人的一生，不是得到，而是学到，

让心思澄明，让言行磊落；

不属于自己的东西，永远不要去碰；

流真诚的泪水，露真诚的微笑；

如此以往，便不会内疚，不会抱憾，

便能坦然处事，让生命充满阳光！

静　是一种素养

学会放弃，在恰当的时机转身

就会少了很多负累，多了很多内涵；

学会用纯净的双眼观察社会，

学会用平静的心态理解周围；

平静做人，平静处事，

便能心静如水　心情如水……

　　我由衷地希望理工附中文化浸润出的莘莘学子兼具这些由内而外的气质形象。无论是青春年少，还是迟暮之年，英俊淑雅总是在你们身上熠熠发光。

（三）枝的进取

　　2018 年 8 月，雅加达亚运会上，孙杨斩获 4 金 2 银，在获得金牌后喜极而泣，他在采访中说："从 7 岁到现在，我至少训练了五千天，平均每天一万三千米，地球一圈才 4 万公里，这样算来，我已经绕地球游了一圈多了"，孙杨在平时训练中对自己的严格要求近乎严苛，每一次入水、划水，都当作正式比赛，每一次训练都拼尽全力。如今的孙杨已是目前为止唯一达成 200－1500 米自由泳世界冠军全满贯的运动员，金牌总数也在世界泳坛现役运动员中排名第一，但他对自己未来的比赛仍是热情似火，面对镜头，他从容而坚定地说：2020 年的东京奥运会，是我的下一个目标。高三初三的同学们，中考高考哪有一蹴而就，都是百炼成钢。在这一年中，你可能会遇到种种苦难，成绩也会起起伏伏，强者不是不流眼泪，而是流着眼泪还要不停地奔跑。愿你们能无所畏惧，勇往直前，真心希望每一位学生有着枝的品格，在坚持和行动中拔节生长，坚守希望，铸就辉煌。

（四）叶的奉献

"落叶不是无情物，化作春泥更护花"，学生的成长，离不开理工附中所有教职员工的倾情奉献，他们日复一日，默默奉献，培养出一届又一届学子展翅高飞，而却在每一个新学年又原路返回，他们是人梯、是蜡烛、是园丁，从事着太阳底下最光辉的职业，青丝变白发，尊敬的各位老师：你们辛苦了！

同学们、老师们，时代在变，环境在变，不变的是传承，是梦想，是希望，衷心祝愿大家坚持不懈、奋力拼搏，在无怨无悔的青春和人生选择中，用行动书写辉煌，用奋斗实现梦想，为祖国的繁荣、民族的复兴绽放自己的光芒！

（作者任志瑜，系北京理工大学附属中学校长）